政府善治与
中国大学的主体性重建

Government's Good Governance and
Reconstruction of Chinese University Subjectivity

宣 勇/著

人 民 出 版 社

目　录

引言　走向治理的中国高等教育

我国在改革开放、建设有中国特色社会主义的进程中,将完善和发展中国特色社会主义制度、推进国家治理体系和治理能力现代化作为全面深化改革的总目标,既合乎于全球化的历史潮流,又结合我国社会发展的现实需要。

自党的十八届三中全会之后,在国家推进治理体系与治理能力现代化的进程中,新一届政府把转变职能作为开门办的第一件大事,以壮士断腕的决心推进行政审批制度改革。中央坚持改作风、转职能,实质上都是在完善治理体系,提高治理能力。在"完善和发展中国特色社会主义制度、推进国家治理体系和治理能力现代化"的宏观背景下,如何完善中国特色现代大学制度、推进大学治理体系和治理能力现代化? 这是高等教育界必须回应的历史命题,中国高等教育从管制走向治理是一个不可逆转的大势。

作为国家教育主管部门的教育部迅速地作出了积极的响应,在 2014 年全国教育工作会议上,以《深化教育领域综合改革　加快推进教育治理体系和治理能力现代化》为题,对于教育领域的治理体系与治理能力现代化作出了系统的部署,其中特别表达了扩大与落实学校自主权的主动意愿,"简政放权,当前重点是扩大省级政府教育统筹权和学校办学自主权。目前,教育部按照三中全会的要求,研究制定扩大省级政府教育统筹权和高校办学自主权的意见。原则上凡是由省级管理更方便有效的事项一律下放省级管理,凡是由学校能自主决定的事项一律下放到学校。"并承诺:"把该放的放掉,把该管的管好,做到不缺位、不越位、不错位。"也十分明确了教育部在推进治理体系现代化中的角色定位:"政府是社会治理的重要主体,在'管办评分离'中,政府管理的改革是前提、基础。推进政府管理改革,核心要义是加快转变职能,进一步简政放权,同时督促基层和学校把权接住、管好,确保放而不乱。”但有一种担忧,就是高校学校有否能力把权接住、管好,确保放而不乱?高校要“完善内部治理结构。形成自我约束、自我规范的内部管理体制和监督制约机制。这也是政府放权的制度前提。”“学校自主办学,就是要落实学校办学主体地位,明确权利责任,自我管理、自我约束、自我发展。”所有这些标志着中国高等教育将从管制走向治理,展现了从一元治理到多元治理、从集权到分权、从命令到协商、从人治到法治、从管制政府到服务政府的治理变革轨迹和清晰的路线图。

现代化是发展中的社会为了获得发达的工业社会所具有的一些特点,而经历的文化与社会变迁,包容一切的全球性过程。现代化是人类文明的一种深刻变化,是文明要素的创新、选择、传播和退出交替进行的过程,是追赶、达到和保持世界先进水平的国际竞争。现代化是进步的、动态的,既是一个过程,也是一种状态。可见,高等教育现代化的实质是为了参与高等教育的国际竞争,是若干所大学追赶并达到世界一流大学水平、建成高等教育强国的过程。事实上也是一个高等教育国际化的过程。

显而易见,中国高等教育治理体系与治理能力现代化的过程是一个向先进国家学习的过程。共同治理作为“美国高等教育推向全球的最有价值的出口”①,奠定了美国高等教育在世界超一流的地位,是支撑美国高等教育的核心价值观,也是保障美国大学充满生机和活力的制度源泉。一些发达国家如英国、德国和日本,近年来也纷纷效尤美国大学的治理模式进行改革,以提升大学的学术实力和学科水平。因此,美国的高等教育共同治理的体系是我们在现代化过程中的重要参照系。

众所周知,美国学者伯顿·克拉克(Burton R.Clark)的“协调三角形”模型②是高等教育政策国际比较的最佳分析工具。他通过对高等教育系统与高等教育环境之间的相互影响,提出了由国家权力、学术权威和市场三要素构成的三角形已成为解释现代高等教育系统运作、特别是进行多国高等教

① Paul E.Pitre, Forrest W.Parkay, Donghui Zhang, Wirot Sanrattana & Mei Wu, The Globalization of Shared Governance: Implications of the International Study of Higher Education Governance (ISHEG). http://edoffice.kku.ac.th/research/files/100137-17-1-wirot_research_glob-alization.pdf.

② Burton R.Clark, *The Higher Education System*, University of California Press, 1983.

育体制比较时所使用的经典模式。按主体不同的主导地位形成了三类不同取向的高等教育体系，一是以美国为代表的市场主导的高等教育治理体系；二是以英国为代表的学术主导的高等教育治理体系；三是以法国、瑞典为代表的政府主导的高等教育治理体系。尽管影响高等教育发展的三要素是相对稳定和永恒的存在，但其影响力度、方式乃至结果却是可变的，因此不同国家、不同时期的高等教育制度形态会出现明显差异。

在我们看来，这个"协调三角形"模式也是高等教育治理体系建构的重要理论依据。尽管，"我们必须承认这样一个事实，关于高等教育，具有特指意义的市场并不存在，既不作为一个纯粹的协调形式，也不作为一个单一的现象。"①"所以，一般地说，提到高等教育中的市场的概念，最好集中在像市场的要素，最显著的是竞争，成为高等教育系统全部工作的一部分的程度。"有关这种要素"能告诉我们像市场的结构在驾驭和控制一个特定的高等教育系统中的影响。"在《国际高等教育政策比较研究》一书中，弗兰斯·F.范富格特(Frans VanVught)等对几种力量的作用机制问题进行了深入研究，特别论证了中介机构作为缓冲组织的特殊作用。他认为，中介机构可以是教授控制的压力集团，也可以是联结政府机构、为履行政府政策承担部分责任的类政治组织，还可以是提供扩充服务的服务性机构。范富格特的补充对于高等教育治理体系的建构是十分有益的。按照范富格特的意见，我们把大学外部学术力量(如各种学会、协会、基金会等)与其他中介机构一样都归为社会系统之中，政府、大学、社会、市场是构成高等教育治理体系的基本要素。

在这个体系中，大学是实施高等教育的机构，处在整个体系的中心地位，政府既包括伯顿·克拉克所指的"国家权力"，也指政府职能部门及地方政府。社会指除了政府、私人机构之外的公民组织、非营利组织、中介组织、第三方组织等。市场主要指竞争性资源获得的领域，诸如生源市场、技术市场等。

---

① [荷兰]弗兰斯·F.范富格特：《国际高等教育政策比较研究》，王承绪等译，浙江教育出版社2001年版，第8页。

无论是从历史还是现实的观照，新中国成立以来我国都是一个政府管制型的高等教育体系，如何走向治理，坚持中国特色的前提下，向先进的高等教育体系学习，政府更多的放权，让社会与市场更多地参与到高等教育的治理过程中，形成政府、社会、市场与大学的共同治理，提升中国高等教育的国际竞争力，构建具有中国特色的现代大学制度，是当前中国高等教育治理体系与治理能力现代化着力要解决的关键问题。

西方的政治学家和管理学家之所以提出治理概念，主张用治理替代统治，是因为他们在社会资源的配置中既看到了市场的失灵，又看到了政府的失效。我们要十分清醒地意识到，我国推进国家治理体系和治理能力现代化的基础与20世纪70年代的美国相比，有相同的地方，也有不同的地方。我们有传统讲的市场失灵、政府失效的问题，但我国的问题主要还在于市场经济发育不健全、不完善。党的十八大提出市场在资源配置中的作用从基础性走向决定性，处在转轨时期的市场有些产权还不够明晰，我们市场不是比较成熟的市场。同时，我们的政府还是一个管制的政府，由于行政垄断，社会的非政府组织、中介机构等有些机构还远远没有形成、壮大，公民社会尚未形成。"于是，当这些问题交织在一起时，我们往往对问题的根源一开始就诊断错误了，有些是市场不健全的问题，我们把它归罪于市场失灵，本来我们应该更好推进市场作用的发挥，政府的手伸进来。"①我国的改革是以问题为导向的改革，如何准确把握分析问题，能否解决问题，是检验我们改革得失成败的唯一标准。同样，在高等教育领域治理体系与治理能力现代化进程中必然会出现这样那样的问题，这些问题是在国际比较中产生的也是在实践发展中产生的。

对于推进国家治理体系和治理能力现代化的认识，学界的研究有两个切入点，一个是沿着统治—管理—治理发展的基本思维路径，一个是从现代化问题研究角度来看待治理体系和治理能力。不管从何切入，都会涉及一个基本的前提，就是参与治理的利益相关者具有主体的地位并具有主体的能力，主体性就是主体地位与能力的集中体现。因此，如何让长期丧失办学

① 薛澜：《国家治理体系现代化之路》，《上海证券报》2014年7月22日。

主体地位的中国大学有能力接住权力、用好权力，自主办学、自我约束，重建和培育大学的主体性是政府与高校的当务之急，也是推进高等教育治理体系与治理能力现代化的逻辑前提。

高等教育治理体系围绕着大学这一主体可以区分为外部的治理和内部的治理，外部治理主要关乎于大学与政府、社会、市场之间的相互关系和权力配置，内部治理主要关乎于大学内部的权力结构与相互关系。就当前而言，外部治理的核心问题主要表现为政府的一元管制与大学自主权的缺失，内部治理的核心问题主要表现为大学组织特性的迷失导致的大学行政化。这两个问题产生的直接后果是大学的主体性衰落。近年来，所有对于中国大学趋同化、行政化、功利化、庸俗化的批评与诘问，根本的原因都在于此，主要表现为大学自我目的性的迷失、自主权的缺失、自觉性的消减和能动性的式微。

大学的主体性是以办学的目的性、自主性、自觉性和能动性为特征并通过大学的办学实践与政府及社会其他主体间的交互关系中加以体现的。为什么说是重建？事实上，从中世纪作为学者团体的大学出现之初，它便是一种严密的组织，一开始就具有了法人的性质，拥有自己的章程和独立的法人人格。而新中国成立后的中国大学被嵌入了社会主义的政治体系与计划经济的体制之中，也一度成为社会主义建设与无产阶级专政的重要工具。直到 1992 年年底全国高等教育工作会议上及由国务院批转的会议文件《关于加快改革和积极发展普通高等教育的意见》中，国家正式文件第一次明确提出高等学校法人实体的概念。并且随后写入了 1993 年中共中央、国务院印发的《中国教育改革和发展纲要》及其《实施意见》。1998 年 8 月高等教育法从国家法律层面对高校的法人地位作出了明确的规定。尽管如此，高等学校的法人地位一直没有得到真正的落实。

治理的最终目标是实现善治(Good Governance)。善治就是使公共利益最大化的社会管理过程。毫无疑问，善治也是我国推进高等教育治理体系与治理能力现代化的理想追求，高等教育公共利益最大化的体现就是大学使命的实现，具体表现为人才培养质量、科学研究水平和社会服务能力的不断提升以满足学术发展、政府期待和社会、市场的需要。治理能力的现代化就体现在让大学的公共利益最大化成为现实。

那么,如何实现高等教育的善治呢?我们必须要追寻高等教育治理的逻辑起点。逻辑起点是构成体系的细胞的、元素的形式。逻辑起点与历史起点相一致。在科学理论上作为开端的东西,其在历史上也是最初的东西,即逻辑和历史是一致的。所以,依据高等教育变迁的历史事实,我们的观点是:高等教育的治理变革从大学的治理变革开始,大学的治理变革应从大学的基层学术组织的变革开始。正如美国著名学者伯顿·克拉克所言:"许多由上层宣布的改革过早地夭折,其原因之一是内部组织未能有效地动员起来,因而缺乏应有的支持。在一个头轻脚重的系统里,基层组织是推动政策和改革的主要力量。""在一种以基层为主的学科和事业单位的矩阵中,基层革新是一种关键的变革形式。"①

"教育有没有活力,关键要看学校有没有活力。推进教育治理体系和治理能力现代化,必须把学校作为基本立足点,建立以学校持续健康发展为导向的工作机制,最大程度地激发学校作为教育'细胞'的活力。"然而,在关注学校作为教育"细胞"的同时,在理论与实践的领域缺乏对大学组织的细胞——基层学术组织的关注。我十分同意王英杰先生的判断:"大学基础组织结构的建构是建立现代大学制度的一个重要方面,当代世界各国大学,包括我国大学的基础结构正在发生着大的变化,学术机构的数量与日俱增,传统的学院和系的功能受到了削弱和冲击,学术组织的职能发生了较大的变化,影响到了教师和学生等大学生活的方方面面,因此,这是一个很值得探讨的关系到现代大学制度建设的重要问题。"②大学是一种"底部厚重"、"重在基础的组织"。它的各项活动的开展、使命的实现直接依靠处于操作层次的大学基层学术组织。作为大学的"基本操作单位",大学基层学术组织处于生产、传播、运用知识的最前沿,是大学目的性活动的承担者,也是高等教育系统中学术生产力的终极体现者。

从管制走向治理,实质上是生产关系的调整,目的是适应和促进生产力

① [美]伯顿·克拉克:《高等教育系统》,王承绪等译,杭州大学出版社1994年版,第37页。

② 王英杰:《大学基础组织结构的建构:传统与创新》,《探索与争鸣》2013年第6期。

的发展。如同我国国家治理体系的基石在于农村治理一样,对农村治理问题的研究目前几乎成了国内学术界的一门显学。近些年国内外不少基金会把农村治理的研究作为资助的重点领域。历史的逻辑也是如此,20世纪80年代后,中国政治发展的一个重大步骤,是推行基层自治。中国目前试行的公民自治主要体现在三个领域:农村的村民自治、城市社区自治和行业自治。这三种主要的基层自治的主要组织媒体分别是三类不同的民间组织:村民委员会、居民委员会和各种行业协会,民间组织的兴起奠定了基层民主特别是社会自治的组织基础。①

"基于学科、重构大学"②一直是我们坚持并孜孜以求的学术主张。学科与专业是构成大学的基本要素,学科是大学组织的细胞,大学是学科组织的集合。按知识的分类体系建立相应的知识劳动组织,学科是学者的利益共同体,是学者在高等教育系统中赖以生存发展的土壤,学者们忠诚于学科,共同的范式让他们便于形成共同的意志参与到治理过程中。专业是大学实现人才培养的形式,是学科进行知识劳动的主要阵地,但专业不是大学中的组织,它通过不同的课程组合培养社会需要的职业化人才。从治理的角度看,作为组织的学科才有可能成为参与治理的主体,而专业如何建设只是作为治理过程中协商的内容。大学的学科建设实质上是学科的组织建设、能力建设,提高学科的组织化程度是大学发展的目标。

学科的组织化与大学公共性之间存在着非常紧密的内在逻辑关系。很显然,我国改革开放以来的高等教育革新并没有意识到这一点。与其他的组织相比较,学科是以知识为基本劳动对象的组织,学科的公共性也就是由其作为这一劳动组织的特性所决定的,我们可以从以下几个方面来理解:在内容上,学科的公共性体现为知识的公共性;在主体上,学科的公共性体现为学者的公共性;在结果上,学科的公共性体现为对经济社会的服务性③。因此,学科是大学重要的利益相关者,是大学各种权力的汇合点与整合器,

① 俞可平:《中国公民社会的兴起及其对治理的意义》,2010年9月23日,见http://www.aisixiang.com/data/36165.html。

② 宣勇:《大学变革的逻辑(上)》,人民出版社2009年版,第1页。

③ 宣勇:《大学变革的逻辑(下)》,人民出版社2009年版,第433页。

必须基于学科进行大学的治理变革,应让基层学科组织拥有更大的自主权实行自治,并能作为相关利益者参与到大学的治理过程中,甚至高等教育的整个治理体系都必须围绕学科的发展来展开,所有层面上的生产关系要适应学科学术生产力发展的要求,公共治理的基本理念就是通过协商来解决冲突,建立一种基于学科的大学协商性网络,学术权力参与学校的治理应以学科为单位,享有平等的参与权力和决策权力,学科应该成为大学治理结构中的重要的"权力中心"。建议将共产党的基层党支部建立在学科上并参与学科治理,学科自治和参与学校的治理是中国大学治理体系现代化的逻辑起点。

现代化是一种进程,既是人类从现实社会向理想社会迈进的历史过程,也是人类文明发展的前沿。既然现代化是追赶、达到和保持世界先进水平的国际竞争,毫无疑问,美国大学共同治理的结构中包括门外汉构成的大学董事会、以校长为首的行政权力系统和以评议会为代表的学术权力系统,正是这套制度和行之有效的实践和探索,使得美国成为了世界高等教育的中心。

如何在我国的社会主义制度环境下学习和借鉴西方的先进经验,建构中国特色的高等教育治理体系,这是一个富有挑战性的现实命题。什么是"中国特色"?就是坚持中国共产党对大学的领导,政党权力主导中国大学的发展。中国共产党是推动中国治理变革的核心力量,中国共产党自身的变迁决定性地影响着中国的治理变革进程。正如伯顿·克拉克曾指出那样:党和政府的双重控制是共产主义模式的一个特征,是实施强有力政治权力的突出例子。① 中国共产党对大学的领导是通过直接与间接的方式实现的,一方面,中国共产党通过对大学举办者——人民政府的领导,主导着大学的发展,从拨款、招生规模、学科专业设置、课程教学内容到机构设置、大学领导人的选配,都是党对大学领导的间接的实现方式。另一方面,在大学建立中国共产党的基层委员会,实行"党委领导下的校长负责制",实现直

① [美]伯顿·克拉克:《高等教育系统》,王承绪等译,杭州大学出版社 1994 年版,第 135 页。

接的政治领导。这种大学管理体制也是我国《高等教育法》所明确规定的大学管理体制。

就我国大学的外部治理来看，尚未形成多元的治理结构，尚处在政府的一元化的管制中，目前的主要任务是尽快建立由政府主导、社会中间机构与市场力量参与的共同治理结构。

就我国大学内部治理来看，“党委领导下的校长负责制”通常表述为“党委领导，校长负责，教授治学，民主管理”，在西方大学政党是一直被排除之外的大学权力，行政权力、学术权力与学生权力是西方大学的主要内部权力构成，而在中国的现代大学制度的建设与完善进程中必须要坚持“中国特色”，坚持中国共产党对大学的领导，坚持党委领导下校长负责制。因此，政党权力、行政权力、学术权力与学生权力是构成中国大学的主要权力结构。这就构成了我国大学内部治理的基本结构。图示如下：

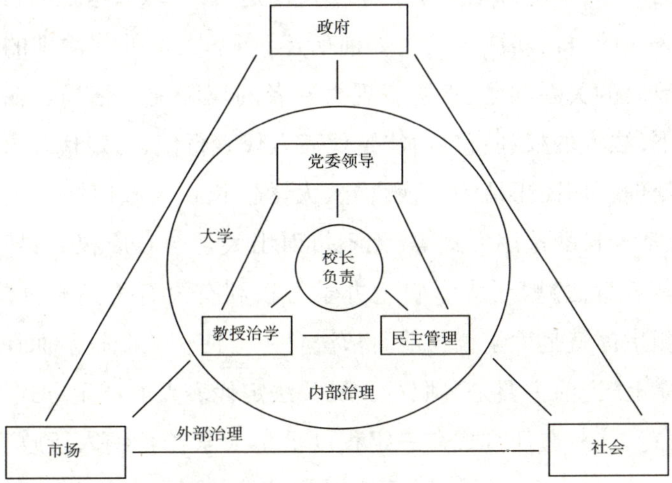

中国特色的现代大学治理结构图

国家治理体系和治理能力是一个国家制度和国家制度执行能力的集中体现，高等教育治理能力和对于大学制度的执行能力关键在于处在执行层面的“校长负责”。由上图可见，“校长负责”在这一治理框架中处于关键结点的位置，就大学内部而言，这是由于大学校长对内作为行政首长的身份所决定的。“党委领导”所定下的方针、政策要靠“校长负责”加以落实。党委在学校运行中更多承担的是宏观领导的职责，所涉及事项往往带有根本性和战略性的影响，一般不参与具体实施与管理。校长是学校行政执行体系的最高领导，是行政事务的总指挥，学校党委形成的决议最终要由以校长为首的行政团队贯彻落实，可以说“校长负责”的好坏直接关系“党委领导”的成效。同样的，“教授治学”只有在“校长负责”的基础上才能正常运转。“教授治学”指教师群体主导学术事务管理的过程，学术事务管理也包含决策与执行两个环节，“教授治学”主要通过行使自身的学术权力参与学术事务的决策，专业分工决定教师群体没有足够的精力与能力投入学术事务管理的具体执行层面，因而“教授治学”也需要与以校长为首的行政团队相衔接。总之，“校长负责”代表了学校运行治理中执行层面的效率，如果这一环节成为短板，那么“党委领导”、“教授治学”、“民主管理”各环节所谋划的学校大计、所确立的政策制度、所体现的各方诉求都将沦为空中楼阁。

同样的，在大学外部治理中大学校长也是关键节点，这是因校长作为学校法定代表人的身份所决定的。如前所述，当下大学外部治理的核心问题是大学与政府的关系问题，直接表现为两者的权利配置格局。在我国现有法律体系下，法人的权利直接由法定代表人代表行使，法定代表人对外代表法人全权处理一切民事活动。换言之，大学校长在与政府博弈过程中的力量强弱、大学校长的选用方式等，无不折射出大学与政府权力界限的划分。例如，《高等教育法》赋予大学自主办学的权利有没有得到充分落实，一个重要的观测指标就是大学校长能否依法自主行使相关职权。而在大学校长的产生程序上，当前主要是参照行政机关法定代表人的产生方式，由上级政府直接任命。这一选任方式在一定程度上把大学校长纳入行政官员序列，“校长负责”更倾向于对上负责，而在对学校发展以及师生利益负责方面缺乏压力与动力。因此，改革大学校长的选用方式、调整政府对大学校长的管理手段是完善大学外部治理的关键环节。

由此不难看出，在大学内外部的治理结构中，大学校长是大学组织利益相关者之间的一个重要节点：“党委领导”、“教授治学”、“民主管理”各环节中，各方意志表达最终都需要通过校长治校的实践得以落实。组织公共治理是利益相关者共同协商的过程，在大学治理的过程中，各利益相关主体

（包括政府、党委、教师、学生、公众以及校长自身）各自都对大学校长抱有角色期待。

如何解决这些问题，我们以为在教育部已经规范和明确的基础上，以下四个方面是值得期待的：

（一）建立大学外部的共同治理结构，培育社会组织参与大学治理

教育部最近刚刚发布了《普通高等学校理事会规程（试行）》，试图建立管办评分离的高等教育治理格局。这是教育部继发布《高等学校章程制定暂行办法》、《学校教职工代表大会规定》和《高等学校学术委员会规程》后，围绕现代大学制定建设的核心要求，颁布的又一重要规章。今年，教育部又下发了《关于深入推进教育管办评分离，促进政府职能转变的若干意见》作为国家的教育职能部门，可谓是不遗余力。

然而，高等教育是社会系统中的一个子系统，高等教育系统外部的政府影响不仅仅是教育职能部门的影响，更主要的是如伯顿·克拉克所讲的是指国家权力的影响，仅仅从一个教育职能部门的立场来主导治理变革，不能完全代表国家意志让高等教育的治理体系更为完善，即使出于最良好的愿望和拥有完整的设计，不能上升为国家意志的任何主张都会成为子系统内的自娱自乐。因此，本该成为大学外部治理结构形式的理事会，《规程》将公办高校理事会定位为一个由高校主导的自设的内部机构："高等学校根据面向社会自主办学的需要，设立的由办学相关方面代表参加，支持和监督学校发展的咨询、协商、议事与监督机构"，作为"高等学校实现决策民主、民主监督、社会参与的重要治理主体和组织形式"，是社会参与高校办学、扩大高校与社会联系合作的制度平台，理事会不具有决策职能。

从中国的高等教育现状来看，这样的理事会制度对于建构现代化的治理体系是远远不够的，当前更为迫切需要理顺的是大学与政府、社会、市场的关系，其中最主要的是大学与政府的关系问题，以落实与回归大学自主权。应该建立政府主导的办学者与其他相关利益者参与的多元化的理事会，成为联结大学与外部关系的治理方式。

善治实际上是国家的权力向社会的回归，善治的过程就是一个还政于民的过程。在外部治理结构的生成中，其中还涉及社会力量的参与，参与的方式有三种途径：一是直接的参与理事会（董事会）的决策；二是社会学术团体、行业协会等参与到学科、专业设置及水平、质量的评价过程中；三是作为第三方的评价。就目前的参与内容上，教育部部长袁贵仁从四个方面进行了论述："社会广泛参与，就是教育质量要接受社会评价、教育成果要接受社会检验、教育决策要接受社会监督，最大限度吸引社会资源进入教育领域。"有学者以此为依据进行了实证研究发现："社会参与大学治理的程度普遍不高，渠道有限。"具体表现为："正式的制度化的参与渠道十分有限"，"社会参与大学的评价和监督功能未能有效施展，决策领域的社会参与是最为薄情的环节"。主要原因是："现代大学治理的体制和机制建设的不成熟，以及社会参与大学治理制度的不完善和政府未将一部分大学治理权赋予社会等。政府在促进社会参与大学治理中责任重大。"①

我们完全同意这样的判断，从国际比较的角度来看，我国非政府的社会组织发展显得滞后，在整体上的不发达，除了规模较小、社会公信度和影响力差之外，另外一个重要的差距就是我国非政府的社会组织的自治能力偏弱，对政府的依赖性大。因此，国内有学者将中国非政府的社会组织的政府性作为其成长发展过程中的一个重要特征。② 所以，在当前的社会状况下，一个不容回避的现实是：我国一些非政府的社会组织在开展活动时，往往离不开来自政府的支持。不仅非政府的社会组织的成立受到登记管理机关的控制，而且在我国当前的状况下，即使社会组织有自我治理的条件，如果离开了党政机关的支持也很难高效的实现其目标。

（二）完善党委领导下的校长负责制、改善党委组成结构、实行决策与执行的完全分离

从大学的内部治理来看，中国特色主要体现为"党委领导下的校长负责制"，治理的结构可以表述为：党委领导、校长负责、教授治学、民主管理。教育部就教授治学、民主管理先后也下发了《学校教职工代表大会规定》和《高等学校学术委员会规程》，对于教授治学与民主管理在操作层面作出了

---

① 丁月牙：《社会参与大学治理》，《国家教育行政学院学报》2014 年第 8 期。

② 王名、佟磊：《清华 NGO 研究的观点和展望》，《中国行政管理》2003 年第 3 期。

规制,2014 年 10 月,中共中央办公厅印发了《关于坚持和完善普通高等学校党委领导下的校长负责制的实施意见》,对于明晰高校党政职责,加快推进高等教育治理体系与治理能力现代化意义重大。据我们对“211”大学书记校长的问卷调查显示,64. 9%的书记、81. 1%的校长认为“部分大学存在党政关系不和谐现象”的原因主要是“职责边界不清晰”,45. 2%的书记、45. 7%的校长认为是由于制度框架的先天性缺陷。

在访谈与问卷调查中,我们发现由于这样的制度缺失,造成了大学党委书记与校长的角色同化,特别是对于党委书记的职权缺少规定和制约。《中华人民共和国高等教育法》第三十九条和第四十条分别规定了党委和校长的职责,应该说总体上是清晰的。而实际上,由于党委书记是党委的一把手,而党委书记的职责规定目前暂时缺失,再加上人们对“党委领导下的校长负责制”中的党委领导和校长负责及其各自的职责规定的理解和认知并不完全相同,因此,造成了党委书记和大学校长的核心角色的不清、模糊,甚至交叉重叠,存在同质化的倾向。调查发现,教育家和变革领导者成为了大学校长(95. 7%、57. 4%)和党委书记(88. 1%、64. 2%)最核心的两个共同的角色期待,而政策执行者则成为了大学校长(34. 2%)和党委书记(38%)最共同的一个现实角色。很显然,各群体对于到底该由谁承担教育家或变革领导者的角色期待是不清晰的,政策执行者的角色实际上又该由谁扮演也是模糊的。可想而知,当大学校长和党委书记都希望自己是教育家和变革领导者,或都在扮演着政策执行者的角色时,他们之间的角色冲突就必然产生。

事实上,造成他们角色同化的原因在于权力来源、身份特征、职责履行、考核要求等同化的结果,应该建立一种让大学党委书记与大学校长角色差异化的制度安排,从权力来源上,大学党委书记直接由上级组织提名、民主选举产生,而大学校长可经过公开遴选产生,在职责履行上,党委书记作为党委集体领导的召集人,对于学校重大问题的决策负责,校长是决策过程中的关键参与者,提出供决策选择的方案,更重要的是承担决策的执行,有义务与责任对党委的决策负责,向党委汇报决策的执行结果。

在马克斯·韦伯(Max Weber)的理论信念中,对于政治来说,行政作为政治的工具,它的唯一追求就是效率。合理性的现代官僚制正是适应行政发展的效率需要而形成的基于明确的技术化、理性化和非人格化的权威型层级管理体制。① 依据政治与行政、决策与执行的二分理论,党委行使决策的职能,从公共治理的角度看,首先是要增进党委决策的民主化程度,推行党内民主是我国治理体系现代化的基本保证,因此,要改变现在党委主要由学校党政领导构成的结构,减少行政领导在党委的比例,增加基层党组织的代表参与学校的治理协商与决策,校长作为行政团队的代表参与决策并对执行负责,这样要求校长对于行政团队的组成有较大的发言权,从而也实现了高等教育法规定的校长权力,有利于提高行政执行效率,这也是大学校长最强烈的权力诉求,在调查中56.5%校长认为最缺乏的自主权是"副校长人选的举荐权"。

(三)加快推进大学校长管理专业化进程,改革大学校长的遴选制度,切实提升治理能力

如前所述,"校长负责"的制度安排是联结大学内外部治理的关键节点,大学校长也就成了大学治理能力提升的关键人物。大学治理能力的现代化并不是一个自然而然的过程,必须仰赖行之有效的推动力和契合实际的具体路径,纵观国际现代大学治理能力的现代化进程,校长管理专业化就是其中最为重要的推动力和路径选择。所谓大学校长管理专业化,包括两个基本层面的含义,即政府管理大学校长的专业化和校长在管理大学过程中的专业化②。

政府管理大学校长的专业化也就是政府必须在深刻把握大学组织特殊性和学术的内在逻辑基础上充分地理解大学校长的角色和职责,从专业化分工思维和知识生产的内部规律审视和对待校长的权力,充分尊重校长在管理大学方面的权威性,授予校长在大学管理方面的专门化权力,并对这种权力进行刚性化的确认和规范化的保障,政府是职业化的制度供给者。校长在管理大学过程中的专业化也就是校长必须拥有专业化的能力,具备胜

---

① [美]古德诺:《政治与行政》,华夏出版社1987年版,第12—13页。

② 宣勇等:《大学校长管理专业化研究的价值与基本问题》,《复旦教育论坛》2013年第5期。

任现代大学管理的专业素养，必须经过专门的历练，既要懂大学，同时又要懂管理，具有管理、经营大学及教育科研、开发大学的专业技能。能够深入大学治理的结构和过程、多元化的治理主体以及整体的制度性，从而真正把握大学治理的真谛。可以看出，大学校长管理专业化的两个层面正好对应着现代大学治理能力现代化的两个层面，政府管理大学校长的专业化是大学外部治理能力现代化的重要条件，而大学校长在管理大学过程中的专业化过程也是大学内部治理能力现代化的重要内容。

在我们的调查中发现：现任大学校长中有87%继续从事原学术研究工作，从事原学术研究工作所占精力占1/4以上的有51.3%，其中占一半精力的有8.1%。91.6%的大学校长拥有学术兼职，平均学术兼职6.05项；47.3%的校长在任期间有学术类获奖，平均为1.6项；84.7%校长在任期间发表学术论著，平均为32.5篇（部），其中100篇（部）以上的有9.2%，10篇（部）以上的有46.6%；未查到有业务类论著的校长仅有15.3%。

在任校长期间指导硕士研究生的有75人，占59.5%；平均每人指导硕士研究生13.6人，指导硕士研究生50人以上的5人；其中最多的指导了98人，平均每年指导硕士研究生10人。在任校长期间指导博士研究生的有84人，占66.7%；平均8.2人；指导博士研究生20人以上的8人；年均指导博士研究生最多达7人。在任校长期间不带研究生的共31人，占24.6%。59.1%的校长表示不愿“放弃原有学术工作，成为职业化的大学校长”。

职业化是大学校长管理专业化最为重要的制度诱因，让校长把大学管理作为一项志业，并心甘情愿地全身心地投入进来，职业化是这种动力的活水源头，而牵引这种动力最重要的纽带就是有效的遴选机制。目前中国自上而下的行政任命方式把大学校长视为行政官员来看待，把校长选拔视为政府封闭体系内部的事情，从而使得校长与职业化的市场之间的有效连接纽带被剪断，职业化的动力机制无法有效地发挥出来，这是我国大学校长管理僵化、被动以及不专心的重要原因。尽管近年来，教育部开始有意识地推动大学校长遴选机制的改革，但是总体上来说，这种改革依然没有跳脱行政化的逻辑。2011年底，教育部首次在东北师范大学、西南财经大学开展面向海内外公开选拔部属高校校长试点。2012年12月又启动了北京科技大学、北京中医药大学、中国药科大学三所直属高校校长的公开选拔工作。对教育部面向海内外公开选拔直属学校校长的态度,59.5%的校长持赞成意见,希望加大力度,尽快推广,但也有31.9%的校长认为有待观察或没有实质作用。

对中国来说,如何在现有的中国特色体制中不断完善校长遴选机制,建立职业化的动力体系是一个非常关键的问题。在调查中,47.8%的校长认为校长遴选的初始提名应由学校专门成立的遴选委员会更具合理性。57.1%的校长认为“全球公开竞聘”方式产生校长最好,只有2.9%的校长选择沿用应由“上级组织命令”的方式产生校长。很显然,中国大学校长的遴选不可能也没有必要完全移植西方大学的做法,对中国来说,核心在于在现有的制度逻辑与职业化的逻辑之间找到有效的均衡点,把政府和组织权威与民主化、竞争性的遴选有机地结合起来。大学校长的遴选必须坚持必要的组织权威,但是这种组织权威逻辑不能支配甚至替代专业化和职业化的逻辑。就目前来说,政府应该打破大学校长为行政职务的思维,而应该视其为一种职业,并积极推动校长的遴选机制改革。在遴选过程中,政府应该把职能定位在资格条件和相关程序规范的制订、资格审查以及对大学自主遴选出来的校长人选的最终确认等环节,而具体的遴选过程则应该更好地交给大学自身。以此为切入点推动大学校长的去行政化和职业化过程。

(四)让大学章程成为契约,真正成为大学的宪法,确立大学办学的主体地位

大学章程是我国高等教育治理体系与治理能力的现代化的重要标志,是治理结构、治理过程制度化的终极体现,是完善中国特色现代大学制度的根本路径。我国对于大学章程早在1995年颁布的《教育法》和1998年颁布的《高等教育法》明确要求学校必须具备章程,2010年《国家中长期教育改革和发展规划纲要(2010—2020)》提出:“加强章程建设。各类高校应依法制定章程,依照章程规定管理学校。”教育部在2011年11月颁布了《高等学校章程制定暂行办法》(以下简称《办法》),并于2012年1月1日施行,要求各地、各高等学校在2012年内全面启动章程制定或者修订工作,尽快形成具有示范和推广意义的成果。截至2015年6月,已有84所高校通过了教育部的大学章程核准。

迄今为止对于大学章程性质的研究大多数都是从法律角度出发，主要有三种观点：一是契约说，二是自治法说，三是二者的综合。契约说是指大学章程是一种契约，是大学举办者就如何举办学校以及各方的权利义务协商一致而最终确立的一份契约，是举办相关方共同的意思表示。大学章程既规定学校设立的有关事项，又规定学校举办者的权利、义务，同时还规定大学办学者、大学教职员和学生的权利与义务。认同自治法说的学者观点是大学章程是大学的自治法。"根据国家法律赋予大学自治立法权制定的、规范大学组织及其内部活动的自治法"①。第三种观点认为大学章程的法律性质具有多重性，是契约、自治法和行政法的综合体。其契约性是因为它是举办者与办学者和师生员工之间的契约。自治法性质是因为大学是既自主又自治的法人组织。行政法的性质的原因有多方面，首先大学行使一定的公权力，是特殊的行政主体；其次大学章程可以作为司法审查的对象，是行政相对人提起行政诉讼的依据②。因此，大学章程的法律性质有二：其一是抽象行政行为，其二是自治规则③。

关于大学章程作用的研究，学界在表达上并不完全相同，但意思表达是一致的，主要是以下作用：一、大学章程是现代大学制度建设的主体内容，是大学依法治校的保证；二、大学章程是使学校成为独立法人的前提和基础；三、大学章程是学校自主办学、自我约束和特色发展的需要；四、大学章程的制定利于完善大学治理结构；五、大学章程是大学内外制度的纽带；六、大学章程具备维持大学组织理性、意义建构及历史编码的功能。

可见，规范权力、保障大学的办学自主权是大学章程的基本功能。目前，只有 17%的校长认为学校实际拥有的办学自主权比较大，47. 8%的校长认为学校实际拥有的自主权一般，34. 8%的校长认为学校实际拥有的办学

---

① 甘慧琳：《法律关系视角下的大学章程制定研究》，硕士学位论文，安徽大学高等教育学专业，2012 年。

② 米俊奎：《大学章程法律性质探析》，《现代大学教育》2006 年第 36 期。

③ 湛中乐、徐婧：《通过章程的现代大学治理》，《法制与社会发展》2010 年第 3 期，第 19—23 页。

自主权少;在一项供多选的调查中,缺乏的自主权依次为:副校长人选的举荐权(56.5%),学位点的自主设置权(54.3%),学科、专业的设置权(47.8%),学生自主录取权(41.3%),中层行政干部的任免权(33.3%),薪酬设计的自主权(31.1%),教师职称评定与聘任权(20%),教学、科研领域的自主财务权(20%),课程体系的自主设置权(17.8%)。

以问题为导向来审视我们目前的章程制定过程,可以发现,以下三方面的缺陷是显见的:一是从章程的制定主体来看——高校与外部的关系不够明确。大学章程的制定主体是参与制定活动组织或个人的总称,谁有权制定章程即章程的制定主体是章程制定要考虑的首要问题,也是影响大学章程合法性和实施效果的关键。二是从章程的制定程序来看——章程的法律地位缺乏保障。大学章程制定程序与制定主体应该是相对应的,谁来制定章程就要按怎样的程序来制定出章程。《办法》对大学章程制定程序的规定归纳起来主要有以下几个步骤:协商起草、征求意见、校长办公室会议审议、党委会讨论审议、审定通过形成核准稿、报核准机关、章程的核准。通过这种程序制订的大学章程貌似具有法律效力,但实质仍旧是学校行政规章。三是从章程的实体来看——高校的定位与办学特色还是难以体现。对于高校定位来说,政府的角色不只是提供参考意见,政府作为高校的举办者,应该具有高校定位的决定权,根据客观环境、社会需求和高校自身的特点和优势,征求高校的意见的同时,在整个高等教育生态系统中为高校进行准确定位,这样才能真正解决高校趋同化的现象,《办法》的规定中主次没有分清,没有体现出政府在高校分层分类上的主导地位。

诚然,对于长期缺失大学章程的中国高等教育,不管是契约的还是自治法性质的,对于规范目前我国大学自身的办学行为,有章可循,特别是一些不同质的院校合并,有一个统一的自治法规,像吉林大学等,效用是十分显著的。但就现代化进程而言,我们更期待有一个既能规范政府、举办者和其他相关利益者的行为,又能约束办学者的非理性冲动的具有法律地位的契约型大学章程。更期待中国的大学章程制定从部门的意愿上升为国家意志,固化为法律文本,把权力边界通过大学章程的方式固定、明确和刚性化,成为各方权力合法性的来源,并以此作为各方权力运行的依据,任何违背这一契约的行为将会受到约束体系的反应，从而使其回归本位。

在课题的研究过程中，中共中央办公厅于2014年颁布了《关于坚持和完善普通高等学校党委领导下的校长负责制的实施意见》，教育部也相继下发了《高等学校章程制定暂行办法》(2012)、《学校教职工代表大会规定》(2012)、《高等学校学术委员会规程》(2014)、《普通高等学校理事会规程(试行)》(2014)。这些文件已完整地架构了中国特色现代大学制度的基本框架。2015年，教育部又下发了《关于深入推进教育管办评分离，促进政府职能转变的若干意见》，就深入推进教育管办评分离、促进政府职能转变作出了具体的部署，着重强调了政府善治的重大意义：推进管办评分离，构建政府、学校、社会之间新型关系，是全面深化教育领域综合改革的重要内容，是全面推进依法治教的必然要求。改革开放以来，我国教育体制改革不断深化，政府、学校、社会之间关系逐步理顺，但政府管理教育还存在越位、缺位、错位的现象，学校自主发展、自我约束机制尚不健全，社会参与教育治理和评价还不充分。为进一步提高政府效能、激发学校办学活力、调动各方面发展教育事业的积极性，必须深入推进管办评分离，厘清政府、学校、社会之间的权责关系，构建三者之间良性互动机制，促进政府职能转变。

因此，我们有理由相信政府的善治与我国大学的主体性重建是可以期待的，政府善治在路上。这正是本著作研究的价值与意义所在。

第一章　社会转型中的政府与大学

随着知识经济的来临和社会结构的转型，我国现有的大学制度日益显示出不适应性，原有的体制弊端正面临着越来越强烈的质疑，“改革高等教育管理方式，建设现代大学制度”的呼声越来越高。尽管自从改革开放以来，这种质疑和呼声从来没有中断过，但是人们对于中国大学制度的关注、不满、担忧和期待从来没有像今天这样强烈，乃至于无论如何强调大学制度改革的重要性和急迫性都不为过。近几年来，中国大学制度改革已经日益被提到日程，甚至被提到了国家战略的高度。党的十八届三中全会提出，全面深化改革的总目标是完善和发展中国特色社会主义制度，推进国家治理体系和治理能力现代化。高等教育是我国全面深化改革中的重要领域，建设中国特色的现代大学制度一直以来都是中国高等教育改革的目标，这一目标的达成毫无疑问同样必须通过不断完善大学的治理体系、提升大学的治理能力才能实现。党的十八大报告提出实现高等教育的内涵式发展就是中国高等教育在经历了 30 多年量的快速扩张后，对高等教育未来改革的重新定位。而要实现这种内涵式的发展，大学体制的改革是基本的前提。在中国，由于历史等原因，大学体制的改革涉及方方面面的内容，受到各种特殊因素的影响。但是，就目前阶段来说，毫无疑问，大学与政府的关系是其中最为核心和重要的内容。大学与政府的关系不仅直接决定了大学的人才培养，还直接决定大学的知识生产①。转变政府职能，实现政府对大学的善治是我国现代大学发展过程中必须面临的基础性的命题。

---

① 朱新梅：《知识与权力：高等教育政治学辨析》，教育科学出版社 2007 年版，第 12 页。

第一节　社会转型与政府对大学的职能演变

政府对大学善治的核心在于政府能够基于经济社会发展的状况，依照现代大学发展的逻辑来实现对大学的有效治理。就中国目前大学治理而言，涉及最为重要的问题就是政府、社会、市场与大学的关系。从行为逻辑和组织形态来说，政府、社会、市场和大学共同构成了作为一个松散而又聚结的社会治理结构，每一个构成部分都有通过长期的传统形成的和在专门化的机构培育起来的自身价值形式。四者之间的完全和谐与稳定的平衡从来就不是一件容易的事情。尤其是对于中国这样一个特殊的制度框架，以及特殊的经济发展阶段的大学治理来说，政府权力在体制惯性的作用下显得比很多国家的政府权力要强烈很多，而市场的力量随着 30 多年的改革也在各个领域大放异彩，而所有的这些因素都会在大学治理这一领域中以不同的形式呈现出来，大学善治的真正困境在于，如何能够把不同逻辑的行为模式和组织形态有效地契合在一起，特别是政府本身，如何克服自身权力的冲动，从大学治理的内在逻辑出发来扮演好自己的角色，同样是一件相当不容易的事情。在不同的国家，由于自身面临的经济社会状况存在很大的差异，政府对大学的善治的具体内容也是不同的。

一、走向社会中心的大学组织

从大学作为一个组织形态存在的那一刻起，可能不会预料到在几个世纪以后自身会成为影响这个世界和社会的一个重要力量。大学只是学者们在当时纷繁复杂的世界中保障自我利益的庇护所，以及感到“团结就是力量”的一种组织聚合的结果①。可以想象，大学诞生的那一刻起就对外界保持足够的警戒，作为一个相对独立、与社会、政府和宗教保持距离的象牙塔形

① 郭为潘：《转变中的大学：传统、议题与前景》，北京大学出版社 2006 年版，第 1 页。

象就树立起来了。其主要功能是向学生提供强调思想戒律、信仰虔诚和严格管理学生行为规范的大学教育，可以想象得到，大学成了一块块无声无息的土地①。作为精神活动家园的大学刻意与政府保持足够的距离，甚至与之相抗衡；而对于政府来说，由于自身能力的有限，以及大学本身对外部世界影响的局限性，政府无力、无意对大学进行有效的管理，甚至很多的时候表现出对大学的迁就。大学与外部世界保持联系的主要纽带是宗教，并且曾经紧密地结合在一起。在这种环境中，政府对大学根本不存在治理的概念，二者之间的关系是在政治框架中的简单的控制与反控制关系，政府对大学的考量基本上是基于政治权威的合法性和权力彰显的角度。

然而，在随后的几个世纪里，政府、大学与社会之间的关系发生了巨大的变化，大学从社会的边缘逐渐走向了社会的中心，政府对大学的态度不再是政治的考量，而是经济社会发展的新思维，政府对大学的有效治理也逐渐成为新的共识。这种变化是基于以下几个重要的事实：一是近代以来西方市场经济的快速发展。中世纪末期以来，资本主义获得快速发展，城市化的进程不断加速，市场经济作为一种新的资源配置的手段日益发挥着越来越重要的影响。市场经济最大的魅力在于，通过货币这一中介，原来完全离散隔离的社会被有机地连接起来，人与人之间的交往范围和方式发生了前所未有的变化。大学日益被卷入新的社会潮流中，向社会打开自身的大门；二是科学技术的进步。市场经济牵引了科学技术的发展，而科学技术反过来极大地推动了市场经济的前进步伐，理性的知识逐渐成为市场竞争中最为重要的要素，而大学是知识最为重要的来源地；三是市民社会的扩张。文艺复兴与宗教改革以来，个人日益从国家和宗教的桎梏中挣脱出来，公民权利作为一个新的概念得以确立。大学承载着越来越明显的社会责任。所有的一切使得大学在社会中的地位越来越引人注目，从作为知识和尤其是高深学问的中心，以及公共价值的中心，大学的工具性价值，亦即大学在知识实用性、功利性和社会引领方面的表现是如此重要和突出，以至于大学日益成

① ［美］德里克·博克：《走出象牙塔——现代大学的社会责任》，徐小洲、陈军译，浙江教育出版社 2002 年版，导言。

为社会中不可或缺的核心机构之一。作为知识产地的大学被视为“社会中有想象力的机构”，在一定程度上成为社会上“不同凡响的幻想”大量涌现的主要场所①。

而在随后的历史中，经济社会的快速发展远远超出了一般人的想象范围，除了市场经济和市民社会继续迅速扩张外，全球化的进程也对大学产生了新的影响，民族国家知识生产的封闭性发生了变化，知识因为它非个性的、普适性的特征同样日益融入全球化的浪潮。现代社会无论是经济生产、政治管制还是在日常生活中对知识的依赖都越来越大，知识比任何时候都更广泛地在社会中传播——不再限于精英分子的范围，而是更多地被公众所掌握。在现代社会中，大学不仅被视为促进生产、改善生活、发展技术的重要手段和机构，而且还常常被认为是实现国家目标的重要工具。现代社会与传统社会一个最为重要的区别之一就是基于真理标准、世俗化的科学知识被置于个人、社会和国家发展的神圣地位。科学知识不仅对个人、对社会，而且对国家意义非凡。科学知识已经渗透到社会和国家的方方面面，已经成为社会发展和国家强盛最为重要的源泉和润滑剂。高等教育是实现国家目标的工具，这也正是布鲁贝克所说的，对国家而言，高等教育的意义有如战争一样重要。国家、社会的发展已经越来越离不开大学所提供的知识和服务。大学日益成为社会发展的轴心机构这一事实更加得到确立。

然而，另一方面，政府、社会、市场与大学间关系的巨大转变使得四者之间的关系变得更加复杂，大学治理被越来越多的因素所影响，变得愈加困难。如何有效地均衡各种不同的利益和关系，协调不同的行为主体，建立更加有效的机制变得越来越充满挑战性。在当今社会，解决这一难题更加考验治理者的智慧，在受到一系列复杂的经济、社会和政治问题的同时治理一个如此复杂的机构难度可想而知②。对于中国来说，特殊性在

---

① ［英］杰勒德·德兰迪：《知识社会中的大学》，黄建如译，北京大学出版社2010年版，第15页。

② James Johnson Duderstadt, *A University for the 21 Century*, The University of Michigan Press, 2000.

于,中国当前正处于经济社会结构的全面转型时期,这种转型将几个不同的过程交织在一起,这几个过程是:计划经济向市场经济转型的过程,工业化中的劳动密集型经济到技术密集型经济转型的过程,现代化过程中的农村人口向城市转移的过程,由闭关锁国到进入世界市场和国际社会的过程。这几个过程的交织,将使未来的中国社会面对极为复杂的局面①。所有的这些都会在大学治理中表现出来,从而对大学治理的能力提出了更高的挑战。中国大学治理的变革必须有效地回应这种新的环境,改变过去计划经济体制下的行为模式和角色机制,及时调整自身的治理模式和治理结构。但是,在我国现有的制度框架下,所有这一切的前提在很大程度上取决于政府对大学治理的理念转变,政府职能的有效转型,取决于政府对大学的善治。

二、政府与大学关系的悖论

政府、社会、市场与大学关系的这些变化带来了一个更加深刻的问题,大学日益融入到社会的方方面面,这必然导致大学与社会的诸多力量和组织的边界变得更加模糊,但是,大学发挥自身重要影响的前提必须基于自身特殊的内在逻辑,因而,在保持核心的自由空间和坚实的价值内核的基础上,如何有效地解决这一看似明显矛盾的问题成为有效治理大学的关键。

市民社会的发展和市场经济的成长使得大学的价值与意义与日俱增,大学只有有效地满足和适应新的对知识产出和公共价值引领的需求,才能真正确立自身的地位。大学如果落后于社会的发展可能被社会边缘化,与公共价值越来越远。当以知识为核心的社会变革席卷每一个角落,而作为知识生产专业机构的大学对此保持无动于衷,当社会转型使得公共价值引领和社会启蒙对社会秩序稳定和进步变得愈发重要,而作为精神家园的大

① 孙立平:《转型与断裂——改革以来中国社会结构的变迁》,清华大学出版社 2004 年版,第 33—34 页。

学同样对此麻木不仁时,大学就难以找到自身合法性的理由。由于在世界范围内同时发生了一系列变革——科学和技术、经济和政治、人口及社会结构方面——使所有国家都经历了异常迅速的环境变化。教育的发展和变化也比过去任何时候都要快。但是教育系统适应周围环境变化的速度却过于缓慢,由此而产生的教育系统与周围环境之间的各种形式的不平衡正是这场世界性教育危机的实质所在①。第二次世界大战以来,大学是象牙塔的说法过时了。相反,有一张庞大而复杂的关系网把大学和社会其他主要机构连接起来②。但同样,如果被过度地卷入市场和社会的浪潮,同样可能被市场和社会所深深伤害。当市场价值进入到学术领域,当所有学术工作者发现自己也能够通过研究而致富,当所有大学或者与自己的教师合作、或者与校外的企业合伙、或者两种方式兼而有之地进入到商业世界中,谁知道会发生什么事情?③ 而当大学毫无顾忌地对社会运动洞门大开,同样可能在狂热的"乌合之众"中丢失自己的理性主义原则。这对大学来说同样是一场灾难。

由于世俗知识受到政府前所未有的重视,与过去相比,政府与大学关系变得更加密切。对于政府来说,大学所追求的科学知识和学术知识有利于实现经济繁荣、社会公正和军事效力的目的,以及应该让个人掌握这种知识以使他们能够增加收入和提高社会地位这一信念,与政府与大学的分离是相抵触的④。动用国家的力量,有组织地推动高等教育的发展是一种必然选择。对于大学来说,越来越多的人以不同的形式进入大学,以及研究的基础设施和设备越来越复杂,大学对于资金的渴求越来越强烈,积极向政府靠拢,获得尽可能多的国家经费的支持成为大学努力的方向。确实,政府对大学的研究资助是有益的,它推动了大学学术研究的进步,尤其在科技领域,使大学对国家福利的各个方面都做出了重大贡献,包括增强了经济的活力,

---

① [美]菲利普·库姆斯:《世界教育危机》,李环译,人民出版社 2001 年版,第 3 页。

② [美]德里克·博克:《走出象牙塔——现代大学的社会责任》,徐小洲、陈军译,浙江教育出版社 2002 年版,导言。

③ [美]罗伯特·M.罗森兹威格:《大学与政治》,王晨译,河北大学出版社 2008 年版,第 197 页。

④ [美]爱德华·希尔斯:《学术的秩序》,李家永译,商务印书馆 2007 年版,第 200 页。

提高了军事的实力,促进了医疗保健事业的发展。但是,大学可能为此付出的代价却一直是高昂的。为了获取公共资源,大学首先牺牲了自己的一个传统,即公开和自由地交流研究的方法及其成果,这一传统向来被认为是智力探索成功的基本要素①。权力的逻辑往往使得国家会试图垄断所有的权威性资源(Authoritative Recourse),并在国家势力范围内进行有效地延伸,以实现国家对社会的高度控制②。而知识的逻辑使得大学必须保持一定的独立性和自由度,也就是说,必须保持与国家权力之间一定的距离,国家权力的延伸在大学面前必须保持一定的不可逾越的界限。大学如果与政府保持完全的隔绝,可能被政府抛弃,无法从国家获得自身发展的必要资源,但如果与政府走得太近,有可能被政府权力牵制。

正因为上述原因,对于任何国家的政府来说,治理大学这一职能本身就包含着不可避免的悖论:与社会关系方面,政府必须推动大学更好地满足社会的需求,更好地引领社会朝着和谐稳定的方向前进,同时必须引导大学建立相关的制度和机制防止社会运动伤害大学;与国家关系方面,政府必须对大学进行积极的扶持和干预,弥补大学在学术研究和社会服务等方面存在的不足,督促大学更好地遵守基本的公共价值和法律制度规范,但同时又必须控制自身的权力冲动,防止"行政之恶"可能对知识的牵制;与市场关系方面,政府必须推动市场进入大学发挥效率优势的同时防止商业原则侵蚀大学核心价值。这些悖论使得现代社会中政府到底该如何有效地治理大学变得无比的迷茫,政府如果靠得太近可能会损害科学研究的价值中立原则,背离大学的精神内核,而沦为政府的政治工具。而政府如果离得太远,大学又可能无法获得有效的支持力量,同样会使得大学的科学研究和社会服务功能陷入困境,在激烈的科技竞争中,大学可能败下阵来,这对于国家和民族的未来不利。而缺乏政府的有效规制,大学本身同样可能成为一个威胁学术研究的刽子手,并可能在背离公共利益的道路上越走越远。

---

① [美]罗伯特·M.罗森兹威格:《大学与政治》,王晨译,河北大学出版社2008年版,第194页。

② [英]吉登斯:《民族国家与暴力》,生活·读书·新知三联书店1998年版。

第二节　嫁接式市场模式与政府对大学治理的困境

市场与大学的关系是政府对大学善治中必须认真考虑但是又颇为复杂的一个重要问题,原因在于,中国的市场化路径与其他国家不一样,很难通过移植其他国家大学治理中的市场化形式来加以解决类似的问题。中国是在原有的计划体制上"嫁接"市场机制的。在制度变迁中,普遍存在着"路径依赖"(Path Dependence)现象,同样,中国市场体制的建立无法摆脱传统计划经济体制的制约和影响,这不可避免地形成了两种制度共生的转型形态。中国转型形态的制度既有市场的特征又有计划的特征,同时它又不是原生的计划和市场①。中国的市场化模式是一种嫁接式的市场化(Grafting Marketization)过程。所谓嫁接式市场化,是指国家与市场两种不同功能的体系,会因为彼此间交互作用,进而产生类似农作物枝桠嫁接的现象,导致一种功能混合的新制度安排,而这个过程就是所谓的嫁接式市场化。这使得中国诸多领域中政府与市场的力量相互缠绕在一起,没有明确的边界,没有固定的模式。在大学这一"事业组织"中同样如此,一方面,事业单位这一组织特性决定了其具有浓厚的计划经济色彩;但另一方面,改革开放以来的体制改革又使得市场的影子在其中扮演了日益重要的角色,政府与市场的边界在大学这一领域中相互渗透,难以区隔,这是当前中国大学治理中的一个非常值得关注的问题。

一、特殊经济发展模式下的政府与市场关系

中国在走向市场经济的过程中呈现出一种特殊的国家与市场关系,使新生市场机制与原有的计划经济机制缠绕在了一起,这种特殊的关系规定

① 谢岳:《市场转型、精英政治化与地方政治秩序》,《当代中国研究》2004 年第 2 期。

着中国国家与市场的互动模式。由于中国市场机制并不是一个自我产生和发展的过程,传统计划经济体制所形成的路径依赖因素必然会在市场经济发展的过程中产生重要的影响,这使得中国的市场化过程呈现出两种体制相互渗透、相互影响的特征。杜克大学社会学者周雪光认为,中国这种计划体制的路径依赖形成了一种特殊的国家与市场的交互作用,两者有时会相互增强,有时则会彼此制约,这种现象非常类似生物学上的“共同演化”(Co-evolutionary)的概念①。周雪光以这种国家和市场的共同演化理论为基本的分析框架,通过对中国20个城市的4000多市民的访谈来揭示中国特有的市场化过程,对以倪志伟为代表的市场转型理论进行了修正。在他看来,原有的中国市场转型理论尽管对中国的市场化过程作出了合理的解释,但却存在着一个重要的缺点,那就是把政府和经济制度作为相互孤立的因素来看待。他通过研究发现,实际上,正如制度主义所认为的那样,国家和经济并不是相互对立的,国家和市场的关系并不像很多人认为的那样,仅仅是一种资源分配方面的竞争关系。其实,除了这种竞争关系以外,国家与市场的其他两个方面同样值得我们关注:一是国家领域中的利益关系。社会和经济制度往往是与组织化的利益联系在一起,任何制度变迁的过程最终都取决于政治场中的不同利益关系的互动情况。二是国家自身是一个主动的行动者,那就是国家在设定经济运行的制度规则方面扮演着非常重要的角色,并有其自身的利益偏好。

周雪光认为,在中国,情况同样如此。首先,中国的市场的发展并不是一个自我进化的过程,经济活动基本上是镶嵌在,并且受制于社会文本(Context)与历史的情境;其次,在国家与市场共同演化时,国家同样表现出自身偏好的取向。这使得国家与市场两者是相互影响,相互缠绕,在有些领域它们相互竞争和约束,在有些地方相互加强,而在有些地方相互适应,这

① 作者注:周雪光对政治和市场分别作了解释,政治是指在政治领域中与现存的,以及新出现的政治与经济制度相联系的利益表达模式(Patterns of Interest Articulation),而市场是指通过价格体系,以及“自主”经济代理人而实现的资源分配和经济交易模式。参见 Xueguang Zhou,“Economic Transformation and Income Inequality in Urban China: Evidence from Panel Data”,*America Journal of Sociology*,Volume 105 Number 4,January,2000,pp.1135-1174。

构成了中国市场化过程中的一个重要的动力模式。由于中国的改革是在原有的计划经济基础上在政府的推动下进行的，市场经济活动受到政治因素的影响更加明显。由于原来的计划经济体系必然形成路径依赖，这使得改革后的政治精英能够在经济活动中发挥很大的影响。由于在中国历史上，国家一直处于垄断的地位，同时，与原有的计划体制相联系的既有利益相关者依然处在优先地位，因此，没有任何理由怀疑中国的市场化转型过程不会受到国家自身的利益和原有体制利益依附者的重要影响。结果，政府和市场都是在与对方互动的过程中而不断演化。在国家与市场产生互动之后，国家代理人与经济行动者之间的互动的结果，是市场化进程的主要原因。在现有的体制约束，以及政府权威的优势地位情形下，中国的市场活动以一种独特的方式而进行：很多私营企业往往把自己伪装成集体企业；一些经济代理人努力培育与政府权威部门负责人的亲密关系并积极参与寻租（Rent-seeking）行为①；经济交易活动，即使通过价格体系进行的经济活动也通常会受到政府权威的影响，而政府部门基于本身利益也有动机去干预经济活动。而在市场化过程中，个人通常会凭借在国家与市场之间所掌握的机会与位置为自身创造出更好的经济收入。因此，从这种意义上来说，中国市场领域的经济活动是通过政治而“塑造”（Molded）的。由于非国有部门的经济增长对国家财政的贡献不断增强，促使国家及政府部门积极地推动经济的增长和鼓励市场的不断扩大②。依照周雪光的阐述，在中国特殊的国家与市场的互动过程中，政府部门和企业经营者形成了一种比较特殊的关系，那就是，一方面，政府部门出于自身的利益或国家的利益，往往会充分利用其在原有计划经济体系中的地位积极干预经济活动。而另一方面，由于其特殊的地位，企业组织很多时候会设法与其建立密切的联系。

---

① 有关中国市场化与寻租行为之间的关系问题可以参见：Andrew. H. Wedeman, *From Mao to Market: Rent Seeking, Local Protectionism, and Marketization in China*, Cambridge: Cambridge University Press, 2003。

② Xueguang Zhou, “Economic Transformation and Income Inequality in Urban China: Evidence from Panel Data”, *America Journal of Sociology*, Volume 105 Number 4, January, 2000, pp. 1140-1142.

二、政府与市场双重冲突中的大学治理困境

周雪光有关国家与市场的“共同演化”理论对中国特色的社会主义市场经济中特殊的国家与市场关系作了细致的研究，并指出了其中存在的不足，但是，周雪光对中国政府与市场之间互动的具体方式缺乏深入的分析。就大学治理中政府和市场的关系而言，市场化的特殊模式也使得大学中的政府与市场之间也产生了特殊的互动模式，由此形成了我国大学治理中特殊的政府与市场的关系模式。中国的市场经济发展呈现出许多与西方国家不同的令人玩味之处，主要体现在：在西方经济学的理解之中，如果能让价格机制正常运作，则市场交易便能够获得经济分配的最适合状态。在中国的大学改革发展过程中，的确也出现了以市场机制取代计划体系的趋势，但是由于身处原有的中央集权的计划经济体系之中，各级政府为了维持有效的社会秩序，通常会尝试去维持对大学的主导权。对于政府官员来说，某些时候，真正的市场经济并不是最重要的决策选项。在推行市场化改革的过程中，政府有时候会有比较明显的功利心态，通常是将市场化当作救火队，原先的大学体制哪里出现了问题，政府便会针对该处给予市场化的措施来进行补救，将市场视为“行气散”，经济体系哪里因为气血不通而效率不佳，便以市场化来打通该处的“血路”，形成一种计划经济为“体”，市场经济为“用”的现象。也就是说，对有些政府官员来说，如何对待大学改革中的市场机制问题有时是矛盾的，一方面，市场化意味着政府对大学治理的主导权的削弱；而另一方面，通过市场化则可以有效地卸下政府肩上大学的某些财政包袱。

改革开放以来，中国大学治理的转型与经济领域的转型一样，同样包含着两个方面同等重要的含义：“市场化发展”与“去计划经济”，这是两个相关联但却不同的过程。“市场化发展”是依赖一组以价格引导供给与需求间交易的制度建构，而“去计划经济”的过程，主要是解除政府以行政干预大学的行为。通常的情况是，以符合市场化的政策来取代大学治理中原先计划经济的运作政策，而这种取代的过程，通常需要设法安排或解决原来大

学这一单位组织中大学利益与政府部门利益的问题。此时，便会发生如周雪光所言的情况，也就是在某些地方，政府与市场会相互竞争，有的地方两者会相互增强，甚至在有的地方，两者会相互接纳并使对方改变。而受到这种政府与市场特殊关系的影响，往往市场并不能完全取代大学中原有计划经济体制的运作，因为政府所提出的市场化政策是镶嵌在原先事业单位体制的大学模式当中，新的政策执行必须兼顾整个社会条件的配合程度，因此，大学中的市场化的政策在所难免会“继承”原计划经济体制中的惯性，进而导致大学治理中新旧两种体系在结构上的相互重叠，而所形成的制度安排，便会如同植物嫁接后的结果。

目前中国大学治理中政府与市场相互缠绕最为突出的表现就是大学治理中举办者、经营者和管理者三种身份不清，界限不明，呈现出明显的模糊状态。计划经济体制下，在政府包揽办学体制中，政府既举办学校，又管理学校，同时也成为具体的经营者。通过对大学全面的行政化改造，国家接管了大学的人、财、物等一切权力，集举办者、办学者和管理者于一身，大学发展目标、所需资金、具体办学方向、专业设置、招生人数等都集中于政府①。但是，随着市场经济的发展，以及改革的深入，原来政府与学校具有行政性质的法律关系已经转变，逐渐向着演变为举办者、经营者和管理者三个主体之间的关系，从现代大学治理的理念和实践来看，政府应该逐渐退出一些大学自主治理的空间及市场机制的作用空间，但是事实上并非如此，当前大学治理中既有浓厚的计划经济条件下政府与大学之间的行政命令行为色彩，但同时又体现出日益明显的市场经营行为色彩，三种身份缠绕在一起，难以区隔，如图 1-1 所示。

从理论上来说，举办者是指高校的创立者或设立者，在法律关系上，表现为出资人（投资人）。教育法规定，学校举办者可以是各级政府，也可以是企业、事业组织、具有法人资格的社会团体和公民个人。作为出资者，举办者有权制定章程，确定学校的机构性质、发展定位、培养目标、办学方向、办学层次及规模、领导体制、经费财产、对学校进行管理或考核的方式、标准

---

① 胡炳仙:《权力集中与知识控制》,《清华大学教育研究》2008 年第 8 期。

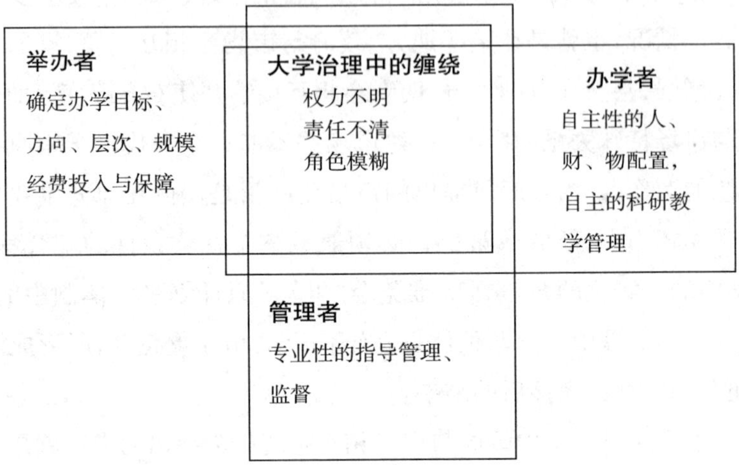

图 1-1 中国大学治理中的关系缠绕

及学校负责人的产生与任命、学校分立合并终止等基本事项。举办者主要承担经费投入与条件保障的义务。

办学者是指高校的实际运营者或学校办学的实施者，是具体负责学校办学活动的主体。可以理解为，经营者是学校的校长及其办事机构，具有法人资格的实体，行使法律规定的办学权利。办学者根据学校章程，享有依法自主开展学校教育教学管理活动及与教育教学相关的活动的权利，可以依照市场成本收益的原则，引入市场竞争机制以实现资源效率的最大化，包括"调节系科招生比例"、"设置和调整学科和专业"、"制订教学计划、选编教材、组织和实施教学活动"、"开展科研活动、技术开发和社会服务"、"开展国际交流与合作"、"设置内部机构和聘任人员"、"管理和使用学校财产"等方面的自主权，不受任何组织和个人的非法干涉。办学者的义务体现在保证办学行为符合国家法律和学校章程的规定，依法接受举办者、管理者和社会的监督。

管理者是指对高校的创立和办学行为进行管理的行政机关，是学校外部的管理，属于国家行政管理的范畴，是社会公共管理。学校作为行政相对人，管理者是行政主体，既有管理的职权，也有服务和保障的义务。管理者的权力主要有立法权、监督权、知情权，具体包括：制定高等教育法律法规；

对高等教育的地区布局、层次结构进行规划；根据社会需求、办学条件，核定高校办学规模；对高校变更名称、类别，修改章程及其他重要事项进行审批和核准；制定各层次和学科类型最基本的办学标准、准入条件；对高校的教学活动、办学水平、办学质量、经费使用等进行评估监督；对高校没有坚持正确的办学方向、乱收费、学术失范等违法行为进行行政处罚；向高校索取档案资料、要求其提供有关信息和报告。管理者的义务主要体现在，监督教育经费和财政投入，为高校办学提供必需的信息服务，保障学校、教师、学生的合法权利，不干涉高校的办学自主权。

三者身份不分，对于中国大学治理来说，最大的困境在于权利不清、责任不明，导致政府权力呈现出非常明显的随意性，大学作为现代社会中相对独立的教学科研组织的完整功能被肢解。随着中国教育体制改革的深入推进，高校的举办者、管理者和办学者由同一逐渐走向分离。举办者作为出资者、政府作为管理者、高校作为办学者，各自的职责权限必须分离。由于三者缠绕在一起，对于到底如何分离，分离到什么程度却是一件很难厘清的事情。

第三节　社会治理体系建设中的大学使命

当然，如果跳出大学治理本身，从更大范围的社会治理体系来看政府对大学善治的话，也许其意义就更加长远、重要且更具有迫切性。党的十八届三中全会首次将“创新社会治理体制”写入党的纲领性文件，而维护社会稳定，促进社会和谐，确保人民安居乐业是社会管理最为基础也是最重要的目标。当前，我国正处于社会转型的关键时期，经历着经济社会结构和利益关系的深刻调整过程，由此引发的各种矛盾和冲突越来越多，如果不能及时有效地化解这些矛盾和冲突，就可能影响到社会的基本稳定，从而影响到党的执政基础和和谐社会的建设。党中央和国务院特别强调应该建立“党委领导、政府负责、社会协同和公众参与”的新型社会管理机制。但是，很显然，社会到底应该如何才能更好地“协同”，公众到底应该如何更好地“参与”，依然是很大的困境。大学作为社会治理体系中的重要组成部分,对实现社会治理中的这种"协同"和公众"参与"的有效实现有着重要的意义,世界各国的经验证明,更好地发挥大学在公民精神和公共责任方面的培育功能,对于社会治理颇为重要。缺乏精神认同不仅意味着社会联系的断裂、经济发展的乏力,更意味着一种整体性的迷失与自卑。对中国来说,尽管过去30多年以经济建设为中心的国家战略实现了经济的整体腾飞,但是,很显然,由于文化建设的相对滞后,缺乏精神支撑的社会、经济和国家潜伏着种种令人担忧的危机。随着经济的不断发展,与之相伴随的社会危机也日益凸显,由于社会转型所导致的各种矛盾和冲突具有明显的累加效应,并最终可能冲击现有的社会秩序。工业社会本身"不可计算的不确定性"①产生的种种风险相伴相随,同样威胁到社会的稳定。所有的一切昭示着过去被忽略的文化建设已经到了一个非常紧迫的阶段。党的十七届六中全会把文化建设作为极具战略性的命题进行研究和部署,这无疑对于中国未来的发展具有非同一般的意义。然而,文化建设的核心在于把现代社会中一些必不可少的常识、道德、情感等内化在所有社会成员的精神结构之中,因此,对于文化建设来说,如何创造有效的条件和环境、培育和塑造适应新时代需要的精神,显得尤为重要。

一、公共精神缺失与社会治理危机

然而,对于当今中国社会来说,到底缺失了什么样的重要精神?近年来,诸多公共事件中众人所表现的冷漠引发了国人对公共精神贫困越来越广泛和深入的集体反思。公共精神是现代社会中公民必须具有的一种最基本,也是最重要的美德之一。公共精神的核心内涵在于公民以平等和独立的身份、以主人的姿态积极参与到公共生活中来,并在公共交往中形成有关公共利益和公共责任的公共认知、公共理念和公共理性。公民体认和发现

① [德]乌尔里希·贝克、邓正来、沈国麟:《风险社会与中国》,《社会学研究》2010年第5期。

个人与共同体的关联，了解到相互之间的尊重、信任、互助和合作是自我利益实现的基础，“公民需要拥有的一系列能力，这些能力能够使我们自觉服务于公共利益，从而自觉捍卫我们共同体的自由、并最终确保共同体的强大和我们自己的个人自由”①。在一个缺乏公共精神的社会中，隔膜与冷漠、偏见与敌意、分歧与排斥并存。可以毫不夸张地说，公民公共精神是现代社会实现有效治理、建构良好公共生活秩序的重要基础，是个人、集体和国家之间有效互动的黏合剂，更是实现社会全面和谐的德性支持力量。在充满公共精神的公共生活中，公民既是社会治理的对象，更是社会治理的主体，公民之间通过公共精神这一重要的纽带能够有效地实现社会的整体和谐。公共精神的形成是建立在对个人地位、个人利益和个人能力——也就是现代公民品格的确立基础上的。而这种独立性的公民品格恰恰是几千年的中国传统文化中最为缺失的内容，这是中国长期以来公共精神缺失的重要原因。“中国文化不让‘个体’有合法性与精神性，而只把它当作是一个‘身’，于是，由个体自己决定而不是由他人制约的‘心’就很容易变成‘私心’”②。尽管新中国建立以来非常强调“公”的意识，但是一味强调个人对集体的服从，而忽视具有主体意识和地位的社会主义公民本身的培育，公共精神同样难以形成。个人缺乏公共意识，对公共事务漠不关心，公民与社会的联系严重割裂，个人理性代替公共理性成为社会交往的基本交往原则，这是当今中国社会治理危机的一个重要根源。

因此，社会主义文化建设必须直面一个非常重要的问题，那就是如何有效地推动社会主义公民公共精神的成长。党的十七届六中全会提出，文化改革发展的目标之一是“良好思想道德风尚进一步弘扬，公民素质明显提高”，公共精神显然是这种“思想道德”和“公民素质”中的题中之义。

二、中国大学公共责任的式微与社会治理危机

20 世纪初期，中国大学的公共责任和公共精神曾经推动了时代的发

① 许纪霖：《共和、社群与公民》，江苏人民出版社 2004 年版，第 74 页。

② 孙隆基：《中国文化的深层次结构》，广西师范大学出版社 2004 年版，第 21 页。

展,引领了历史的潮流,成为那个时代博大恢弘的精神力量。然而,随着历史进程的向前迈进,这些可贵的大学精神和责任被消解殆尽,大学日益沦落成为“无根之浮萍,无魂之器物”。大学和知识分子的公共性特征被专业和学科所遮蔽,公共意识淡薄,甚至退避公共文化,只专注于专业和科研,在公共领域中的身影和作用越来越少、越来越小①。大学往往不是引领社会,而是被社会引领,不再是不良现象的批判者,而往往是不良社会现象中的被批判对象。

大学发生这种蜕变背后深层次的原因是什么?认真地研究会发现,大学的公共精神职能正是伴随着大学主体性的消解而逐渐丧失的。所谓主体性的消解是指,从目的性来说,公共关怀和公共责任被从大学自身的价值使命中抽离;从自觉性来说,大学的行为不再是基于自我价值和使命的自律性行为,而是更多地体现外界的他律性要求;从自主性来说,大学逐渐丧失了履行自身公共责任的动力、能力和权力,更多的是外力驱动下的被动行为。大学主体性的瓦解力量主要来自两个方面:一是国家主义;二是功利主义(见表1-1)。国家主义对大学主体性的消解在很大程度上是基于建国初期所采取的以国家作为经济发展轴心力量的计划体制。从新中国建立开始,中国的大学就被嵌入到了国家权力的整体框架之中,作为带有强烈政治性的社会组织机构出现②。从大学公共精神的角度来说,国家主义对大学主体性的消解首先表现为国家对大学公共目的性的替代。在国家主义的视角中,国家是公共利益的最高也是唯一的权威代表,其他的组织和个人只有通过国家才能够获得自身的公共价值,大学同样如此。国家对高等教育的全面接管,并采用国家官僚体系的集权化、等级结构、非人格化的规章制度和自上而下的行政管理体制,使得高等院校实际上具有一种国家机构的性质,就是国家公共性在高等教育领域的一种体现,而高等院校作为事业单位依附于政府的这一性质和特征客观上使其通过继承而取得一种国家的公共性③,

① 于文秀:《人文精神与公共关怀:现代大学的灵魂》,《中国高等教育》2009年第19期。

② 王彦斌:《权力的逻辑——大学组织运行的社会学管窥》,博士学位论文,华中师范大学教育学原理专业,2008年,第205页。

③ 蔡海龙:《论我国高等教育体制的公共性转换》,《教育发展研究》2008年第1期。

从这个意义上来说，也就不存在大学自身的公共目的性；国家主义对大学主体性的消解其次表现为大学的行为不再是一种自觉性的行为，而是国家行为的一个部分。也就是说，大学不再是一个相对独立的组织，而是整个国家机器中的一个环节，大学首先承载的是国家和集体的要求而不是自身的使命，国家的这种要求包括政治上的意识形态要求和经济上的人才需求；这种消解的第三个方面表现为国家对大学自主性空间的挤压。国家成为大学所有活动的唯一主体，大学原有的自主性的权力空间被完全挤压。大学成为自上而下行政体制中的一环，"公"的意志就是通过这种行政体制来加以贯彻的，而不是通过自下而上的培育和倡导来实现的。可以看出，不管是大学的目的性，还是自觉性和能动性，都被消解在国家主义的框架中。

表 1-1 国家主义、功利主义对大学主体性的消解

大学的主体性的体现	国家主义对大学主体性的消解	功利主义对大学主体性的消解
目的自我性：公共责任与公共精神	目的依附性：依附于国家和集体	目的同一性：被商业目的所同化
行为自觉性：自我价值与使命约束	行为他律性：国家和集体的支配	行为盲从性：盲目追求短期利益
自主性：相对独立的权力空间	被动性：大学自主空间被挤压	模糊性：大学自主空间被渗透

功利主义对大学主体性的消解同样使得大学与公共精神渐行渐远。20世纪80年代以来，中国进行了以改革高度集权的高等教育体制、增强大学自主性为主线的改革，大学的主体性在一定程度上得到了恢复，大学的公共使命也被人们寄予新的希望。然而，随着市场经济的发展，功利主义的价值取向迅速越过大学的围墙并渗透到了每一个角落，大学主体性被市场经济的无形力量消解得无影无踪。从大学的目的性来说，大学放弃了自身的公共使命，取而代之的是商业化的功利原则，大学越来越像一个企业。在当今社会，很多大学把利益本身视为大学的最高准则和道德标准，在以功利为首要目的的驱动下，大学与一般商业组织之间的区隔变得越来越模糊，大学与

社会公共目标之间无形的"契约"正在渐渐消失。"从很大程度上讲,我们将办学校视为一种商业行为——一种教育年轻人的商业行为"①;从自觉性上来看,由于物质利益的冲击、急功近利的短期行为,高等学校沦为"名利场",大学的公共精神与社会责任在很多学者那里受到怀疑甚至完全丧失,大学对公共领域日益变得麻木,从而呈现出明显的从众心理和随波逐流的行为取向。大学自觉性的公共担当难觅踪影,甚至有的时候出于自身的功利目的,一些大学会极力地躲避公共议题或站在公共利益的对立面;而就自主性来说,在功利主义的原则下,大学自主性的空间被模糊,大学失去了扮演精神家园的守望者、不良现象的批判者和社会价值的引领者等角色的内在动力。这种自主性角色不但需要坚强的精神支持,更需要在物质和功利上的舍弃。而一旦功利主义成为大学行为的支配性原则,大学自主性的行为必须基于有效的功利激励,但很显然,以公共利益为目标的大学行为并不能体现这种利益回报原则。

表 1-1 就国家主义和功利主义对大学主体性的消解进行了总结,简单来说,国家主义对大学主体性的消解使得大学没有能力承担起自身的公共精神职能,而功利主义对大学主体性的消解则使得大学没有动力去承担这种职能。

三、公共精神成长与现代大学的责任

公共精神的成长除了公共生活的实践——就是创造条件让更多的公民有更多的机会参与到公共事务当中去之外,最重要的就是有目的、有意识、系统化的公共精神引领与培育。在实践中感知的公共意识在很大程度上依然是非常感性的,而公共精神必须经过系统化的理性整合,并凝结成道德、原则、责任、权利和义务等观念并进入到公民的心智结构才能够形成的,而这种过程就是引领与教育的过程。正如亚里士多德(Aristotle)所言,人们所

① [美]斯蒂芬·J.鲍尔:《教育改革——批判和后结构主义的视角》,华东师范大学出版社 2002 年版,第 162 页。

由成德达善者,出于三端:禀赋、习惯、理性。习惯和理性必须经由培养而得到发展,所以应当特别重视教育①。公共精神培育不仅传输给公民各类公共知识、公共秩序的理性设计原则,以及社会制度存在合理性的观念,更重要的是培养社会政治生活中公民应该具备的人格与品行,而且可以引导公民总结公共生活经验,确立公共理念,形成公共良知。因此,可以说,引领与培育是促进公民公共精神成长最基本、最重要的路径。

而在公共精神的引领与培育体系中,大学通常扮演了非常重要的角色。大学时代是青年人人生观、价值观和世界观形成的重要时期,也是个人完全融入社会之前自我精神结构固化的重要阶段,大学阶段有效的公共精神引领与培育能够为未来的公共参与奠定坚实的基础。而大学之所以必须承担起这一任务是由其本身的职能和公共性价值所决定的。“大学乃天下之公器”,大学自诞生起,对社会文明和社会建设的贡献是任何其他行业和机构所无法比拟的。正如蔡元培先生所曾多次强调的一样,“有良大学斯有良社会”。公共精神与公共关怀,是现代大学不可或缺的旨趣,更是人类社会不断得以完善的重要驱动力。大学不仅仅是知识的加工厂,还是一个以传统经久不衰的价值观为基础的复杂机构,几个世纪以来一直以无数的方式服务于我们的社会文明;大学不仅是知识的守望者,也是价值观、传统和社会文化的守护神;大学不只在于教育和发现,也在于向现存社会秩序发出挑战并促进其改革;大学最基本的职能依然是培养民主社会所必须的有教养的公民,它证实了基本的价值观、原理,以及学识和理性的结合②。随着越来越多的人接受高等教育,大学在公民公共精神的塑造和素质的提升方面扮演的角色越来越重要。正如博克(Derek Bok)所言,在当今时代,社会道德日益受到普遍关注,但是对道德现状却普遍不满,大学更应该义不容辞地运用自身特殊的地位来鼓励学生深入地思考社会道德问题③。事实上,在过去的几十年里,大学在公共精神的引领与培育,特别是在社会公民身份的

① [古希腊]亚里士多德:《政治学》,商务印书馆 2009 年版,第 457 页。

② [美]詹姆斯·杜德斯达:《21 世纪的大学》,北京大学出版社 2008 年版,第 35 页。

③ [美]德里克·博克:《走出象牙塔——现代大学的社会责任》,浙江教育出版社 2001 年版,第 132 页。

扩展中扮演了关键性的角色,大学作为精神和道德教育的教养机构推动了公民人格的形成。

然而,大学要有效地承担起公共精神培育功能必须建立在其坚实的主体性基础上。大学的主体性要求大学必须扮演好三种基本的角色:首先是精神家园的守望者。大学成为公共精神的守望者意味着大学必须把公共关怀视为自身的核心使命,并且能够自觉地抵御来自世俗化、商业化和现代化可能产生的对公共精神的消解,确立并捍卫那些对社会整体来说至关重要的价值观①;其次是不良现象的批判者。面对各种与公共精神格格不入的行为和现象,大学能够及时和勇敢地站出来针砭时弊,并与之进行持续而有效的斗争。大学必须坚持自己作为一种主要的、高于新闻舆论的"精神力量"的权利,在狂热之中保持平静,面对轻浮无聊和恬不知耻的愚蠢行为保持严肃性,把握理智②;最后是社会价值的引领者。大学应该走在社会的前列,通过自身的行为引领社会向前发展,积极倡导公共价值,在社会的大学应该独立和充分负责地就伦理、文化和社会问题坦率地发表意见,以帮助社会去思考、理解和行动③。但是,对于现代大学来说,扮演好这些角色却并不容易,原因在于,随着大学日益走出"象牙塔",从社会的边缘走向社会的中心,各种力量与观念日益渗透到了大学的方方面面,而大学本身不断强化的功利主义行为取向往往也可能会瓦解曾经辛苦经营的精神堡垒。因此,面对充满诱惑的和色彩斑斓的社会,大学要保持独立的精神品格是一件充满挑战的事情,这需要有强烈的社会责任感和"永恒的自律"④。大学原有的主体性面临着被瓦解和消亡的命运,这对于大学的公共责任来说也意味着新的挑战。

当前,我们正处于社会管理创新的重要阶段,如何更好地转变政府职能

---

① [美]安东尼·史密斯、弗兰克·韦伯斯特:《后现代大学的来临?》,北京大学出版社2010年版,第34页。

② [美]奥尔特加·加赛特:《大学的使命》,浙江教育出版社2001年版,第101页。

③ 赵中建:《21世纪世界高等教育的展望及其行动框架》,《上海高教研究》1998年第12期。

④ Philip G. Altbach, *Higher Education in American Society*, University of Illinois Press on behalf of the Council for Research in Music Education, 1994, p.137.

和行为，更新理念建立更加有效的机制以实现社会的和谐稳定和人民幸福，但是，很显然，作为公共精神和公共责任重要的培育场所的大学并没有被纳入到社会管理创新的视野中来，大学仅仅作为知识的发现、生产场所，作为经济发展的技术创新和人才服务的场所，这其实是对大学本身职能的一种曲解。实际上，大学体制改革和社会管理创新是一个紧密联系的统一体，把大学体制改革放到社会管理创新的宏观视野中，把社会管理创新体制与大学体制有机地对接起来，从培育更多有担当、有公共责任和主人翁精神的社会主义公民来审视中国高等教育体制改革，对于今天建设中国特色的社会主义社会管理体系、建设社会主义和谐社会来说意义非凡。

第二章 大学主体性的分析框架与历史演化

现代大学制度建设涉及两个基本层面,一是宏观的层面,关乎于大学与政府及其他社会组织的相互关系;二是微观层面,关乎于大学内部治理的权力结构与相互关系。就目前中国特色的现代大学制度建设而言,宏观层面的核心问题主要表现为大学自主权的缺失,微观层面的核心问题主要表现为大学组织特性的迷失导致的大学行政化。究其原因,这两个问题的症结都指向同一个病根:大学主体性的衰落。近年来,所有对于中国大学趋同化、行政化、功利化、庸俗化的批判与诘问,根本的原因都在于此,主要表现为大学自我目的性的迷失、自主权的缺失、自觉性的消减和能动性的式微。因此,重建我国大学的主体性,既是中国特色现代大学制度建设的基本前提,也是重要的路径。这是未来中国高等教育发展中的一个十分重要的命题。

第一节 主体性的哲学解释

主体性是一个组织和个人之所以存在并区别于其他组织和个人的重要依据,主体性问题是人与世界关系的根本问题,是近代西方哲学最为核心的概念。从主体性的视角来审视各种关系是近代以来西方现代化进程中非常重要的思维逻辑,甚至可以说,主体性是现代性的哲学奠基,现代性的核心观念和中心话题就是主体性的问题,特别是人的主体性问题,对人的自由、意义、生命价值的追求成为现代性的根本价值追求。

一、从主体性到主体间性

主体性原则是近代哲学的基本精神和原则。笛卡尔(René Descartes)提出的著名哲学命题“我思故我在”是其主体性原则最重要的体现。笛卡尔哲学标志着主体性的觉醒①。

康德(Immanuel Kant)用无限的先验意识取代了笛卡尔的有限的自我意识,提出了“人为自然立法”主体性思想,用共同性的普遍理性取代了个体理性,大大地弘扬了人的主体性。康德研究的主体指的是认识主体和道德主体,在认识论意义上确立了主体的地位,他的实践理性确立了人作为道德主体的地位。费希特(Johann Gottlieb Fichte)继承和发展了康德的主体能动性思想,他将理论理性与实践理性合二为一,以“绝对自我”为基础和核心建立了他称之为“行为哲学”的知识学体系。黑格尔(Georg Wilhelm Friedrich Hegel)则从康德的实践理性中看到了人的自由、价值和尊严,在《精神现象学》中提出了著名的“实体即主体”的基本原则。“实体即主体”把主体性提升到本体论的层面,把主体完全绝对化了。近代哲学所确立的主体性的理论硬核是主体作为实体的理论信念,成为主体性被批判的最为深层的根源②。

马克思(Karl Heinrich Marx)克服了以往传统抽象的人的主体性理论,科学地阐明了以实践为基础的主体性理论。马克思认为“主体是人,客体是自然”,“作为主体的人必须是出发点”。“主体性”是马克思主义哲学区别于旧唯物主义的基本规定③。马克思的主体既包括认识主体、道德主体,还包括生产实践主体。俞吾金认为,马克思的主体性概念有两个维度,即本体论维度和认识论维度,这两个维度统一在实践的基础上④。

---

① 张志伟:《西方哲学十五讲》,北京大学出版社 2004 年版,第 208 页。

② 贺来:《“主体性”批判的意义及其限度》,《江海学刊》2011 年第 3 期,第 38—44 页。

③ 贺来:《主体性观念的价值内涵与社会发展的价值排序》,《吉林大学社会科学学报》2011 年第 3 期,第 43—49 页。

④ 俞吾金:《马克思主体性概念的两个维度》,《复旦学报(社会科学版)》2007 年第 2 期,第 34—40 页。

以实践为基础的马克思唯物主义主体性思想,认为主体性是“一个主体或是与主体相关的一种性质”,而作为主体的基本特征是自觉能动性,包括自主性、自为性、选择性和创造性。只有那些具有独立自主性、自觉能动性的人才算得主体。人的主体性的最基本的表现形式是实践①。由此可以把主体区分为实践主体、认知主体、评价主体和决策主体等基本类型。主体性也有实践主体性、认知主体性、评价主体性和决策主体性。其中实践主体性是人作为实践主体所显示的主体性。实践主体性不仅蕴涵着一切主体性,而且外化为现实的改造客体的能动性②。

20世纪以前的西方哲学是主体性原则形成、发展、壮大乃至发挥到极致的历史时期,人的主体性原则到后来的黑格尔那里被推到了极端,而在20世纪以后,西方哲学主体性原则逐步走向衰落。在现当代西方哲学中,主体性成了饱受批判和攻击的对象之一,提出了主体性之死、主体性隐退等理论。但是主体性并没有衰落,衰落的是片面狭隘的、走极端的主体性③。根据马克思主义哲学,人除了具有自然属性,还具有社会属性,建立在单纯的主客体之间的人的主体性,不能适应人与人普遍交往的主体间的关系,传统的主体性思潮逐步丧失社会现实意义,这就迫使哲学家寻找新的出路,导致了“主体间性”概念的出现。

主体间性(Intersubjectivity)是拉康(Lacan Jacaueo)提出来的。他认为,主体是由其自身存在结构中的“他性”界定的,这种主体中的他性就是主体间性。他对黑格尔的《精神现象学》中的“奴隶和主人”进行了分析。他认为,当看守为了囚犯而固定在监狱的位置上的时候,那他就成了囚犯的“奴隶”,而囚犯就成了主人。马克思虽然没有明确使用主体间性一词,但较早提出主体间性思想:“人的本质并不是单个人所固有的抽象物。在现实上,它是一切社会关系的总和”。

主体间性概念的最初的涵义是主体与主体之间的交互关系和统一性。主体间性不是反主体性,不是对主体性的绝对否定,而是对主体性的发展与

---

① 李为善、刘奔主编:《主体性和哲学基本问题》,中央文献出版社2002年版。

② 李为善、刘奔主编:《主体性和哲学基本问题》,中央文献出版社2002年版。

③ 李为善、刘奔主编:《主体性和哲学基本问题》,中央文献出版社2002年版。

完善。主体间性首先涉及人的生存本质，生存不是主客二分基础上主体征服、构造客体活动，而是自我主体与对象主体的交互活动。主体间性还涉及自我与他人、个体与社会的关系，主体间性不是把自我看作孤立的个体，而是主体与主体间的共存关系。人要发挥自己的主体性，必须以社会为中介，在与他人的交往中建立良好的主体间性。

二、主体性的内涵特征分析

综上所述，我们认为主体性的内涵是以目的性、自主性、自觉性和能动性为特征并通过主体的实践与其他主体间的交互关系中加以体现的。目的性是实现主体性的内在依据，自主性是实现主体性的前提条件，自觉性是实现主体性的本质要求，能动性是实现主体性的外在显现。主体性是一种有目的的能动、能够自主的能动，也是一种自觉的能动。

（一）目的性是实现主体性的内在依据

“人的主体性是主体的内在规定性，以主体的目的和意识为前提。没有目的和意识，就无所谓主体，也就无所谓主体性，而目的和意识是属于主观的范畴”①。从哲学角度分析，人“不仅使自然物发生形式变化，同时他还在自然物中实现自己的目的，这个目的是他所知道的”②。马克思在论述人的活动与动物活动的区别时指出：“动物只是按照它所属那个种尺度和需要来造，而人却懂得按照任何一个尺度来进行生产，并且懂得怎样处处都把内在尺度运用到对象上去。”

主体的需求是主体行为目的的出发点。主体不是无所需求的实体。海德格尔把实体的存在特征描述为：无所需求。而主体是有需求，主体需求是主体价值产生的前提。而价值是客体的主体化运动。客体主体化是主体把自身的需要、目的、意志和愿望，通过对象性活动不断赋予客体，使客体按照主体的需求本性发生变化，从而使客体不断成为有利于主体生存和发展的

---

① 齐振海、袁贵仁主编：《哲学中的主体和客体问题》，中国人民大学出版社 1992 年版，第 99 页。

② 《马克思恩格斯全集》第 23 卷，人民出版社 1972 年版，第 202 页。

存在物，这就表现为客体向主体的运动，从而在客体身上实现了主体的目的和意志。

（二）自主性是实现主体性的前提条件

自主性是主体在作用于客体的过程中所显示的“主人”性质，具有对自身活动进行自我控制和自我调节的自主性。自主性包括了选择权和决策权，标志着人的选择自由、意志自由和决策自由的性质和本质力量。主体可以根据自身最迫切的目的来选择客体的多种必然性中最合目的性的那种，作为自己实际活动的依据，因而可以做出最优决断和决策。黑格尔说：“说到底，现代世界的原则就是主体性的自由，也就是说，精神主体性中关键的方方面面都应得到充分的发挥”。主体的实践活动是主体对实践活动本身、实践的客体和工具的自由自主地选择过程。

（三）自觉性是实现主体性的本质要求

自觉性指主体有意识、有目的、按规律去实践，包括主体对客体规律性的自觉和对自身内在目的性的自觉。自觉性有别于自发性，自发性是指没有对客观事物本质和规律的认识、没有明确的自我意识的精神状态和行为状态①。自发是自觉的萌芽状态，是主体性的最低阶段，真正的主体性不是以自发性而是以自觉性为标志的。主体的自觉性具有5个层次的涵义：自觉意识（对于对象的意识）、自我意识（对主体本身的意识，了解自己是自由的）、理性自觉（掌握事物内在的本质和规律）、实践理性（从理性认识向理性实践转变）、理性实践（事关重大、具有开拓性的实践是理性的）②。在自觉性里，主体则不仅要做主人，而且也的确能做主人，因为他的活动有了明确的科学性和目的性。

（四）能动性是实现主体性的外在表现

主体性本质上是主体在与客体关系中所显现的能动性。主体的能动性是主体以同化客体的方式主宰客体，客体以满足主体需要的方式顺应主体，把“对象、客观的外在尺度”和“主体的内在尺度”统一起来，努力自主地建

① 宋锦添：《自觉能动性研究》，中国人民大学出版社1986年版，第75—76页。

② 郭湛：《主体性哲学——人的存在及其意义》，云南人民出版社2002年版，第46页。

立一个既符合目的性又合规律性的世界。人作为实践主体的能动作用,就在于将客观条件的制约置于自己的控制之下,人的主体性和客观规律性在实践中是统一的。能动性是主体性最重要的内涵和鲜明的表现,能动性具有活动性、积极性、主动性之意①。在主体的自觉和自主性中,主体只是做出最佳决断,使主体的内在目的性和客体的内在必然性之统一成为可能,而并没有使二者的统一成为现实。在能动性里,主体的活动显示出充分而现实的自由,显示出人的现实的自主自觉性。

创造性是能动性的最高形式,要发挥实现人的主体性,归根到底要发挥人的创造性,使自己成为创造性主体而存在②。创造性是衡量主体性实现的重要标志。

第二节 大学的主体地位及其主体性表现

主体性是指个人和组织在实践过程中表现出来区别于其他人和组织的能力、作用、地位,即自主、主动、能动、自由、有目的地活动的地位和行为特性。大学作为特殊的社会组织,有着自身独特的行为逻辑,承载着独特的功能,扮演着独特的角色,因此在主体性方面的特征与其他组织相比更加明显。而在现代社会中,随着大学逐渐进入到社会的中心,大学日益受到其他组织、个人和其他力量的影响甚至同化,大学主体性的坚持成为一件并不容易的事情,可以说,在现代社会,大学到底能够在多大程度上发挥好自身应该有的功能、扮演好自己的角色在很大程度上取决于大学自身主体性的实现程度。

一、大学的主体地位

主体在哲学上指有认识和实践能力的人,与主体相对应的是客体。主

① 刘吉发:《从价值主体性维度看"普世价值"何以不能》,《政治学研究》2009 年第 5 期,第 85 页。

② 李为善、刘奔主编:《主体性和哲学基本问题》,中央文献出版社 2002 年版,第 9 页。

体在法律上指依法享有权利和承担义务的自然人、法人或国家。大学,作为社会组织的出现是人类文明史上具有划时代意义的创举,从中世纪作为学者团体的大学出现之初,它便是一种严密的组织,一开始就具有了法人的性质,拥有自己的章程和共同的印记。

一般认为,法人制度肇始于罗马法,法人是相对于以生命为存在特征的自然人而言的,具有民事权利能力和民事行为能力,依法独立享有民事权利和承担民事义务的组织,是社会组织在法律上的人格化。

与中世纪其他城市行会组织一样,大学首先需要从皇帝、教皇、国王、主教或至少是市镇处获得一张特许状。其中,层次最高的特许状是教皇或皇帝授予的"a stadium generale"和"ius ubique docendi",前者可以使大学赢得国际性地位,后者获得的则是在各地教学的权利。

特许状的获得既意味着大学学位得到国际性的承认,同时也赢得了对自身发展来说两项最重要的特权:一是独立自主发表自己意见的权利;二是自由迁徙的权利。这些特权无论是对世俗还是对教会,都是极其有效的威胁①。一所大学与另一所大学的特许权都因其处境和因其历史而有所不同,它们有可能来自皇帝(博洛尼亚大学的"居住"宪法)或教皇(巴黎大学1215年章程,"知识之父"教皇谕旨),或是地方政权。

一些特许权为地方范围,可以使大学学者免于城市其他居民的某些束缚;其他特许权则范围广泛,其中最重要的是司法特许权。1230—1250年起,大学获得的这些特许权几乎不再有争议,至少在原则上无争议。因此,从大学诞生的那一刻起大学组织就具有了法人的性质与地位。

在英国所有的大学中,除1992年后创办的大学(多为多科技术学院)大多由地方政府创办、未获得皇家特许状外,1992年以前的各类大学大部分由枢密院(Privy Council,代表英王权的行政机关)授予皇家许可证成立,获得了特许法人的法律地位。皇家特许状相当于是大学与政府之间的契约,规约了双方的责权,大学通过特许状获得了独立的法人权利从而实现了

① [美]伯顿·克拉克:《高等教育新论》,王承绪等译,浙江教育出版社2001年版,第30页。

主体性，同时，大学也要依照特许状所规定的法人治理结构进行内部制度的安排以便履行其公共责任。皇家特许状赋予了英国大学的独立法人地位，界定了政府与大学之间的关系为“平行伙伴关系”。

日本政府经过30年的深思熟虑之后，下定决心对国立大学进行改革，于2003年颁布了《国立大学法人法》，改革的目标是“改变国立大学和政府之间的依附关系，最大程度地减少政府对国立大学的日常干预，赋予国立大学自我管理、自我负责的权力机制”①。正如日本国立大学协会所言：“在国立大学法人法的规定之下，国立大学从迄今为止的国家行政组织的一部分转变为一种具有独立法人资格的机构。”②

而在发展中国家，为了更好地回应不断变化的环境，政府官员和教育者都在争取重新确定新的结构、新的规划、新的程序及政府和高校间新的关系，依照本国的实际重新寻求政府与大学之间新的平衡，扩大大学自治，支持大学扮演更加自主的新角色③，这是近来发展中国家高等教育体制改革中的重点。

二、主体间性中的大学主体人格

罗马法有关法人人格的理念主要体现在“团体”之类的组织中，“为了形成一个真正的团体，即具有法律人格的团体，必然有数个（至少为三人）为同一合法目标而联合并意图建立单一主体的人。”④罗马法中对“团体”的法律人格的赋予，被认为是法学理论研究和制度设计中最富想象力和技术性的创造。

---

①　田爱丽：《日本国立大学法人制度研究及启示——大学·政府·社会关系的视角》，博士学位论文，华东师范大学教育经济与管理专业，2006年，第50页。

②　国立大学协会：《国立大学协会对国立大学法人化的见解》，见 http://www.kokudaikyo.gr.jp。

③　［美］戴维·查普曼、安·奥斯汀编：《发展中国家的高等教育：环境变迁与大学的回应》，范怡红译，北京大学出版社2009年版，前言。

④　［意］彼德罗·彭梵得：《罗马法教科书》，黄风译，中国政法大学出版社1992年版，第52页。

不管在常识上、心理学意义上或法律意义上,人格一词都有相当重要性,在心理学上,人格指个人的特质,在法律上人有自然人、有法人,皆具有法律人格,可以成为权利义务的主体与客体。同样地,作为一个社会组织,大学的法人人格在与政府、市场及社会其他组织的交互过程中,有着十分重要的作用,体现在主体间性之中,如图 2-1 所示。

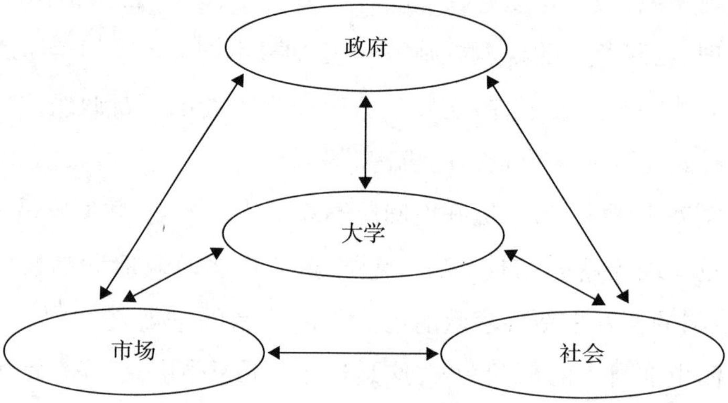

图 2-1 大学主体间性关系图

和其他组织一样,主体不仅仅从组织本身的角度来审视的,更多的是从与其他组织的相互关系,与其他组织的相互参照的意义上来谈的,因此,主体间性在某种程度上来说比主体性本身更加有实际意义。就大学来说,大学的主体性如果脱离了与之相关的组织与结构关系就显得是空中楼阁了。大学的主体间性指大学与政府、市场和社会关系中内在的性质。真正的大学主体性只有在主体间的交往中,即在主体与主体互相承认和尊重对方的主体身份中才可能存在。从这里,我们也可以得到一个重要的启示:大学是生长出来的,而不是创造出来的,世界上任何一个大学的制度都不能脱离所在国家的制度与文化土壤。

大学的主体间性包括三层意思:一是大学是独立的高等教育活动的实践主体,取得独立的法人地位,不应被市场和政府控制,具有办学的自主权和高等教育实践的自由,自我控制学术活动。二是大学处在一个开放的主体间关系中,与政府、市场和社会友好相处,相互承认和尊重对方的主体权利和责任。三是大学、政府、市场和社会之间需通过法律和契约等形式建立激励和约束机制，达到双赢目的。

三、大学主体性的分析维度

大学主体性本质上是大学作为高等教育实践活动的组织主体，在与客体的关系中所表现出的能动性，以及与其他组织主体之间的主体间性。首先，从内在本质看，大学是根据大学的本质目的，根据大学的发展规律，自觉从事高等教育活动的组织，能够自主决策，自主活动，并且明白自己行为的社会权利和职责，能够自主承担责任；其次，从外在关系来看，大学作为主体，是相对于具有满足大学需要属性的客体而言的；最后，从主体间性关系分析看，大学主体性的发挥，需要建立良好的大学、政府、市场及第三方组织的主体间性关系。大学主体性是指主体在与客体的关系中显示的自觉能动性，它具体包含目的性、自主性、自觉性、能动性等四个维度。

（一）大学的目的性

美国高等教育哲学家布鲁贝克（John Seiler Brubacher）从哲学的高度，对高等教育存在的目的性基础进行了研究，提出了高等教育发展的"三基础说"：认识论基础、政治论基础、实用主义基础。在这三个基础中，政治论体现了大学的目的是为了实现国家意志、为社会服务；实用主义的目的是指大学追逐满足市场需求，市场的需要成为大学的向导；认识论的要义在于大学的一个重要使命就是研究高深学问，知识的逻辑是大学活动要遵循的原则。而以此为分野，产生了不同的关于高等教育的价值选择趋向，从而形成了理性主义和工具主义这两种看似对立的两大主流高等教育哲学流派。事实上，这二者并非是完全割裂的，是可以对立统一的。对知识的追求、对真理的崇尚应是大学的终极目标。如维布伦所言：探讨深奥的实际知识是学术事业不证自明的目的，与它可能对上帝的荣誉和人类的利益所产生的任何影响都毫不相关①。

---

① ［美］约翰·S.布鲁贝克：《高等教育哲学》，王承绪等译，浙江教育出版社1999年版，第14页。

大学的主体性首先表现在它的活动的目的性,在活动过程中,具有根据大学发展的需要进行活动的目的性。因此,大学具有内在的需求和使命,大学在目的引导下才能自觉行动。具有目的性的大学必须符合两个基本要求,第一要明确大学本身的目的和使命,要以知识为自身目的①,以培养人才、追求真理、引领社会和传承创新文化作为大学使命;第二要具有明确的、合理的大学长远战略规划和行动计划。

大学的目的是大学的价值观,是大学的基本信念,是大学组织文化的核心,直接影响大学的行为和业绩。大学目的分为终极目的和工具性目的,终极目的是大学主体理想的终极存在状态,而工具性目的是组织更喜欢的行为模式和实现终极目的的手段。大学的工具性目的包括市场目的和政府目的等,工具性目的多变、而且复杂,有时使其与大学本质和宗旨难以契合。大学的目的,尤其是终极目的和价值观对大学来说是至关重要的。大学不偏离自己的终极目的,才能实现大学应有的价值和意义②。

(二) 大学的自主性

大学自主性首先是指大学作为组织的自主性,即大学作为独立的法人单位免受外界干扰的自我管理、自我约束的自立性和独立性人格,体现为大学组织独立的决策和独立的治理。从内容来看,大学自主性应该包括大学办学自主权、学术自治、学术自由等③。

大学自主发展涉及三个方面的问题:第一,大学的自主发展,与市场经济的发展,这二者是什么样的关系?大学要与社会的现实利益保持一定的距离,也与市场保持一定的距离,不能把大学当成了市场经济的附庸。第二,大学的自主发展,与政府的科学管理是怎样的关系。尽管中国《高等教育法》落实了大学办学自主权,但应该说还远未到位,有的人甚至把大学当

---

① 宣勇:《国家战略与中国大学的主体性重建》,《理论前沿》2009 年第 9 期,第 27 页。

② 王长乐:《大学应该以自己的目的为目的》,《大学教育科学》2008 年第 2 期,第 19—24 页。

③ 张金福:《中国大学自主性:概念与制度环境》,《华东师范大学学报(教育科学版)》2007 年第 3 期,第 28—36 页。

成了一个政府机关的附属物，改革还需要进一步深化。第三，大学内部的自治力，二个“自治(制)力”，一个是治理的治，一个是制度的制，一个是自己治理自己的能力，一个是自己约束自己、制约自己的能力。

（三）大学的自觉性

大学作为一个社会组织的子系统，它反映的是一类人的活动，这一类人的活动的自觉也即大学的自觉，其含义主要表现在三个方面：一是大学的活动是有人类远大目的的活动，并围绕着目的有计划有意识地展开(合目的性)；二是认识并把握高等教育的规律，包括高等教育的外部规律与内部规律，也即高等教育的实践活动的规律和高等教育与社会发展互相影响的规律(合规律性)；三是对社会产生能动的作用，并预见到活动的结果。包括不仅能预见大学行为的直接的近期的后果，而且能预见行为的间接的长期后果。

与自觉性对应的是自发性，也即人们没有认识和掌握一定客观规律时的活动。自觉性和自发性的重要区别，在于是否能意识到行为的长远的社会后果。恩格斯曾指出：自发性的目的在于取得劳动的最近的、最直接的有益效果。那些只是在以后才显现出来的、由于逐步的重复的和积累才发生作用的进一步的结果，是完全被忽视的。大学的自发性表现在放弃了自身目的对社会与市场无原则的简单迎合，导致了官本位、急功近利、市侩媚俗等倾向。

（四）大学的能动性

大学作为一个“存在时间超过任何形式的政府，任何传统、法律的变革和科学思想，因为它们满足了人们的永恒需要。在人类的种种创造中，没有任何东西比大学更经受得住漫长的吞没一切时间历程的考验”①。那么到底是什么样的性质和作用使得大学能长久存在呢？我们认为，其实就是大学的能动性，如表2-1所示。大学由人组成，人的能动性可以转化为大学能动性。大学的能动性就是指大学作为类存在物进行有意识、有目的、自由

① ［美］约翰·S.布鲁贝克著：《高等教育哲学》，王承绪等译，浙江教育出版社1999年，第30页。

自觉地知识实践活动，是大学及大学成员积极主动地认识世界和改造世界的属性，也是以客观世界为基础的一种积极主动的反应。大学的能动性从根本上主要体现为大学的创造性、批判性和引领性上。这是大学的存在对于人类的根本价值所在。

大学的能动性体现在大学有目的、有计划、积极主动地认识和实践高等教育活动，充分发挥认识世界、改造世界、培养人才和引领社会发展中的作用。大学的创造性是大学追求的目标，是大学主体性能力的表现，也是大学主体性的结果。大学的能动性体现在四个方面：一是大学以积极主动的态度认识自然和社会规律；二是大学是自主创新的主体，具有发现知识、技术创新和制度创新能力；三是大学对知识和社会具有批判精神和能力；四是大学以知识为载体，通过科研、人才培养和社会服务，发挥引领社会（文化）发展的作用。

表 2-1　大学主体性的具体表现

大学主体性维度分析	大学主体性具体表现
大学目的性	①明确大学自身的共同使命和精神，以培养人才、追求真理、引领社会、传承与创新文化作为大学使命 ②具有明确的、合理的大学长远战略规划和行动计划
大学自主性	①大学具有独立法人地位并得到落实，政府对高等教育进行宏观调控，不能把大学当成一个政府机关的附属物 ②大学具有校长提名权、学生自主招生权、自主理财权和教师职称评审权
大学自觉性	①大学理性认识和实践高等教育目的，坚守大学的本质目的，与政府和市场保持一定的距离，不能成为政府和市场经济的附庸 ②大学理性认识和实践高等教育规律 ③大学能预见自己行为结果，并承担自己责任 ④大学具有独立的尊严和自治能力
大学能动性	①大学以积极主动的态度认识和改造世界 ②大学是自主创新的主体，具有发现知识、技术创新和制度创新能力 ③大学对知识和社会具有批判精神和能力 ④大学以知识为载体，通过科研、人才培养和社会服务，发挥引领社会（文化）发展的作用

第三节 现代大学主体性的历史演化

大学主体性问题是现代大学建设过程中的一个重要问题,并随着历史的进程而不断地演化,其体现形式和具体内容也一直处在变迁之中。一开始,大学由于处于社会的边沿,大学相对独立,如何处理好与国家、教会关系的问题是大学主体的核心内容;但是到了西方近代以来,政府的不断介入使得大学在获得政府有效支持的同时如何保持与政府的必要距离,以维护大学的主体性,而随着市场经济的不断发展,如何处理与市场的问题通常不断地凸显出来,并成为当前西方大学主体性建设中一个越来越充满争议的话题。大学根据西方大学主体性的发展历程,可以把它划为 4 个阶段:1. 学者自治团体阶段;2. 政府和社会介入大学管理阶段;3. 院校—政府—市场“三位一体”的管理阶段;4. 以市场为导向的政府监督的大学管理阶段。

一、学者自治团体阶段

中世纪的大学对外强调大学自治,对内强调学习自由、言论自由。大学从教皇、王权那里获得具有法人性质的特许权及其他一些特权,成为一个既非附属于教会,又非听命于政府的独立学术机构。当时,大学以学术自由为活动的基础与追求的目标,大学摆脱了外界的束缚,成为知识探索的自治而自律的场所,被人们誉为“象牙塔”。在这个阶段,大学是独立、自治、自由的学术主体。而中世纪大学之所以能够保持相对独立的角色和地位,同样与当时的具体环境紧密相联系的,其中两个最为重要的方面体现在:一是自治性的行会产生的强烈的示范效应。10 至 11 世纪,随着欧洲手工业和商业的发展,出现了早期的城市,从而增加了对牧师、律师、医生、教师等专业人才的需求。这一时期,欧洲封建制度进入巩固和发展时期,农业生产开始出现稳步上升的趋势,与农业有关的副业也日渐发达,同时手工业技术显著提高,手工业逐渐从农业中分离出来进而成为专门的职业。经济的发展使城市在欧洲大地如雨后春笋般迅速发展,有些城市一半以上的人口由农业转向了商业和手工业。随着商人群体财富和人数的增长,其日趋演化成为一个独立于封建国家的常设机构自给自足的组织。商人组织还着手将从前绝对属于主教、伯爵或封建国家代理人的政治、司法和军事职责接管过来,组建成被称之自治联盟(Commune)的机构。自治联盟不仅是商人的联盟,还被扩大为一个城镇的所有居民的联盟。在自治城市里,有权处理自己事务的各阶层市民还将自治联盟进一步发展,演变成可以用集体力量维护自己利益的组织——行会制度①。而大学一开始作为学者自治性的团体具有浓厚的行业意味。随着十字军东征,欧洲人的知识视野和理性精神得以扩大,不断注重探讨和传播学问活动。在分工比较细的行业制度背景下,研究高深学问的教师和学生也组成具有行业性质的组织。

二是当时特殊的王权与神权之间的对抗结构。中世纪大学是在教会势力与世俗势力二元并存的环境中诞生的,大学要获得自治权既要反抗教会神权,也要对抗世俗王权对大学的干预。在不同的大学内部,由于学生年龄和阅历的不同,教师和学生两者之间的权利也不完全对等。正是由于这种复杂的内、外部环境的差异,形成了中世纪大学两种不同的自治模式:巴黎大学的“教师型自治”和博洛尼亚大学的“学生型自治”。在当时,作为世俗封建势力集中代表的王权和教皇之间的矛盾和斗争趋向激化,教会对世俗社会的控制减弱。教师组织和学生组织联合起来作为一个整体,面临与教会、城市当局的斗争,“大学”由此而产生。在这种特殊的权力对抗结构之中,大学凭借自身不懈的努力,在权力的夹缝之中获得了自己弥足珍贵的自主性空间。

二、政府和社会介入大学管理阶段

大学成为社会服务站,形成政府控制与大学自治的主体间性关系。

---

① 夏民、杨倩:《中世纪欧洲城市与大学自治传统关联》,《人民论坛》2011年第23期。

14、16世纪及17、18世纪欧洲相继掀起的文艺复兴、宗教改革和工业革命，使大学和整个社会、国家的关系逐步密切起来。在文艺复兴运动、宗教改革运动、工业革命的影响下，大学越来越被卷入社会事务之中，变得更加世俗化，政府对大学的干预也随之增强。由于近代科学兴起，以及民族国家之间的经济竞争加剧，大学成为国家科研的重点基地，政府期待大学走出象牙塔成为社会的服务站。同时，工业革命爆发以后，科学研究和大学教育的主动权已不掌握在学者团体手中。随着科学发展和分化，学者自治团体难以承担巨额的组织运作和科研经费，政府开始出资办学或拨款助学，国家或社会担任了大学的设立和运作的任务。如德国于1734年设立哥廷根大学，其经费已部分来自政府。1810年，设立了柏林大学，其经费全部来自政府。在依赖政府资助的情况下，学者自治团体只能让出部分权力，由国家和社会来介入大学管理。如1852年，英国政府确立了国家对牛津、剑桥两所大学的干预权。除传统的大学系统外，英国政府建立为数众多的城市大学来实现国家意志，适应工业革命的需要。1789年大革命之后，法国新政权强制性地关闭所有的传统大学，建立起与工业社会发展有关的高等教育机构。

美国比较强调实用主义。美国联邦政府通过立法形式，要求各州捐出土地以开办大学，发展工农业教育，推动国家的农业发展及工业化进程。1862年，美国颁布了《莫雷尔法案》(Morrill Land-Grant Act)，提出发展农业和工业技术教育，培养工农业高级专业人才的目标，使高等教育与社会经济发展紧密结合，开高等教育为社会服务先河。查尔斯·范海斯(Charles Van Hise)于1904年当选为威斯康星大学校长，担任了15年校长职务，他认为："教学、科研和服务都是大学的主要职能，更为重要的是，作为一所州立大学，它必须考虑每一项社会职能的实际价值，也就是说，它的教学、科研和服务都应当考虑州的实际需要。"1912年，查尔斯·麦卡西出版专著《威斯康星理念》，总结了威斯康星大学的办学经验，从此，威斯康星理念就成为威斯康星大学倡导社会服务办学模式的代名词，使大学实现了大学与地方社会经济发展之间的良性互动。在威斯康星理念与传统的强调学术性和理性的大学理念发生严重冲突背景下，美国高等教育家弗莱克斯纳(Abraham Flexner)提出了他的“现代大学理念”。弗莱克斯纳认为大学首先是一个有机体,目标崇高而明确,是精神和目的的统一体。弗莱克斯纳承认,大学应该根据社会发展的需要进行调整,但这种调整应当以一定的理性分析和价值观念为基础,而不是仅仅依赖于习惯而随波逐流,迎合时尚,大学不是风向标,不能什么流行就迎合什么,大学必须时常给社会一些它所需要的东西,而不是社会所想要的东西,否则,大学就会犯荒唐的甚至是灾难性的错误。

20 世纪 30 年代以后,大学日益成为国家意志的工具,大学教育走上了过分专门化的道路。20 世纪中叶美国最著名的高等教育思想家和改革家罗伯特·梅纳德·赫钦斯(Robert Maynard Hutchins)坚持传统的大学理想,把大学当作一个学术社团,当作独立思考和批评的中心,反对把大学作为生产学位、文凭的工厂,坚持大学的精神领袖地位,反对低层次的社会服务,他的观点在当时强调实用的美国受到很多人的质疑。

克拉克·科尔(Clark Kerr)曾担任加州大学总校校长,被称为当代美国高等教育改革的设计师,他提出了“多元化巨型大学”的思想。科尔指出:“多元化巨型大学是一个不固定的、同一的机构。它不是一个社群,包括若干个社群——本科生社群和研究生社群;人文主义者社群、社会科学家与自然科学家社群;专业学院社群;一切非学术人员社群;管理者社群。多元化巨型大学的界限很模糊,它延伸开来,牵涉到历届校友、议员、农场主、实业家——而他们又同这些内部一个或多个社群相关联。作为一所学校,它要回顾过去,展望未来,并经常同现在发生矛盾。它服服帖帖的几乎是奴隶般地服务于社会——它也批评社会,有时不留情面。”多元化巨型大学反映了当时美国现代大学发展的实际。

三、院校—政府—市场“三位一体”的大学管理阶段

市场配置和政府调控左右大学活动。19 世纪 70 年代,资本主义由自由竞争转入垄断时期,大学更全面地与社会需求相互结合,形成一种所谓的“社会服务站”现象。同时,在国家垄断资本主义时期,随着市场经济的推

进,加速了人力资本的市场化和科技成果的商品化,高等教育运行中市场力量日渐介入和增强。这点在美国表现得特别明显,19 世纪末以来社会出现了一批白手起家的成功企业家,如卡内基(Andrew Carnegie)、洛克菲勒(John D.Rockefeller)和福特(Henry Ford)等,他们都拥有巨额财富。而这个时期美国联邦政府的科技政策主要倾向于支持应用研究,这以《莫雷尔法案》的颁布为标志。随着政府将大量的经费用于实用性研究,主要从事基础研究的研究型大学必须寻求政府以外的资助,即私有资本的支持。恰好在这个时期,这些已在经济领域取得巨大成功的企业家对社会地位极为渴望,在他们看来,学术学位是一种地位和荣誉,支持或直接创办可以授予学术学位的大学同样可以成为彰显社会地位的荣誉与标志①。这样的需求使得他们愿意资助成立可以授予学术学位的大学,如约翰·霍普金斯大学、斯坦福大学和芝加哥大学,以及洛克菲勒医学院和华盛顿卡内基研究所等都是在私有资本的资助下成立的。经过一段时期的发展后,美国逐渐形成了两个极为重要的基金会:洛克菲勒基金会和卡内基基金会,它们专门为研究型大学的基础研究提供经费支持。这就形成了基于私有资本的科研资助体系。据统计,1899—1929 年,捐赠收入在美国研究型大学收入中所占的比重基本上保持在 40%左右。资源配置模式决定竞争机制,由市场来配置资源使美国研究型大学与市场或私有资本之间的关系远甚于政府②。至此,强调竞争的调控机制基本形成。市场力量一方面缓和了政府控制与大学自治之间的紧张关系,政府可以运用市场手段,借助市场力量间接地影响大学,或者把部分高等教育或高等教育的某些方面由市场调节;另一方面,又强化了国家的高等教育职能,面对市场竞争的自发性、盲目性和功利性,政府不得不加强宏观调控,以确保社会基本目标的实现。这就形成了以现代市场经济中院校自主、政府调控和市场调节为一体的大学管理格局。

---

① Laurence R.Veysey, *The Emergence of the American University*, The University of Chicago Press, Chicago and London, 1965, p.266.

② 徐娟:《19 世纪末 20 世纪初美国高水平研究型大学群体性崛起的机制分析》,《高等教育研究》2012 年第 5 期。

四、以市场为导向的政府监督的大学管理阶段

在政府宏观调控下的高等教育市场运作模式。20 世纪之后,特别是二战以来,世界各国高等教育突飞猛进,大学作为知识的生产者、批发商和零售商不仅介入社会生活,而且大学的边界已经伸展到整个社会。同时,高等教育的发展更加受到社会、经济、政治因素的影响。国家在规划大学教育政策时往往把大学当为一种产业,以市场经济的运作模式来办大学,办学绩效取决于市场供需和竞争规则,因而形成高等教育的市场导向模式。西方大学在此过程中扮演着的角色变化(如表 2-2 所示)。20 世纪 60 年代兴起的高等教育大众化,市场力量进一步参与高等教育领域。高等教育大众化带来大学规模的扩张,但政府预算有限,财政无法随着教育规模或需求的扩张同步增长。为控制政府财政支出,平衡预算,各国先后采用高等教育收费制度,以学费弥补教育经费的不足,将高等教育日渐交付给那双"看不见"的市场之手。

20 世纪 80 年代后,世界各国的高等教育经历了不同程度的"市场化",政府放松高等教育管制,将市场逻辑引入高等教育,让竞争与价格机制引导高等教育机构。大学管理的市场化趋势在英国和美国尤为突出。在英国,进入 20 世纪 80 年代后,过度膨胀的社会福利主义、经济的衰退、政府财政赤字的加大,孕育了主张自由竞争、多样化、机会和选择及投资效益的"撒切尔主义"。它逐步成为英国政治与经济思潮的主流,同时也为教育的市场化揭开了序幕。从撒切尔到梅杰的英国政府坚持这一思想,将企业的自由竞争精神运用于高等教育领域,以提升高等教育的效率、效能,同时也减少公共(教育经费补助)支出。在 1979 年撒切尔上台的 3 天内,大学预算在一夜之间就被削减了 1 亿英镑。在 1980—1984 年,政府划拨给大学拨款委员会的经费又锐减了 17%。同时,政府推行了学校地方管理政策,把制定预算权下放到学校,鼓励学校自行寻找赞助者。大学则被迫从委托人和工业部门收取研究经费,通过寻找赞助者等办法来弥补政府资助的削减。

表 2-2　西方大学不同发展阶段主体性表现

大学发展阶段	目的性	自主性	自觉性	能动性	主体间性
学者自治团体阶段	以学术自由为活动的基础与追求的目标	对外强调大学自治，对内强调学习自由、言论自由；既非附属于教会，又非听命于政府的独立学术机构	强	对内需求能动性强 对外需求能动性弱	大学自治
政府和社会介入大学管理阶段	大学日益成为国家意志的工具和社会服务站	国家介入大学管理	较强	对内需求能动性减弱 对外需求能动性增强	大学与政府
院校—政府—市场“三位一体”的大学管理模式	满足市场、政府和大学的需要	市场介入大学的管理，形成院校自主、政府调控和市场调节一体的大学管理格局	较强	对内需求能动性减弱 对外需求能动性增强	大学—政府—市场
以市场为导向的政府监督的大学管理模式	满足市场和政府的需要	以市场为导向的政府监督的大学管理模式	较强	对内需求能动性减弱 对外需求能动性增强	市场—政府—大学

在美国，从 20 世纪 80 年代开始，进入以里根、布什为首的共和党执政时期，大力推行“小而能政府与大市场”的管理方式，重视市场机制，在高等教育补助政策上做出重大改变。大幅删减了高校的补助金额，将绩效责任交由学校负责，对高等教育的干预因而再度放松，无论公私立高等教育机构都必须自己设法筹得所需经费。20 世纪 80 年代以来，在欧洲，国家高等教育的市场化改革同样明显，这主要体现在 3 个方面：1. 减少国家（政府）对高等教育经费投资的比例，增加非政府（市场、个人或家庭）对高等教育的投资。2. 强化高等教育与私有经济部门的联系，加强大学与工商界的联系。3. 加强私立（民办）高等教育机构扮演的角色。评价教育市场化的主要指标包括：自负盈亏原则，教育市场的兴起，国家提供角色的减少，采纳市场管理原则，市场主导课程，院校创收，内部竞争，强调效益等。20 世纪 90 年

代，世界银行、经济合作与发展组织（Organization for Economic Co-operation and Development，简称 OECD）等均发表意见，主张高等教育多样化地发展，国家（政府）不应“专营”高等教育，应积极鼓励私人和非政府的办学模式，多渠道筹集资金。1998 年，OECD 发表《重整高等教育》报告，对高等教育市场化下的定义是：“把市场机制引入高等教育中，使高等教育运营至少具有如下一个显著的市场特征：竞争、选择、价格、分散决策、金钱刺激等。它排除绝对的传统公有化和绝对的私有化。”

可以看出，大学与国家（政府）及市场的关系正在转变。美国高等教育研究专家伯顿·克拉克提出著名的“高等教育协调三角”模式，认为国家权威、学术寡头、市场这样三种力量在同时影响着高等教育，不同国家高等教育的发展对这 3 种力量各有偏向，但都处于调整之中①。而这无疑对于大学自主性的建设提出了新的要求。

① ［美］伯顿·克拉克：《高等教育系统——学术组织的跨国研究》，王承绪等译，杭州大学出版社 1994 年版，第 159 页。

第三章　大学主体性的内涵解读

上一章我们对大学主体性的分析框架和历史进行了基本的论述，但是从理论系统性的视角来说，这还远远不够。目的性、自主性、自觉性和能动性是现代大学主体性的四个重要特征和维度，是一个相互联系的有机整体，不同国家和地区的大学，由于受到整体制度框架以及所在经济社会结构的约束，大学主体性的四个维度会以不同的形式和不同的程度呈现出来。而在现代社会，大学主体性的这四个层面在不同的国家和地区正受到不同程度而且很多时候是以不易觉察的形式受到侵蚀，因此，如何从大学主体性的这四个维度入手，不断进行相关制度的改革是各国现代大学制度建设进程中必然面临的重要任务。

第一节　大学目的性的明晰与大学使命的彰显

组织目的是得到组织所有成员认同的共同愿望。《辞海》中把“目的”界定为：人在行动之前根据需要在观念上为自己设计的要达到的目标或结果。组织学家巴纳德认为，当两个或更多的人为一个共同的目的而协作时，组织就形成了。目的是使组织统一起来的因素，没有了组织目的，组织就不可能建立，也失去了存在的必要。对于大学来说，大学的目的是大学赖以存在的根本原因，是区别于其他组织的标识性特征。因此，大学的目的性是大学主体性的本质呈现。

一、大学目的与大学目的性

具体到大学的目的与使命，最初人们更多从认识论的角度看待大学。约翰·亨利·纽曼(John Henry Newman)认为大学是提供、传授知识的场所,大学教育是一种自由教育的训练过程,它以发展理智为目的。同样,在赫钦斯看来,大学是所有社会机构中唯一能进行独立的理性思考、富有批判精神的中心。大学是一个目的为对各种最重要的智性问题进行专精的思考和研究的组织。威廉·冯·洪堡(Wilhelm von Humboldt)认为大学有双重目的,一是对科学的探求;二是个性与道德的修养。随着大学逐渐趋近社会的中心,人们开始从更宏观的背景看待大学的存在。以克拉克·克尔为代表的工具论视角更强调大学的社会责任,认为大学的目的在于促进国家进步和社会整体发展。不管倾向于哪一种视角,人们关于大学目的的认识存在一些基本共识:大学是传承知识、发现知识的机构,大学是捍卫理性、崇扬智慧的机构。人类知识的传递与创造是大学存在的基本目的,社会服务等则是其衍生目的。

目的明确只是目的得以实现的条件之一,如果目的与行为之间相互疏离,或者以错误的行为推动目的的实现,都可能导致目的与行为的南辕北辙。目的与行为的契合正是主体目的性这一概念的内涵指向。所谓目的性是指人们的目的信念明确和牢固的程度,以及人们的行为同既定目的之间的联系和紧密程度①。目的性强弱表明目的性觉悟高低。目的偏重于认识层面,目的性则强调认识与行为的统一。合理目的的认识与确立并不必然得以实现,在实践中始终保持目的性觉悟才能促进目的的实现。

在澄清大学目的观的基础上,再来审视大学的目的性觉悟是很有必要的。尤其是当今国内,很多人批评"大学不像大学",究其原因,并不完全在于我们对大学的使命与目的认识不够充分,而更多在于"知"与"行"之间的疏离,大学的行为表现和职能在很大程度上背离了人们对于大学本身目的的传统认知,大学在不少人看来其行为越来越像一个企业或者说是一个政府机构,这恰恰是由大学目的性的缺失所致。

二、大学目的性的迷失

大学目的性迷失表现为两大方面:一是大学自身目的观不明确或不牢

① 杨屹:《目的性与目的行为》,《学术交流》1987年第5期。

固;二是大学行为与既定目的相背离。目的性迷失的大学是不自觉的大学,它不具备大学独有的精神气质,也难肩负大学应有的社会责任,它更无法在与其他力量博弈的过程中坚守自我。目的性迷失使得大学有被其他类型社会组织同化的危险。当下大学目的性迷失主要表现在以下几个方面:

第一,大学的使命目标模糊。大学使命是大学理念的具体体现和外在形式,它从总体上回答大学存在的理由与发展前景,以及大学所承担的社会责任①。杨德广先生曾指出,对一所大学而言,其首要任务就是在大学的历史和发展基础上,从哲学的高度选择和确定大学的使命。当前,国内很多大学使命目标的意识比较淡薄:一部分大学不能清晰的陈述自身的使命目标,或所提出的使命目标不被师生所通晓、认同;一部分大学虽有提炼使命目标,但过于空泛、缺乏特色,这也是中国大学千校一面的原因之一。

第二,工具化、功利化倾向明显。理想中的大学被视为人类社会的精神灯塔与知识堡垒,它在追求真理的道路上不为金钱诱惑、不向权力屈服,从而赢得了人们的普遍尊敬。目的性缺失则削弱了大学的自我追求,大学更多地成为政府或市场的附庸,并以它们的期许作为自己行为标准,如有学者所指出的"大学以社会目的为目的"。大学领导者关注更多的是学校排名、科研到款、论文与学位点总量,大学教师热衷于"短、平、快"的科研项目,大学学生也视求学生涯为拿文凭、考证、考级的过程,对知识与真理的追求反被冷落。国内大学在社会认同方面遭遇的危机,实质上反映了人们对大学功利化、工具化的不满。

第三,大学的组织特性异化。大学目的性迷失反映于大学组织文化与权力配置上就是大学的过度行政化倾向。当大学作为学术组织的本质被模糊时,学术主导的原则被削弱,行政权力的泛化和学术权力的旁落,导致大学治理的官本位化和泛行政化,行政权力与学术权力严重失衡,使大学异化为"非官非学"、"亦官亦学"的另类机构。大学过度行政化有多方面的原因,固然有政治的、历史的外部因素的影响,但分析自身原因,大学自我目的性的缺失也是重要症结。大学没有坚定的理想追求,其抵御各种干扰与诱

---

① 郭必裕:《大学使命的选择与践行》,《现代教育科学》2007年第11期。

惑的能力就会削弱,大学更容易依附于政府及相关部门,更多关注的是如何获取行政手段配置的资源。

第四,内部基层组织架构的混乱。结构决定功能,组织结构要与组织战略相适应并服务于组织战略,大学目的性的迷失导致在内部基层组织架构上的随意性:首先,我国大学内部管理机构大致对应政府机构设置,因而有的学者用"政府浓缩型翻版"形容①,大学的组织设计没有服从大学教学和科研的学术属性需要。其次,内部学术组织的碎片化设置。国内大学教学科研机构的设置及学科、专业的划分过细已是一个普遍现象,一所大学内的学院数量不断膨胀,不少大学的学院名称设置既不按一级学科也不按二级学科命名。同时,各种类型的创新团队、平台层出不穷,交叉重叠,其创设往往出于政府部门的意志,而并非根据大学自身运行需要。不同学术组织之间不协调、功能模糊甚至矛盾,极大地妨碍了大学的运行效率。

目的性迷失引起大学的浮躁与短视,使得大学的学术活力难以张扬,大学的社会声望也受到伤害。反思中国大学目的性迷失的深层原因,其中既有历史惯性,又因现实使然;既有观念的缺失,又受制度的束缚。

第一,理念的缺失。大学理念指向大学存在中的基本问题:大学为何存在?大学如何存在?大学如何区别于其他社会组织?大学理念既体现为对大学自我身份的追问与本质属性的探寻,也体现为大学在社会中的自我定位。当下大学在政府、市场、社会,以及自身学术使命之间进退失据。恰如有学者所指出,今天所谓的大学理念已逐渐异化为一种单纯的理智或工具理性,与作为大学本质的理念已格格不入。理念的缺失使大学失去了价值尺度与判断标准,从而在行动上偏离组织的应然目的。

组织目的具有层次性、系统性,不同层次的目的之间若不协调甚至不相容,就会导致多重目的间内在冲突。当主要目的与次要目的冲突时,办学资源与精力过多的被次要目的所牵扯,使得大学的主要目的不能凸显;当长远目的与短期目的冲突时,长远目的见效慢,短期目的更容易实现,短期目的如果没有指向长远目的,长远目的就会被架空;当内生目的与外生目的冲突

① 眭依凡:《组织缺陷对大学发展的制约》,《教育发展研究》2010年第19期。

时,内生目的是自我的,外生目的是给定的,在大学与外部力量的博弈中,当大学自身与政府或市场的力量相比处于明显弱势时,大学可能会屈服于外界的压力放弃自我的目的。上述冲突在大学运行过程中时刻存在,正是在一次次的妥协与退让中,大学目的性逐渐走向迷失。

第二,传统的缺失。马克斯·韦伯(Max Weber)这样定义习俗传统:"它意指一种独特的一致性行动,这种行动被不断重复的原因仅仅在于,人们由于不假思索的模仿而习惯了它。"①新制度经济学认为习俗传统的存在对于制度的维持具有十分重要的作用,它将规则内化于个人意识之中,使人在下意识中按照规则行事,极大地减少了维持制度的交易成本。美国社会学家希尔斯认为,传统之形成,必须具备3个条件:代代相传的事物、相传事物的同一性以及传统的持续性。

西方大学经过数百年的积淀已经形成了深厚的大学传统与大学精神。中世纪大学是理性复苏的产物,同时行会性质也赋予大学相对于教会与政府的独立性。以柏林大学为代表的现代大学进一步弘扬了大学独立和学术自由的精神。美国大学通过学习欧洲大学并融合服务社会的美国观念形成了自身的大学传统,德里克·博克将其归纳为学术自治(Academic Autonomy)、学术自由(Academic Freedom)、学术中立(Academic Neutrality)的"三A原则"。这些观念深嵌于每一个大学人的观念之中,无形中指引着每个人的行为路径,而一旦大学传统与精神受到侵犯,也会激发教授、学生奋起抵制。

中国历史上并不存在西方意义上的大学,人们虽把太学视为中国古代的大学,但正如蔡元培所指:"故吾国今日之大学,乃直取欧洲大学之制而模仿之,并不自古代太学演化而成也。"近现代以来,虽然现代大学被引入中国并生根发芽,取得了可观的成效。但"官学"性质浓厚的高等教育历史,以及强调"文以载道"的实用主义传统,使得中国大学天然缺乏对大学自主性与纯粹性的坚持。没有独立自主的大学传统,大学就缺乏足够的警惕性与意志力来抵抗各种外部力量的干扰与侵蚀,大学的内生目的就易于

① [德]马克斯·韦伯:《经济、诸社会领域及权力》,生活·读书·新知三联书店1998年版,第14页。

屈服于外生目的。

第三,体制的缺失。当前一些制度性因素制约着我国大学自主性的发挥。大学自主性是指大学作为独立的法人单位免受外界干扰的自我管理、自我约束的自立性和独立性人格,体现为大学组织独立的决策和独立的治理。大学自主性不仅取决于大学自身的觉悟,也依赖于必要的制度环境。大学自主性的制度环境是指决定、约束大学自主性活动的制度规则的总和。中国大学经过对解放前大学制度的改造、模仿学习苏联高等教育发展模式,到自我探索,再到改革开放的洗礼,形成独具特色的制度环境。当前影响大学自主性发挥的突出问题在于大学与政府的关系失衡,大学作为社会系统中的一个子系统所具有的相对独立性没有得到保障,大学在一定程度上"政府化"、"行政化"了。政府各级主管部门习惯于采用行政指令的方式,直接干预大学内部运行中的具体事项,大学在各种重复、交叉、繁琐的政策规定下,难以按照自身组织特性与使命目标开展活动。久而久之,大学没有能力也缺乏积极性按照自主意志厘定目的、贯彻目的。

三、大学目的性的明晰与使命彰显

目的性主体往往有一种"减弱重振"的现象,也就是人们在确定目的之初,为之奋斗的愿望强烈、行动积极,但随着时间的推移,这种强烈的目的性逐渐减弱,到一定程度,由于盲目性增多而遭受损失和挫折时,又会重新唤起人们的目的性觉悟,纠正目的行为同目的不一致的问题。大学也不外如此,提振大学的目的性关键是通过制度设计与变革,不断使大学走向自信、自立、自主。

第一,明晰大学的使命。美国哈佛大学前校长洛厄尔(Abbott Lawrence Lowell)说过:"大学的存在时间超过了任何形式的政府,任何传统、法律的变革和科学思想,因为它们满足了人们永恒的需要。"①大学何以

① [美]约翰·S.布鲁贝克:《高等教育哲学》,王承绪等译,浙江教育出版社2001年版,第27页。

取得这样的地位，它满足了人们什么样的需要？在人类社会中，大学是唯一一类以高深专门学问的传递、探究为主旨的机构，是捍卫、传承人类理性的重要阵地。高深知识的生产与传播是大学组织存在的根本目的，这一目的本身使得大学在社会中具有无可取代的价值。大学也只有牢牢把握这一使命，始终保持对知识与真理的热情，才能在国家、市场与自身学术使命之间实现平衡并谨守自我。

在大学的多重目的发生冲突时，大学不能放弃自身的立身之本，大学的组织结构创设、内部权力配置以及学术任务的选择都应以高深知识的生产为依归。在大学内生目的与外生目的发生冲突时，大学要有捍卫自我目的的勇气与决心。也许这意味着一段时间内一所大学的地位会旁落、获取的资源会紧缩，但在每一次舍弃的同时也意味着大学在追求自我目的的道路上不断矫正方向、积蓄力量。大学发展的历史早已证明，大学只有独立、自由的追求知识与真理才能为人类创造普遍的、永恒的价值。无论是社会还是大学自身，都不应为短期利益的实现而压制大学对自身应然目的的追求。

第二，组织结构与大学使命目标相匹配。大学组织存在的基本目的指向知识生产活动，大学治理与运行的全过程也要遵循知识生产的逻辑。首先，大学治理与运行应以学科组织为中心。按知识分类体系建立起来的知识劳动组织——学科组织，处于大学生产、传播、运用知识的最前沿，是大学目的性活动的直接承担者。要还原大学的学术本质，激发大学知识生产的活力，就必须让学科组织成为大学治理结构中的重要的“权力中心”。其次，大学行政应以学术发展为取向。大学的正常运行离不开行政系统的辅助，今天人们疾呼大学要“去行政化”并非大学不要行政系统，而是担忧大学的运行模式越来越像行政机构，习惯于用行政手段和思维来解决学术问题。大学的行政系统需要明确定位，要成为学术生产的服务者、辅助者，要成为大学战略的执行者、推动者。行政系统作为大学组织的子系统，必须服务于而不能凌驾于大学组织的基本目的。

第三，强化大学战略管理。为保证大学的行为紧密围绕大学的使命目标，还需要在日常运行中强化大学的战略管理职能。战略管理包括制定、实施、评估、调整四个环节，根据中国大学战略管理的实际，在各个环节分别要注意以下事项。首先,在战略制定的环节,要遵从学术发展的自身规律、凸显学术权力的主导地位,要摒弃与自身主要目的不相容的其他目的;其次,在战略实施的过程中,要对大学承担的任务进行战略"筛查",契合大学战略的任务给予资源配置上的倾斜,游离于大学战略目标外的任务要有所控制,而对大学战略的达成有负面影响的任务要予以排斥;再次,要重视战略评估环节,"重规划,轻落实"是中国大学战略管理中的一个普遍问题,重视战略评估要求定期对大学战略的达成情况进行客观评价,寻找差距,分析原因,制定改进方案;最后,大学战略要有延续性,大学战略的调整不要受大学领导人更迭、社会风气变换所主导,而是要根据知识逻辑与社会发展的共同"需要",紧密结合大学学科的现实"可能",自主、理性的确定战略调整的方向。

第四,提倡教育家治校。大学目的性的强弱取决于大学相关者(教师、学生、行政团队)对大学目的性的把握,其中,大学领导者的作用尤为关键。大学领导者主导大学办学方向、落实大学发展战略、沟通学校内外,大学领导者对大学目的的理解、在治校过程中的每一项权衡取舍在很大程度上决定着一所大学整体的目的性觉悟。让通晓高等教育规律、熟悉大学组织特性的教育家来领导大学,是提振大学目的性的重要保障。在中国特色现代大学制度下,大学的领导者主要是指大学的党委书记与校长。尽管我国对于高校的党委书记、校长明确提出过政治家与教育家的双重要求,但在大学书记、校长的遴选过程中,或偏重于政治家的标准,或强调学问家的背景,对于教育家这一角色要求相对不够重视。强调大学领导者的教育家角色,提倡教育家治校,有利于大学目的性的明晰,也有利于激发大学的组织活力。

第二节 大学自主性与大学权利保障

如果大学的目的性是大学区别与其他组织,以及大学之所以为大学的本质性因素的话,那么大学的自主性则是大学实现自身目的性最重要的条件,大学自主性的缺位意味着大学自主性空间和自主权能的缺失,大学也就不成其为真正意义上的大学。大学自主性与现代大学相伴而生,并成为现代大学的之所以为现代的重要特征之一。西方现代大学发展的历程几乎就是大学自主性的不断发展和完善的过程。西方一些著名大学之所以卓尔不群,在某种程度上得益于大学自主性的彰显与完善。

一、大学自主性的权利理解

目前学术界对大学自主性的理解并无统一的概念,经常使用的关于大学自主性的称呼有:大学自治、学术自治、学术自由等等。一般地说,这些不同称呼并无实质性的区别,但是从严格的语义来说,它们之间应当存在着不可不察的差别,这些概念从不同的角度强调了大学自主性的某个方面权能的特征。

(一)大学自主性与大学办学自主权

在中国学术界,大学自主性常常又被理解为大学办学自主权。虽然国内学者目前仍然交叉使用大学自主性和大学办学自主权两个术语,甚至常常以大学办学自主权代替大学自主性的情况,尽管大学办学自主权是大学自主性最为重要的内容,但这两个不同的中文称谓事实上并不是完全同义的,它们之间存在着一些微妙的差别。"大学办学自主权"是最为流行的术语,但这一术语在传统语境中或多或少是指大学相对于政府而言,从系统的角度看,大学作为社会系统中的一个子系统所具有的相对独立性;从法律的层面上看,大学办学自主权是指大学作为特定的法人单位所拥有的自我发展、自我管理、自我约束权力,因此它更多的是指大学校长的办学自主权或是大学行政自主性的问题,事实上把大学自主性等同于大学办学自主权是一种误读或误解。"大学自主性"是一个哲学或社会学术语,是一个中性称谓,为哲学家或社会学家们使用,具有社会学意义。而"大学办学自主权"是一个政治学或管理学术语,为政治家或管理学家们使用,这是一个褒义的称谓,具有政治学或管理学意义。事实上,"大学自主性"的外延应比"大学办学自主权"更宽泛和丰富,大学自主性不仅仅是指大学与外界的独立性,更重要的还有大学内部主体教学研究人员及学生等自身的自主性。

（二）大学自主性与学术自治

大学学术自治指的是作为学术组织的大学的自治。学术自治源于中世纪学者行会自己管理自己的惯例。爱德华·希尔斯（Edward Shils）指出，所谓学术自治，是指大学作为一个法人团体，享有不受国家、教会及任何其他官方或非官方法人团体和任何个人，如统治者、政治家、政府官员、教派官员、宣传人员或企业主干预的自由①。它是大学成员的自由，这些成员以代表的资格而非作为个人来决定大学自身的管理，它涉及的是在学校内部所必需的自我管理学者群体的权利②。一般认为，它包括下述几个方面的内容：1. 关于教员的人事推荐及任免权；2. 对大学校长、系主任等行政管理人员的选举权；3. 大学课程编制权；4. 学位资格的审查、认可及授予权；5. 规则、章程等校内各项制度的制定权；6. 选考新生权；7. 大学设施管理权；8. 大学财政自主权等③。大学组织之所以必须拥有自治权利，主要基于大学学术活动的内在逻辑。高等教育的认识论哲学为其提供了充分的理由。“既然高深学问需要超出一般的、复杂的甚至是神秘的知识，那么自然只有学者能够深刻的理解它的复杂性。因而，在知识问题上，应该让专家单独解决这一领域中的问题。他们应该是一个自治团体”④。将大学自主性界定在学术自治上，也难能概括大学自主性的丰富内涵。学术自治表达的只是大学内部主体从事学术活动的自立性和自主探究性，但是如果仅仅将大学自主性界定为学术自治，没有相对社会其他系统独立的大学自主办学权，大学学术自主也难以得到充分实现。所以，将大学自主性是学术自治未免有以偏概全之嫌。

（三）大学自主性与学术自由

不少人也常用“学术自由”的概念来指称大学自主性。学术自由理念

---

① ［美］爱德华·希尔斯：《学术的秩序》，商务印书馆 2007 年版，第 284—285 页。

② 陈学飞：《美国、德国、法国、日本当代高等教育思想研究》，上海教育出版社 1998 年版，第 198 页。

③ 王德耀、薛天祥：《略论大学自治》，《上海高教研究》1994 年第 2 期。

④ ［美］约翰·S.布鲁贝克：《高等教育哲学》，郑继伟等译，杭州大学出版社 1988 年版，第 28 页。

产生于19世纪德国，当时柏林大学把“尊重自由的科学研究”和“教学和学习自由”作为办学基本原则，赋予大学教师以充分的思考、研究、发表和传授学术的自由权利。学术自由在今天是指教师和学生不受法律、学校各种规定的限制和公众的不合理干扰而进行讲课、学习、探讨知识以及研究的自由。也就是说，学术自由作为一种工作条件，既是大学教师传播与追求真理所必需的，也是大学组织为了自身发展和社会进步，以及社会组织（包括政治、经济组织）的切身利益所必须给予大学教师的权利。大学教师之所以必须享有学术自由权利与大学的组织个性及其社会价值密切相关。大学教师从事的主要是高深学问的研究，追求真理是其重要目标。而对真理的追求是一个永无止境的需要不断创新的过程。为了保证其客观性，学者的活动必须只服从真理的标准。自由的气氛是学术研究最有效的环境，自由是追求真理的必需条件。

这个概念强调了大学自主性的主体性和独立人格精神。但是由于其主体的狭隘性（因为学术自由的主体往往是指大学中的教学研究成员），其外延难以涵盖大学自主性概念所要表达的大学作为独立法人单位的主要意义，“学术自由”与“大学自治”是一对互生的概念，二者的存在是互为条件、互为依托的。大学自治是学术自由的初始行为，而学术自由则是大学自治的最终目的。没有大学的自主权，孤立地谈学术自由，学术自由因大学没有独立性而受到外界的干扰，也会变成一句空话。因此，把大学自主性说成是学术自由难免有“晕轮效应”的瑕疵，很难说是一个比较恰当的概念。

二、大学自主性的权利主张

大学自主性是一个内涵十分丰富的概念。从内容层面来看，大学自主性应该包括大学办学自主权、学术自治、学术（教学、研究）自由等，内涵十分丰富。从自主性的主体层面看，大学自主性首先是指大学作为组织的自主性，即大学作为独立的法人单位免受外界干扰的自我管理、自我约束的自立性和独立性人格，体现为大学组织独立的决策和独立的治理。这种大学组织的自主性,就像哈佛大学校长鲁登斯坦的一句名言所表达的:社会变化得越快,大学这块变化相对较少、思想观念相对独立的领地就越有价值①。其次,大学的自主性是指大学内部组织学院(学部)、学科、专业之间的相对独立性和自主性。再次,是指大学学者与知识分子的自主性,即大学教师、研究人员的免受行政干预的主体性以及享受教学研究自由的权利,表现为大学教师独立地追求真理,为知识而知识的独立品格。这种学者与知识分子的主体性和独立性就应该像陈寅恪推崇的人格,"每个学者不应为了非学术的动机唯心地改变或抹杀自己内心所企及的真理,都有义务遵循自己的学术良心,并行使捍卫个人见解的权利。"大学教师应当是一种对自己的专业知识和思想有一种庄严的敬意,不肯屈服于知识之外的压力并严肃追求科学、具有独立人格并以科学为是非标准的知识分子;是"自由之精神,独立之人格"的守望者。这种独立性就应该像美国著名经济学家加尔布雷思(Galbraith John Kenneth)的鲜明个性"对于那些不管在其他方面多么有资格,却向政治巧言屈服的人,对于那些在诺言和实际间有差距的人,我们都将反对他们!"。最后大学的自主性还包括学生学习自主性,即大学生学习的主体性以及学习上的自主选择与自主管理,包括学生在入学、专业选择、修业年限等方面享有自主权,学生在学习过程中可有更多选择自由,可以自由选课、自己决定学习重点、自由提出和发表各方面的意见和观点等内容。从特征层面看,大学自主性是指大学机构、大学内的教师、研究人员,以及大学生身上所具有所独立性、主体性、平等性、能动性的性格特征。

本书中的大学自主性实质上包括了大学自主权、大学学术自由等包含大学自身、大学内部学院、学科、专业、学术主体的相对独立性以及大学生自我选择、自我管理、自我约束的自主权能特性。这正如伯顿·克拉克所说,"系科集团在大学内部寻求自决权;大学本身又竭力摆脱国家和外部集团的控制,寻求自治权;渴望自由的人,又争辩道:自由是基础,它能保证人们在采取行动时,有更多的选择余地,在批判过去和现存的政策时,有更大的

---

① 转引自阙明坤:《警惕高校"功利化"办学趋向》,《光明日报》2010年9月28日。

回旋余地,还能保证其他有益活动的开展①。J.Mounford(1996)提出的大学自主性包括6个方面:1.学生的选择;2.学术人员的任用;3.大学教育内容之决定与学位水平的控制;4.决定学校成长规模与速度;5.建立教学、教学与高级研究间的平衡;6.经常收入在不同领域支出方面的分配②。可见,大学自主性内蕴十分丰富。

三、大学自主性的制度环境

任何大学的自主性都是在自身的制度环境中实现的,抽离这种制度环境而单纯谈大学的自主性是没有任何实际意义的。制度环境,根据诺斯(Douglass C.North)的看法,"是一系列用来建立生产、交换与分配基础的基本政治、社会法律的基础性规则"③。这些规则包括非正式规则和正式规则。非正式规则是指在人类历史活动中逐步形成的并得到社会公认的价值观、道德规范和意识形态,它广泛地存在于社会的各个层面;正式规则是由公共权威机构制定的具有强制性的政治规则与经济契约,它体现着一个社会的制度化水准。按照诺斯的理解,制度环境应该是指为现行的正式规则与非正式规则构成的规则总和。大学自主性的制度环境是指决定、约束大学自主性活动的制度规则的总和。

与西方现代大学制度相比较,中国现代大学制度建设中最重要的特点在于特殊的制度体系蕴涵的特殊的国家、政党、政府与大学的关系,具体体现为战略目标的国家先导,人才培养的政党领导,资源分配的政府主导。④战略目标的国家先导,是指大学被纳入到国家战略的整体目标之中,大学发展服务于国家战略的优先目标;所谓人才培养的政党领导是指大学承载着

---

① [美]伯顿·克拉克:《高等教育系统——学术组织的跨国研究》,王承绪等译,杭州大学出版社1994年版,第279页。

② 转引自暨南国际大学比较教育研究所黄怡如:《中英大学自主之比较》,台湾图书馆典藏电子全文2001年版,第24页。

③ [美]道格拉斯·C.诺斯:《经济史中的结构与变迁》,上海三联书店1994年版,第8页。

④ 宣勇等:《论我国现代大学制度建设中的"中国特色"》,《阅江学刊》2015年第2期。

重要的培养社会主义接班人的政党目标；而资源分配的政府主导是指特殊的社会主义市场体制决定了政府依然掌握重要的资源配置手段，大学的核心资源依赖于政府。与西方现代大学相比，中国大学具有更为明显的国家属性、政党属性和政府属性。

中国大学自主性经过对解放前大学制度的改造、模仿学习苏联高等教育发展模式，到自我探索，再到改革开放的洗礼，在这些不断的改革和发展过程中，形成独具特色的制度环境。从总体上说，改革开放以来，中国的宏观制度环境是一种有利于大学自主性发展的环境。一些法律法规及基本政策从根本上对大学自主性持积极的肯定态度，这为中国大学自主性的存在和发展奠定了合法性基础，为大学自主性的发展创造了合法的制度空间。但是另一方面，微观制度环境对大学自主性发展带有明显的约束性，这种微观环境主要是指政府与大学之间的具体机制和关系，大学内部不同力量之间的张力等等。对于像中国这样的发展中国家来说，如何建立一种更加有效的制度环境是大学自主性发展的重要前提，而对于西方等发达国家来说，如何基于不断变化的经济社会发展情况不断调整大学的制度体系也是保障大学自主性的一个重要话题。现代大学的建设就是在不断调整大学与其所在制度环境的互动中不断发展和实现的。

第三节　大学自觉性与大学理性的彰显

大学自觉性是大学依照自身的目的，自主地发挥自身的主观能动性，排除外界的各种干扰和诱惑，坚定地履行作为大学本身职能和发挥大学应有功能的一种特性。这不是一种制度性的外在约束，而是一种自我性的内在要求，不是一种被动性的环境适应，而是一种对大学理念的主动性坚守。大学自觉与大学理性是一个关系极为紧密的问题，所谓大学理性就是指大学能够时刻围绕着自身的理念、目的来选择自身的行动，扮演好自身的角色，发挥应有的功能。大学理性的实现需要高度的自觉性，自觉性是大学理性的重要体现，而大学理性是自觉性的重要前提。

一、大学的自觉:建设现代大学的内在要求

人类社会发展本身就是一个不断开拓蒙昧从而走向改造自然的主体化、自觉化过程。这一过程起初并非一个目的化过程,而是偶然的不断积累的过程。自觉化程度的提高体现为开拓本身渐由偶然性、随机性向目的化、自觉化发展。其原因在于人类所特有的认知思维能力,产生了主体自觉性。意识也即主体自觉性出现之前,事物发展是随机、自发、偶然、无序的,而当主体自觉性出现之后,事物的发展具有了主体性、指向性,大大摆脱了原先的盲目性。

(一) 主体自觉的哲学内涵及其启示

人们对于主体自觉的认识经历了一个漫长的演变过程,大致经历了三个阶段,也就是哲学上所谓主客观的三次分离与统一。具体而言,这三个阶段就是本体论阶段、认识论阶段与实践论阶段。主体性自觉被看作是贯穿其中的一条逻辑主线:

首先,本体论阶段是指哲学诞生时,人们从探索自然万物的本源开始,产生了原初的唯物主义和唯心主义。此时,人们要么以具体的物作为万物的本源,要么以超自然、神秘力量或者上帝为万物的本源。这时的人们似乎没有体现出主体性的自觉,可以说是主体自觉性尚未萌发的时期。

其次,认识论阶段对应于哲学史上从经院哲学之后到马克思主义哲学产生前这段时期,尤其以17、18世纪的英国哲学和欧洲大陆哲学为主代表。认识论相对于本体论是一个飞跃。哲学在这一阶段所关注的中心问题,不再是世界的本源问题,而是主体为何能、如何能把握世界的问题,因而更加重视人的自我认识能力如何与客观世界相统一的问题。

第三个阶段则是实践论阶段,这一阶段以马克思主义哲学为主体。马克思主义的哲学观使得人们对于主体自觉的认识实现了重要的飞跃。以往哲学在主体与客体问题上往往陷入两种片面性:坚持自然物质本原性,却抹煞了主体能动性;坚持主体能动性,又否定了自然物本原性。而马克思主义哲学把主体能动性和客观物质性结合起来,主张从人的实践、主体同客体的

联系中,来看待人的主体的性质及其对客体的意义。

马克思认为:人的依赖关系,"是最初的社会形式,在这种形式下,人的生产能力只是在狭小的范围内和孤立的地点上发展着。以物的依赖性为基础的人的独立性,是第二大形式,在这种形式下,才形成普遍的社会物质变换、全面的关系、多方面的需要以及全面的能力的体系。建立在个人全面发展和他们共同的、社会的生产能力成为从属于他们的社会财富这一基础上的自由个性,是第三个阶段。"①这就是著名的人发展的三形态理论。这是马克思对主体生成、主体自觉的具体阐释。

在第一种形态下,人完全依附于群体,不具有自觉独立的性质,只不过是"一定的狭隘人群的附属物"。但此时的个体已有微弱的生产劳动,应该说是主体的萌芽阶段。在第二阶段,人通过商品和货币这种物的交换方式,一方面摧毁了自然关系对自身的支配。另一方面,人身依附的从属关系也随之消失。人处于社会的历史活动中,必须吸取和运用当时社会创造的最高生产能力以参与市场竞争。通过不断实践,个人逐渐获得自立和自主能力,从而成为自己主宰自己的独立主体。在第三阶段,一切人共同获得了人的性质。人们处于真正平等的关系之中,个人得到全面发展,社会关系置于人的自觉支配之下。自由自觉成为这一阶段上主体更为高级的形态。②

在马克思看来,主体自觉的过程伴随着人从事实践活动的过程。实践决定了人的本性,因为"他们是什么样的,这同他们的生产是一致的",实践的发展也即主体的发展。人从父母那里获得生命,只是取得了作为人的基本条件,他必须经历二次生成,在人的生产实践中使自己的主体性由不自觉趋向自觉,从而使人成为现实的主体。主体的自觉过程,也就是把自己远离动物世界一步,提升自己的主体地位,向人的世界接近。

因此,人的自由自觉的劳动活动实际上象征着人类自身通过实践活动不断地从自然界分化出来的趋势,它体现了具有自觉意识的自我,对受动性的不断超脱,体现了人的自主性的不断加强。然而,这不仅仅是奠基于人们

① 《马克思恩格斯文集》第8卷,人民出版社2009年版,第52页。

② 刘一凡:《论主体的自觉——走出形而上学的困境》,《商丘师范学院学报》2004年第12期。

对自身物质利益的意识、自主,而且是更高一个层次上的对人作为“类”的意识和自主。类似的思想,康德是用普遍理性来表达的。① 这种“类”的意识实际上体现了人对于自己是什么、去哪里的觉醒与坚持。

综上所述,主体自觉是哲学当中一个由来已久的话题,哲学中的相关认识成果对于我们正确看待大学主体性问题有诸多启示。首先,主体不断走向自觉的过程就是主体成长的过程,同时也是主体性逐步趋向成熟的过程。因此,主体自觉性的觉醒是主体性建设的内在要求,没有主体的自觉就谈不上主体性的实现。从这一角度出发,当我们讨论大学主体性建设的时候,上述关系仍然存在,即大学自觉是大学主体性实现的前提和基础。

此外,个体主体自觉性主要内容应是自我存在的意义、目的、价值的正确认识和取向以及在此认识和取向基础上的实践活动。强调主体自觉性的目的在于提高人的自我主体意识,发挥人的主体能力,从而使人们有可能自觉地更好地实现主体自我发展。马克思主义认为,主体自觉的过程与人的实践活动是合而为一的,人只有通过实践活动才能走向自觉。从这个意义上讲,主体自觉性的觉醒是以目的性明确为基础的。以此类推,大学的自觉也必须体现于其实践活动之中,在目的性的指引下坚持合乎自身组织规律的发展道路。因此,大学的自觉在精神内核上依赖于理性的张扬,而体现在大学的办学实践中则依靠目的性的明确与坚守。

（二）大学自觉的内在涵义

历史唯物主义的观点认为:人类社会是一个按自身规律发展的客观过程,同时社会规律又是在人的自觉活动中实现的。根据马克思的观点可以把人的“自觉”分为三个层次:

一是相对于自然界的盲目性和本能而言,人类的活动是一个有目的的、有意识的自觉性过程。从这个意义上“历史不过是追求着自己目的的人的活动而已”②。这里是把人的“有意识、有目的”看作自觉,而在与自然界的无意识活动相比较中确定“自觉”的含义,体现了合目的性的要求。

---

① 魏小萍:《“主体性”含义辨析》,《哲学研究》1998 年第 2 期。

② 《马克思恩格斯文集》第 1 卷,人民出版社 2009 年版,第 295 页。

二是相对于人类社会整体活动在规律面前的被动性、自发性而言，某些个人超越狭隘的眼光，前瞻性地认识和把握历史规律，并以此来充分调动人的积极性，努力使人的活动与历史的必然性保持一致，从而加快历史的进程。这里的“自觉”是以对规律的努力适应来确定的，体现了合规律性的要求。

三是相对于规律的必然性、异己性而言，人们在消除了社会内在对抗性的基础上，主动认识和熟练驾驭客观规律，从而成为自然界和社会关系的主人，在“以每个人的全面而自由的发展为基本原则的社会形式”①里，就能把整个社会过程置于自己的控制之下，实现自由与必然的统一。“只是从这时起，人们才完全自觉地自己创造自己的历史……这是人类从必然王国进入自由王国的飞跃”②。显然，这是自觉的最高表现形式，体现了主体自觉的能动作用，实现了合目的性与合规律性的统一。

据此，大学作为一个社会组织的子系统，它反映的是一类人的活动，这一类人的活动的自觉也即大学的自觉，其含义主要表现在三个方面：首先是大学的活动是有人类远大目的的活动，并围绕着目的有计划有意识地展开；其次是认识并把握高等教育的规律，包括高等教育的外部规律与内部规律，也即高等教育的实践活动的规律和高等教育与社会发展互相影响的规律；再次是对社会产生能动的作用，并预见到活动的结果。包括不仅能预见大学行为的直接的近期的后果，而且能预见行为的间接的长期后果。

与自觉性对应的是自发性，也即人们没有认识和掌握一定客观规律时的活动。自觉性和自发性的重要区别，在于是否能意识到行为的长远的社会后果。恩格斯曾指出：自发性的目的在于取得劳动的最近的、最直接的有益效果。那些只是在以后才显现出来的、由于逐步的重复的和积累才发生作用的进一步的结果，是完全被忽视的。大学的自发性表现在放弃了自身目的对社会与市场无原则的简单迎合，导致了官本位、急功近利、市侩媚俗等倾向。

---

① 《马克思恩格斯全集》第23卷，人民出版社1972年版，第649页。

② 《马克思恩格斯选集》第3卷，人民出版社1995年版，第758页。

自觉的大学是自省的,自省的大学能在纷扰的现实中清醒地认识到自己的终极目标与价值追求,认清自身的定位与使命,常常反思自身的活动是否偏离了价值与能力,是否违背了学术良心,是否忘却了肩负的社会责任。

自觉的大学是自尊的,自尊的大学是忠诚于学术、服膺于真理的,不献媚于权势,不随波于世俗,不逐流于市场,捍卫大学应有的学术尊严。

自觉的大学是自律的,自律的大学恪守学术的良心,保持学术自由的限度,不出卖学术而寻租于权力与金钱,对学术行为具有规范的约束力和道德的感召力。

自觉的大学是自强的,自强的大学在行政权力、学术权力和市场的三方博弈中,以自身的学术卓越赢得对学术权力的高度尊重,赢得自身的发展空间与外部支持,引领社会前进的方向。

(三)大学自觉的实践指向

大学的自觉,关键在大学办学活动的自觉,办学自觉反映了一所学校的成熟水平,也会反映到其学术水平与社会声誉上。大学的自觉主要体现在以下4个方面:①

1. 使命的自觉

高等教育产生以来,处理各门高深知识就是高等教育的主要任务。知识劳动的层次化是现代大学分层的依据。博耶将学术活动划分为"探究的学术""整合的学术""传播的学术"和"应用的学术"四种类型。美国康乃尔大学校长帕金斯认为:"大学的本质就是有关知识的制度,知识的获得、传授和应用三者间的关系也是通过大学而加以制度化。"②据此,我们将知识劳动划分为3种不同的层次:一是知识的发现。主要是对未知世界的规律性的探究,对自然奥秘的揭示。它是处在科学技术发展的研究前沿,属于基础研究的范畴;二是知识的整合与应用。主要是对已有的知识加以整理、保存以便于传播,并进行实际的应用,使之转化为现实生产力。就像美国科学哲学家库恩所说的"是扩大知识与社会的接触点";三是知识的传播。主

① 宣勇:《论大学的自觉》,《高等教育研究》2009年第5期。

② 转引自眭依凡:《大学使命:大学的定位理念及实践意义》,《教育发展研究》2000年第9期。

要是通过知识传授的方式,开发人力资源,提升劳动者的素质,提高知识的社会覆盖面。

尽管大学都或多或少包含了知识劳动的3种层次,但是,由于大学处于不同的政治、经济和文化环境之中,具有不同的发展历史和发展水平,导致所承担的知识劳动的层次各有侧重。尤其是进入高等教育大众化和普及化阶段,大学的数量不断增加,规模持续扩大,大学呈现出层次化和多样化。现代大学的层次化和多样化,一方面是由社会需求的多层次性和多样性所决定的;另一方面也是由知识劳动的分工和分层特点所决定的。对应于不同层次的知识劳动便形成了研究型大学、教学研究型大学与教学型大学3个层次的高等教育基本结构。

因此,大学办学的首要任务是找准自己的定位,明确使命,坚持有所为,有所不为,学会舍弃。这就是大学制定战略规划的重要意义所在。制定大学规划要充分考虑与外部环境之间的关系及学校发展的历史状况,“任何类型的大学都是遗传与环境的产物”。要充分考虑两个基本前提,一个是需要,一个是可能。战略规划要依据社会发展的需要、学术发展的需要来制定,更重要的是在这个需要的前提下,有多大的能力在多大程度上能获取多少资源和政策支持来实现战略的目标,这就需要有预见性,要有使命的自觉并坚守这个使命,避免办学的趋同化与同质化竞争,办学才不会千校一面、人云亦云、随波逐流,才可能办出特色,办出水平。

2. 组织的自觉

组织的自觉是指对大学组织特性的坚守与大学组织结构与组织方式合乎理性与使命的选择。第一层含义是要自觉遵循大学的组织特性,并在实践中加以弘扬。组织特性是一个组织区别于另一个组织特有的、特别的或特殊的属性。大学组织的特性主要表现为:教育性、学术性、民主性、开放性、松散性和双重性六个方面。而教育性与学术性是其他特性呈现的内在依据。不言而喻,大学是实施高等教育的机构,教育性是大学组织与生俱来的根本特性。纽曼认为,大学是一个传授普遍性知识的场所,而所有知识构成一个整体,自由的知识或哲理是大学的教育目的,大学的本质由此确定。恰恰需要重申的是在大学发展的过程中,由于追求高水平,简单地理解成科研的高水平,办学的政策导向、资源配置、学术评价过度地向科研倾斜,这是对大学教育性的消解,对大学本质特性的背离。

第二层含义是要自觉选择合乎使命的组织结构来整合队伍,对大学而言,这是非常重要的战略部署。钱德勒(Alfred D.Chandler)说:"结构跟着战略变"。大学是一种"底部厚重"、"重在基础的组织",基层学术组织是大学目的性活动的承担者。1952 年,我国进行了大规模的院系调整,强调大学的教学职能,在大学组织结构上,一律实行了校—系—教研室的组织方式,这一稳定的学术组织形式为不同时期大学的发展及人才培养提供了组织制度保障。改革开放以后,我国大学进行了多轮大学内部管理体制改革,美国的高等教育模式开始影响我国并逐步成为主流,大学的基层学术组织已不是单一的教研室,发展到有教研室、研究所、创新团队、中心、基地、学系、学科等名目繁多杂然并存的现状。令人担忧的是许多大学的基层学术组织并非是内生型组织,而是大学组织之外的组织在大学成立的外生型组织,这些基层组织到底是什么逻辑关系?在结构上是个什么样的结构?只要任何社会上的组织出钱给资源,都可以通过这种方式长驱直入在大学建立这些外生组织,企业有钱可以搞一个研究院,政府职能部门出个文件可以在大学搞创新团队、创新平台,殊不知这是对大学组织结构的破坏,造成了大学组织运行的无序低效。

同时,被称为学院的一些高等教育机构也出现了好大喜功的现象,包括民办的二级学院,只承担单一的教学任务,却在内部组织结构上设置了许多的分院搞学院制,学院制是美国大学在一定历史条件和特定学校使命下由于研究与社会服务职能的增加、规模的扩大才采取的管理制度,一些教学型的学院完全没有必要放弃学校—系—教研室这一知识传播的有效的组织形式,这种制度对于教学型大学来说是一种最为科学与合理的制度,是一种要坚守的制度。然而在现实中,一些教学型大学在改革中放弃了教研室制度,实际上是一种浮躁的表现。大学组织制度的选择必须合乎其组织的使命。

3. 质量的自觉

高等教育的质量是当下备受关注的话题。大众化时代的高等教育质量应该是一个动态的、多元的、分层的概念,满足需求的质量是好的质量,过度的质量会导致办学的不经济。我们不能用一个标准来衡定全国高等教育的质量，比如不能拿北大的本科教学评估体系来评价地方的多科性大学，由于各类高等教育机构的使命定位不一样，面向不一样，区域性不一样，标准也不应该一样。但问题在于现在恰恰使用了同一个标准，这才是造成高等教育质量有问题的根源之一，实际上满足区域经济社会发展的质量就是好的质量，满足学习者发展需求的质量同样也是好的质量。

质量控制的自觉在于能依据学校的定位与面向，以学生发展为中心，建立起有自身特色的培养模式，其中极为重要的是有效知识体系的建立与找到一种高效传递知识的方法，这是大学教学改革中的两个基本问题。我们谈大学的学术水平更多的是从科研的标准来衡量，其实教学中也有很多的学术问题，博耶称其为“传播的学术”、“教学的学术”。应该像重视科学研究一样重视教学学术的研究，到底教什么？怎么教？在专业设置与培养方案的制定中，应该从学校的使命出发围绕有效知识的概念来进行课程体系的改革，同时要找到高效的传递知识的方法，说到底大学的教学改革离不开对这两个基本问题的回答。因此，质量的自觉就是主动地对这两个问题的探求与追问，这两个问题解决好了，高等教育质量才有基本的保障。所以要改变过去对高等教育质量的评价，建立多元化的质量标准体系。

4. 文化的自觉

大学的文化自觉是指大学在坚守自己文化特质的同时用先进的校园文化去引领社会文化，成为社会良心以促进社会的进步。

每个组织都有自己的文化，组织文化是组织的灵魂。任何组织无论从产生到发展、从兴盛到衰亡都离不开特定的文化氛围，文化使组织成员对组织有一种认同感，会激发成员对超越于他们自身的信念和价值观的承诺意识，这种文化一旦形成并稳定下来，会产生有助于实现组织目标的功能性行为，会对组织结构的设计和运转、组织成员的态度和行为产生重大的影响。

大学里对科学文化的传承、吸收、整理和创造是校园人共同的行为方式；对知识的渴求、真理的探索、科学的崇尚是校园人共同的“兴趣”和“偏好”；对社会进步的超越个人功利的关怀和改造世界的责任感应是校园人的共同使命。这正是校园精神的内涵之所在，这一校园精神蕴含着两个基本的特征:一是科学精神的特征:即实事求是、尊重客观真理性特征;二是人文精神的特征,体现了对人的终极关怀。所有这些特征构成了校园文化的基本特质①。

在构建校园文化的时候,在物质的、行为的、制度的文化上都必须时时刻刻贯彻这种对知识、科学、真理追求和崇尚的精神,对异质文化的吸收都必须有利于这种精神的发扬光大。如果我们在校园文化的理论和实践上放弃了这一特质,就意味着校园文化的衰落和倒退。校园文化作为能够自行组织和调节的体系遭到破坏,因为在不能履行本身职能的各组成之间的内部联系毁灭了,校园文化结构中的所有或部分的相互依赖性、相互支配的原则破坏了。这种特质的放弃,使校园文化构建的标准和价值失去了重心,行为文化要素不再将精神文化作为准则来奉行,支持和保护这一体系的一贯职能并保证对标准和规范执行监督的制度文化或不能更好地发挥其功能,或根本不能发挥其功能。于是,这一切都为异质文化对校园文化的侵蚀和吞噬提供了可能。

由于缺乏对文化的自觉,现阶段校园文化建设过程中,由于经受不住世俗文化和其他异质文化的碰撞与冲击,原来按自身原则架构起来的体系遭到破坏,失去了那种能鼓舞校园人并把校园人团结在追求知识,崇尚科学,为科学而献身的共同目标与强烈愿望,功利主义、拜金主义、拜官主义、学术寻租在校园的泛滥,使得素朴高雅的生活方式和严谨不苟的治学态度被庸俗的、急功近利的偏狭意识所取代。"文化衰落的特征之一就是追随作风和模仿浪潮的高涨,并成为创作的目的。"②校园文化呈现出对世俗文化亦步亦趋的反应。

大学应是社会的良心,应成为社会的矫正力量去引领社会,而不能完全为世俗所左右。因此,喧哗、狂躁与轻浮不属于大学,急功近利、追求时尚不属于大学。弗莱克斯纳认为,大学应与社会保持一定的距离,不应随社会的风尚、喜好乱转;不应像报纸和政客那样见风使舵、赶时尚。大学基于一定

---

① 宣勇:《大学组织结构研究》,高等教育出版社 2005 年版,第 3 页。

② [苏]尼·瓦·贡恰连科:《精神文化——进步的源泉和动力》,戴世吉等译,求实出版社 1988 年版,第 226 页。

的价值体系,在对社会风尚保持合适的批判性抵制中,有助于避免愚蠢的近乎灾难的莽撞。大学不是一个温度计,要对社会每一流行风尚都做出反应。大学必须经常给予社会一些东西,这些东西不是社会所想要的(Wants),而是社会所需要的(Needs)①。

大学的自觉要求提高大学管理队伍职业化水平。只有那些具有战略思维、国际眼光、懂得高等教育发展规律、拥有独特的高等教育理念、富有理想并执着的大学管理者,才可能保持大学的自觉。同时,当今大学是一个非常庞大的组织,我国的本科院校当中大多已是万人大学,而美国在同样的毛入学率下,万人大学只有7.2%,所以要管理这样一个庞大的学术组织涉及资金的运作、资源的整合、学生的生活及思想教育、师资队伍的建设、教学质量控制、学科学术的提升等等,需要大学管理者能够讲政治、有学问、懂教育、会管理,真正成为政治家与教育家,实现教育家办学。

二、坚守理性:大学自觉的认识基础

前面提到,哲学上人的自觉意味着人作为一种“类”的意识的觉醒,这在某种意义上体现为人类的普遍理性。相应的,大学走向自觉的过程中,也需要回答如下问题:大学为何存在?大学如何存在?大学如何区别于其他社会组织?对这些问题的求解过程,也就是人们对于大学理性的探寻。追求大学理性的过程体现为对大学自我身份的追问与本质属性的探寻,也体现为大学在社会中的自我定位。从这一意义上看,大学理性与大学自觉在问题指向上是一致的。

(一)大学理性与大学自觉:哲学视角的联系

什么是理性?哲学上并没有严格的界定,通俗的解释是指从理智上控制行为的能力②。哲学上的理性主义(Rationalism)一般来讲包括3个层面的内涵:首先是一种世界观,把世界看成一个合乎理性的世界,人只要运用

① Abraham Flemner, *Universities: American, English, German*, New York: Oxford University Press, 1968.

② 《现代汉语词典》,商务印书馆1983年版,第695页。

自己的理性,便可以认识它的规律;其次是一种人生哲学和人生理想,把理性看成人的本质,认为遵循理性指导的生活是最好的生活;再次是一种文化传统,它尊重理性,崇尚科学,重视逻辑思维,相信知识的力量。① 大学理性所包含的内容也不外乎此。

进一步的,可以把大学理性归纳为大学发展中追求合目的性与合规律性统一的过程。在马克思主义哲学看来,人的实践活动应当是合目的性与合规律性的统一:

首先是合目的性的要求。目的是人的头脑中观念建立起来的预想的实践结果,它贯穿于人的社会实践活动过程的始终。它既是实践活动过程的起点,又表现为实践活动过程的展开和终点。从主体的角度看,实践活动是一种价值创造活动,任何主体都是从自身的需要和利益出发,对客体进行价值权衡之后才做出选择的,这就是实践活动的合目的性特征。无论是在确立认识客观事物的价值前提阶段,还是在实践理念的形成,以及实践的具体展开过程中,或者是在对实践结果的评价阶段,都要从是否满足人的需求、是否符合人的利益这一视角出发,对一系列客观性要素进行全方位的调动和整合,以确保实践活动获得最大的成功。

具体到大学,什么是大学自身的目的?美国高等教育哲学家布鲁贝克十分关注高等教育变迁的精神动力与思想基础问题,他从哲学的高度,对高等教育存在的目的性基础进行了研究,提出了高等教育发展的"三基础说"②:认识论基础、政治论基础、实用主义基础。在这 3 个基础中,政治论体现了大学的目的是为了实现国家意志、为社会服务;实用主义的目的是指大学追逐满足市场需求,市场的需要成为大学的向导;认识论的要义在于大学的一个重要使命就是研究高深学问,知识的逻辑是大学活动要遵循的原则。而以此为分野,产生了不同的关于高等教育的价值选择趋向,从而形成了理性主义和工具主义这两种看似对立的两大主流高等教育哲学流派。事实上,这二者并非是完全割裂的,是可以对立统一的。对知识的追求、对真

① 李步楼:《理性主义与非理性主义》,《江汉论坛》1995 年第 6 期。
② [美]约翰·S.布鲁贝克:《高等教育哲学》,浙江教育出版社 2001 年版。

理的崇尚应是大学的终极目标。如维布伦所言：探讨深奥的实际知识是学术事业不证自明的目的，与它可能对上帝的荣誉和人类的利益所产生的任何影响都毫不相关。

其次是合规律性的要求。人在确立改造自然的目的后，“他不仅使自然物发生形式变化，同时他还在自然物中实现自己的目的……是作为规律决定着他的活动的方式和方法的，他必须使他的意志服从这个目的”①。也就是说，人们要在实践中实现自己的目的，满足自己的需要，那么在运用物质力量和物质手段、作用于客体时，就必须遵循客观规律，选择适当的方式方法，这样，人的活动又是一个合规律性的过程。

同样，以合规律性的要求追问大学，意味着大学必须回答如何使自己真正成为一个追求知识、崇尚真理的学术组织？大学的组织结构、大学的内部治理、大学的处世之道如何适应其组织目标？对此，经过数百年的斗争与探索，西方大学尤其是美国大学树立了著名的“三 A 原则”：学术自由（Academic Freedom）、学术自治（Academic Autonomy）和学术中立（Academic Neutrality）。学术自治保证了教授治校，高度自治，理顺了大学与政府的关系，尽可能地减少了外界对大学的干扰；学术自由和学术中立保证了学者们对于知识与真理的自由探索，不会因为价值观的不同而受到约束。可以说，以“三 A 原则”为代表的西方大学的价值基础，确保了按照学术组织的逻辑运行大学，体现了西方大学发展中合规律性的要求。

综上所述，主体的自觉与人的实践活动合而为一，而实践的本质特征又要求任何实践活动必须实现合目的性与合规律性的统一。从这一视角解读大学理性的话，大学理性首先是大学的“世界观”，是对大学存在目的的认识，体现为一种历史与文化传统——张扬理性精神，追求知识与真理；其次，大学理性还是一种“方法论”，关系到大学如何达成自身的目的以及在此过程中如何协调外部关系。有学者指出，所谓大学理性就是大学在其产生与发展的历程中对外部世界达到最完全认识的能力及其所表现出来的稳定特征②。

---

① 《马克思恩格斯文集》第 5 卷，人民出版社 2009 年版，第 208 页。

② 张学文：《大学理性：历史传统与现实追求》，《教育研究》2008 年第 1 期。

这一理解实际上也包含了同样的认识。从西方中世纪大学开始积淀、清晰的大学理性传统，是人类文化的宝贵财富，更是大学之所以成为大学的灵魂所在，大学的组织结构、层次类型可以多样化，但大学的理性传统却决不可妥协、不可扬弃，否则就不成为一所自觉的大学。

（二）西方近现代大学发展历程中的大学理性

从西方大学发展的历史看，从欧洲中世纪大学到英国式的近代大学，从偏重研究的德国式大学，到倡导教学、研究与社会服务并重的美国式大学，大学理性始终贯穿于其中。

1. 中世纪大学

中世纪在欧洲历史上是一个黑暗时期，但也是大学组织萌芽的时期，中世纪大学通过自身的理智能力部分满足教会对知识与人才培养的需求获得了自己的生存空间与合法地位。中世纪大学之所以能够通过特许状得到教会与国王的保护，主要原因在于大学与知识之间的联系，其作为社会的知识中心具有难以替代的作用。同样重要的是，中世纪大学是理性复苏的产物，开始重视理性的学术研究成为中世纪大学的基本精神。中世纪大学作为学者行会性质的团体，最早的把学者们集结成为一个整体，探索高深学问成为一种荣耀的职业。

2. 欧洲近现代大学

到 19 世纪之前，以牛津大学、剑桥大学为代表的英国古典大学重视人文教育，具有浓郁的贵族气息，培养有教养的绅士。这种延续至今的办学传统为当时的英国大学获得了合法地位，这个时期的英国大学代表着处于现代化起步时期的西方近代大学。此时对何谓大学的经典答复就是，大学是一个教化机构，目的是培养有学问的青年绅士。

进入 19 世纪之后，以英国为代表的古典大学仍然把它们的合法性建立在人文主义抱负上，这种人文主义抱负的发展以自由教育观念为顶点；自由教育观念使 19 世纪的英式学院在学理上完全合法化，红衣主教纽曼从词源学的角度提出大学是传授普遍知识的地方，故强调传授知识，传授为人之道成为当时大学的主流。

同样是 19 世纪，德国大学逐渐摆脱了英式古典大学完全通过教学培养自由人的机械观念，开始转向更注重人类理性的科学与研究，并通过这种现代大学观获得了合法地位。洪堡创办的柏林大学宣布了以神学为主导的教会大学模式时代的结束，崇尚科学和真理的研究型大学模式时代的到来，它以教学与研究并重的特色而成为所有现代大学之母。洪堡认为，大学是高等学术机构，是带有研究性质的学校，是受国家保护但又享有完全自主地位的学术机构，"就整体而言，国家决不能要求大学直接地和完全地为国家服务，而应当坚信，只要大学达到了自己的最终目标，它也就实现了而且是在更高层次上实现了国家的目标"，即国家行为应服从理性原则，承认科学活动的自主性，为科学活动提供保护和支持，使理性按其自身的原则得以发展。①

3. 现代美国大学

美国文化以其所特有的兼容并包精神，使英国式大学的传统与德国式大学的取向融合为一，并且进一步拓展了大学的功能。1862 年，美国的《土地赠与法》就赋予美国高等学校一项新的职能——社会服务。1904 年威斯康星大学在范海斯校长的领导下提出了"威斯康星计划"，明确提出威斯康星大学两项重大使命——"帮助州政府在全州各个领域开展技术推广和函授教育以帮助本州人民"，1909 年斯迪芬撰文，把这项计划描绘成"把整个州交给大学"、"大学对本州人民的作用就如同人的头脑对人的手、脚和眼的作用"，即"大学要给人民以信息、光明和指示"。以威斯康星大学为代表的研究型大学教学、研究和社会服务并重的取向为美国大学获得了合法地位。威斯康星精神标志着大学理性新时代的开始。

综上所述，首先，理性的探索高深学问和普遍真理，是大学的使命之所在，也是大学之所以存在并区别于其他组织的核心特征，大学学术自由、学术自治等原则均衍生于此。大学在发展演变过程中，其功能不断拓展，但是无论教学、科研还是社会服务功能的实现，必定是大学应用自身所特有的高深知识和理性来解决社会问题的实践过程。其次，大学的合法地位的获得分别在不同时期以不同途径出现，但是大学无论在与教会、政府还是市场的

① 张学文：《大学理性：历史传统与现实追求》，《教育研究》2008 年第 1 期。

博弈过程中，大学能够获得承认与尊重，大学的价值能够得到彰显，必然建立在大学自身恪守理性的基础上，大学如果在盲从中迷失自我，大学也就不再成为“大学”。

正如有的学者所指出的，近现代大学的发展路径，就是一部大学内部理性逻辑与大学外部多重压力不断对抗、相互制约、继而在新的起点上建立新的平衡的历史。“大学理性与大学实践之间往往会存在一种必要的张力，使得两者既有‘不可分割性’，又具‘创造性紧张’。‘不可分割性’表现为大学系统在实际运作过程中，如果不恪守自身的理性，必然会因缺乏特定的价值观与目标而迷失方向；反之，大学理性只有落实到具体的大学系统构建过程中，才能使其精神得以充分贯彻实施。‘创造性紧张’则体现为大学理性具有理想的特质，大学实践则要面向现实，在时空交错的具体环境中，两者常常处于一种极具创造性的紧张关系之中。一方面，在探求高深学问过程中大学理性能提升大学的教育水准，维持大学的高贵灵魂；另一方面，大学系统在面对世俗社会时，可让大学理性更具方向感，两者之间互为创造，合之双美，离之两伤。”①这一段话将大学理性与大学实践之间的互动关系呈现的淋漓尽致，大学理性一方面捍卫大学应有的价值观、持正大学的前进方向；另一方面也是大学实现自身目标的活力来源与思想利器。只有坚守理性的大学，才是自觉的大学；也恰恰因为大学的自觉，才能真正理解理性之于自身的意义。

三、大学理性实现的外部条件

前面提到，大学理性的一个重要内涵在于哲学观和方法论，涉及大学如何认识自身及如何对待外部世界的问题，也是大学自身试图回答大学是什么、大学做什么、大学怎么做和做一个什么样的大学等基本问题。从西方大学的发展历史看，西方现代大学制度中的每一个理念，都是一个逐渐获得大

① 张学文：《大学理性：历史传统与现实追求》，《教育研究》2008 年第 1 期。

学组织内外部认可与接受的过程，这个过程被视作西方大学理念的合法化过程①。当大学自身与社会对于“大学”这一组织的基本认识趋于一致时，我们上面所讨论的大学理性才有可能得以实现，因此，我们可以经由西方大学理念的合法化过程探讨大学理性实现的外部条件。现代意义上的大学之所以诞生于欧洲，表明近现代欧洲的社会“基因”中有适于现代大学萌芽、发展的有利因素，这些有利因素使得作为现代大学精神内核的大学理性得以被社会接纳。

（一）人文主义精神的兴起

欧洲中世纪大学是在整个欧洲社会由封建向近现代转变的大时代背景中逐渐过渡为现代大学的，这一阶段影响大学发展的因素很多，而人文主义则是其中的关键因素之一。“人文主义的三种现象（指文艺复兴人文主义、基督教人文主义、新人文主义），学术团体及大学的社会作用都可以追溯至一个共同的源头，那就是关于时代和世界的概念的改变，以及受过人文主义教育的知识分子对于自己的专业作用和自己在社会中的权利和义务的设想的相应改变。这一改变源自于意大利的人文主义，它在近代早期影响了全欧洲的每一所大学。”②

首先，欧洲传统大学在文艺复兴人文主义精神的影响下开始了现代化的转变。欧洲中世纪大学在人文主义推动下，经院哲学一贯坚持的“读经”式的授课方式被讲座式代替，强调思辨能力，学术自由思想开始萌芽；经院主义课程的垄断地位逐渐丧失，为自然科学和实验方法进入大学开辟了道路。其次，基督教人文主义为欧洲传统大学迎接新人文主义时代的变革奠定了必要的基础。诞生于大学的宗教改革运动从一开始就与人文主义结下了不解之缘，其思想体系的核心是基督神学与人文主义相融合的混合体。人文主义学科在大学中的地位得到了巩固，学术自由在宗教迫害及政府的控制和高压下显示出顽强的生命。最后，新人文主义精神和教育思想直接

---

① 孙华：《西方大学理念的合法化过程》，《现代大学教育》2009年第3期。

② ［比］希尔德·德·里德·西蒙斯主编：《欧洲大学史（第二卷）：近代早期的欧洲大学（1500—1800）》，贺国庆等译，河北大学出版社2008年版，第5页。

引领了现代大学的诞生。新人文主义者认为教育就是促进人的全面和谐发展，提高人的理性，培养人们独立自主、自由的意识，为了科学而科学，从而使人类能够在自身得到发展的同时，认识自然和尊重自然，并在此基础上掌握和利用自然，达到人类与自然的和谐。① 在此方面，德国哈勒大学开风气之先，被认为"不仅是德国的而且是欧洲的第一所具有现代意义的大学。"哈勒大学以思想自由和教学自由为基本原则，课程体系中纳入了现代哲学和现代科学，从此"大学不再是沿袭传统教条的学校，它成了领导整个学术界进行创造性科学研究的基地和真理的拓荒者。"②

（二）契约主义的精神传统

契约精神是贯穿西方政治文明全过程的核心理念，也是西方政治传统的重要特质。西方政治文明中的代议制、分权与制衡以及法治原理，都是契约精神的产物。著名的"社会契约论"提出者卢梭（Jean Jacques Rousseau）的观点是，国家权利属于人民，人民为了保护私有财产和人身安全，通过订立契约即法律的形式，把属于自己的自然权力让渡给国家政府，由它负责执行法律并负责维持社会的，以及政治的自由。它从一开始就规定了国家政府权力运行的限度，实现了社会管理的法制化与理性化，最终形成了西方社会的民主法制传统。

西方契约主义的精神传统对于大学发展的意义在于：它为符合大学学术发展规律的现代大学制度的建立与完善奠定了牢固的社会环境基础，为现代大学与国家政府、公民社会之间互动机制的确立创造了支撑性的制度条件。可以说，人文主义精神的兴起使得西方社会对于大学崇扬理性、自由探索给予了高度的认同，契约精神则为大学自治、学术自由等体现大学理性的具体制度设计提供了现实保障。

一方面在现代西方国家，大学大多是一个相对独立的法人组织，国家以法律的形式明确规定了其自我管理内部事务的基本权力。法律的制度性保

---

① 檀慧玲：《欧洲中世纪大学向现代大学的变迁——人文主义视域的考察》，博士学位论文，河北大学教育史专业，2009 年，第 2—6 页。

② ［德］弗·鲍尔生著：《德国教育史》，滕大春、滕大生译，人民教育出版社 1986 年版，第 79 页。

障成为现代大学维护自身组织个性、抵御来自国家政府和公民社会对学术发展过多过强干预的重要屏障。另一方面,在现代西方民主法制社会,国家政府都是民选的“契约式”政府,社会组织与国家政府在法律上是平等关系。国家政府在尊重社会组织自主管理权力的同时,更多的是借助为数众多的独立运作的各类社会中介组织,充分发挥它们的社会管理参与、监督与服务优势,国家政府只能对社会运行实行法律范围内的有限干预,以维护社会正义和社会公共利益。国家政府对大学的干预是基于尊重大学组织的法人主体地位和自我管理权利之上的干预。例如,美国大学是自治性很强的法人组织,享有显著的不受政府控制的自由,即使是由州政府直接资助的公立大学,只要在州或有关部门确定的总体政策和计划的框架内,每个院校享有高度的办学自治权。①

3. 市民社会的发展

市民社会是指介于国家和个人之间的广阔领域,它由相对独立的各种组织和团体构成。它是国家权力体制外自发形成的一种自治社会,是衡量一个社会组织化、制度化的基本标志,具有独立性、制度性的特点。市民社会的发展意味着国家与社会之间权力的再分配,各类社会自治组织享有法人主体地位和相应的自我发展权利,一些非营利性社会中介组织能在很大程度上取代政府管理的职能。一般而言,国家能力与社会能力是一对矛盾的共同体,二者是一种此强彼弱、此消彼长的互补关系。当国家能力十分强大时,国家机器的触角延伸到社会各个角落,社会权力相对萎缩,整个社会从个人到组织都成为缺乏独立性的国家附属物,作为一种社会组织的大学自然也难逃这种命运。反之,有限的国家能力,则为一个自治的社会领域——市民社会提供了生长空间。

显而易见,一个自治的市民社会的存在为大学自治提供了社会土壤。从西方历史纵向发展看,中世纪大学的产生到近代以来大学自治制度的形成和发展,都以市民社会相对于国家的独立为前提。在西方社会,国家与大

① 孔垂谦、文辅相:《西方现代大学学术自治的制度环境基础:一种政治社会学分析》,《北京大学教育评论》2004 年第 4 期。

学的关系史实际上是与市民社会的形成与发展交织在一起的。市民社会的成熟使得大学自主自治的主张具有广泛的民意基础，各类社会组织能够以不同的方式参与对大学的监督、评价与协调，也为政府权力的撤退提供了保证，从而得以实现政府有限干预与大学学术自治之间的均衡。当大学不被其他强势权力所裹挟时，大学自我角色的认知、大学自我的价值追求才能一以贯之，大学理性也才得以萌芽、生长。

第四节　大学能动性与现代大学能力的提升

大学是一个历史、动态发展的组织。最初的大学只培养牧师、修道士和医生等，它不在社会生活的中心，而是在边缘。19 世纪，当牛津学者纽曼提出"大学的理念"时，他心目中的"大学"如同一个"村庄"，在洪堡心目中则如同一个"乡镇"①。今日的大学已并不再像纽曼或洪堡时代那样的"村庄"或"乡镇"，而日益参与到社会发展中来，已经是克拉克·克尔心目中的一个"城市"，大学对经济增长和社会发展的作用越来越受到人们所关注。当代美国著名教育家、哈佛前校长德里克·博克也认为：现代大学已经不再是传统的修道院式的封闭机构，而是沟通生活各界、身兼多种功能的超级复合社会组织。当今社会变化迅速，科技迅猛发展，促使大学地位发生了显著变化，大学正从社会的边缘转移到社会的中心。大学增加人力资本，促进科学技术进步，创新理论和制度，使得社会更加民主进步，文化进一步传承和弘扬。它已经成为促进经济发展和社会进步的加速器，成为帮助人类走向美好未来的有力组织形式。

大学对国家、社会具有如此重要的地位和意义，以至于外界各种群体或组织不可避免地与它发生各种交往和互动。但在这些交往和互动过程中还是出现了诸多问题，当前社会人们对大学和大学人的社会认可度不高：从学术不端到文凭交易；从教授的虐待学生、侮辱学生甚至与学生发生肢体冲

① 刘宝存：《科尔大学理念述评》，《比较教育研究》2002 年第 10 期。

突、性交易到“教兽”;从专家到“砖家”;从大学生“上大学上的是无聊”到“网络成瘾、游戏成风”,甚至堕落成“坐台小姐”等等,人们普遍感觉到大学对社会的贡献不足;大学的庸俗化(世俗化、平庸化)、官僚化、功利化、市场化日益严重。我们不禁发问:我们的大学到底怎么了?大学到底该怎么办?我们认为,其实这些都说明了目前我们大学能动性的迷失。那么什么是大学的能动性?历史上的大学能动性发挥如何?我们应该如何让大学发挥能动性、如何让大学能动性回归?

一、能动性的哲学解释

《哲学大辞典》将“能动性”界定为物体、事物本身具有内在活力、必然运动和发展趋势的属性。简单来说,就是主动积极的起动力作用的活动性能。主体能动性思想古已有之,它是哲学认识论的一个重要组成部分。康德扭转机械认识论确立能动认识论。康德认为,认识主体是有着一整套先天直观形式和思维形式的能动主体,主体的能动功能集中体现为“综合统一”。康德说:“统觉的综合统一性,是处于最高点的,我们必须把知性的一切运用,甚至整个逻辑,相应地联带着整个先验哲学,都归到这个最高点。”①此后,主体能动性思想得到了极大的发展。费希特、谢林(Friedrich Wilhelm Joseph von Schelling)、黑格尔从唯心主义方向发展了康德的主体能动性思想,如黑格尔通过对唯心主义辩证法的贯彻,指出人的能动性建立在劳动基础上,“劳动陶冶事物,意识(人)在劳动中外化了自己,使劳动的意识能够在自己的劳动产品中认识到自己的存在”②。而费尔巴哈(Ludwig Andreas Feuerbach)、马克思、恩格斯则在批判康德唯心主义的基础之上,从唯物主义方面发展了康德认识论中的主体能动性思想,特别是马克思、恩格斯借鉴了前人哲学中的合理部分,提出了以实践为基础的主体性原则,从而克服了旧唯物主义忽视主体性的缺陷,科学

① [德]康德:《纯粹理性批判》,蓝公武译,商务印书馆1960年版,第101页。
② [德]黑格尔:《精神现象学》,商务印书馆1962年版,第128页。

地回答了认识何以可能并最终科学地解决了认识的主体能动性。如马克思在《1844年经济学哲学手稿》中肯定有否能动性是人与动物的区分标准:动物与它的活动是一体的,它就等于它的活动;相反,“人的类特性恰恰就是自由的自觉的活动”①。马克思把主体能动性看成是,人能动地认识和改造自然、社会及人自身的创造性的实践能力,而且是从具体的社会关系中,是从感性现实中,来说明人的主体能动性。马克思认为,人不仅是“自然存在物”,更重要的在于人是“能动的自然存在物”。这样,马克思就克服了以前哲学家关于人的主体能动性的局限性,把唯物主义和能动性有机地结合在一起。

书中所指的能动性均指主体能动性。主体能动性一般指自觉能动性,包含了意识能动性、主观能动性和实践能动性。目前人们谈起意识能动性、主观能动性和自觉能动性,经常相混淆,其实三者是不一样的。

首先看意识能动性。马克思主义经典作家在回答物质和意识的相互关系时,为了反对唯心主义,同时为了和形而上学唯物主义划清界限,阐明了意识的能动性。马克思科学地指出,解决物质和意识关系的根本前提是实践。因为只有在实践的基础上,意识才具有“现实性”,才能发生物质和意识的关系。马克思在实践的基础上,解决了物质和意识的关系。一方面依靠实践说明意识对物质的依赖性问题;另一方面又依靠实践说明意识对物质的能动性问题,这就从根本上科学地解决了物质和意识的关系。他的结论是:实践着的人类,总是“在一定的物质的、不受他们任意支配的界限、前提和条件下活动着的。②”从上述简要考察可以确定:意识能动性这个范畴,在经典作家那里,是在本体论范围内,针对物质的决定性使用的。

其次看主观能动性。主观和客观的矛盾是在实践中发生的。主观是指实践主体的认识或意识,客观是指纳入实践过程的客体即认识和改造的对象。主体与客体的矛盾是在具体实践基础上发生的一对具体的、现实的矛

① 《马克思恩格斯全集》第42卷,人民出版社1979年版,第96页。
② 《马克思恩格斯选集》第1卷,人民出版社2012年版,第151页。

盾。马克思说:“对象如何对他说来成为他的对象,这取决于对象的性质以及与之相适应的本质力量的性质。”主体和客体的矛盾既然是十分具体的,这就决定主观和客观的矛盾也是十分具体的,是建立在具体实践基础上,并以主体对客体的全部关系为内容的矛盾。主观能动性就是在具体实践中,解决主观和客观的矛盾而表现出的人类的意识能动性。在主观和客观的矛盾中,一方面客观决定主观,客观要求主观与之相符合;另一方面,主观具有能动性,主观能够在一定程度符合客观。这样,主观能动性这个范畴就成为用来表述实践主体意识能动性的范畴,它是在认识论领域中使用的,是针对客观的决定性提出来的。

最后看自觉能动性。哲学教科书中,众口一词地确认,自觉能动性包括认识和实践两方面的能动性,并以毛泽东如下一段话为依据:“一切事情是要人做的”,“做就必须先有人根据客观事实,引出思想、道理、意见,提出计划、方针、政策、战略、战术,方能做得好。思想等等是主观的东西,做或行动是主观见之于客观的东西,都是人类特殊的能动性。这种能动性,我们名之曰‘自觉的能动性’,是人之所以区别于物的特点。”①仔细分析这段话,毛泽东并不是把自觉能动性规定为认识和实践的能动性的综合,他所讲的自觉能动性就是实践的能动性。“人的意识不仅反映客观世界,并且创造客观世界。”②很显然,在这里这种主观的东西成了实践活动的一个要素、一个构成。可见,毛泽东所说的自觉能动性仅仅是指的实践的能动性。我们只能说实践的能动性包含有认识的能动性即主观能动性的成分,但绝不能归结为主观能动性。毛泽东把自觉能动性看作人之区别于物的特点,足见他不仅是从认识论的角度来考察自觉能动性,而且从马克思主义哲学的根本特征出发来考察自觉能动性,这就提供了人的本质力量的最重要的确证。由此可见,自觉能动性是马克思主义哲学最一般的范畴。

可见,意识能动性、主观能动性和自觉能动性这 3 个范畴,并不是意义

① 《毛泽东选集》第 2 卷,人民出版社 1991 年版,第 477 页。
② 《列宁全集》第 38 卷,人民出版社 1959 年版,第 228 页。

相同的一个范畴，我们不能把它们等同使用。当然，这3个范畴又是互相联系的，意识能动性可以说是主观能动性的集合，是全人类的主观能动性，因而是一般意义上的主观能动性。主观能动性可以说是意识能动性的部分，是实践主体的意识能动性，因而是具体意义上的意识能动性。自觉能动性无论从一般和具体意义上讲，都是意识能动性和主观能动性的根源和基础。从一般意义上讲，自觉能动性是人类的本质力量的表现，它把人和动物区别开来。从具体意义上讲，自觉能动性的发挥产生了主体的主观能动性，并从而包含和实现了主观能动性。而无论在一般和具体的意义上，自觉能动性都把物质和意识、主体和客体、主观和客观联系起来、沟通起来，实现了人和世界的统一。这就是马克思、毛泽东如此重视实践的能动性或自觉能动性的根本原因。

因此，马克思哲学主义视域中的人的主体能动性指人对自身作为对象性活动主体的本质、地位和价值的自觉性认识活动，以及由此形成的能动地认识和改造客观世界及自身的实践理念。即，人意识到自己是作为主体性而存在的，自觉主动地根据自主地挖掘和发挥自己的内在本质力量和创造力去面对和解决自己的存在和发展的问题。

主体能动性是与受动性相对的，不过却是以受动性为基础的，因此，能动性是一种受动的能动，是主体对客观世界的一种积极主动的反应。能动性是主体的根本性质，也是人活动的根本特征。因此，不言而喻，主体应具有能动性，主体性包含了能动性。

实践活动赋予人类3个方面的能动性。一则，从主体被客体改造的角度来说，人们在实践基础上拥有认知能动性，它的指向目标是求真。事物的本质与规律隐藏于现象中，人们只有充分发挥主体能动性，才能透过现象揭示本质。二则，从客体被主体改造的角度来说，人们在实践基础上拥有价值能动性，它的指向目标是求善。事物不会自动满足人的需要，人们只有充分发挥主体能动性，通过实实在在的行动，利用规律和条件，才能改造世界。三则，从主体与客体统一的角度来说，人们在实践基础上拥有审美能动性，它的指向目标是求美。“美”是实践活动合目的性（主体尺度）与合规律性（客体尺度）的统一。马克思说：“动物只是按照它所属的那个种的尺度和需要来建造,而人却懂得按照任何一个种的尺度来进行生产,并且懂得怎样处处都把内在的尺度运用到对象上去;因此,人也按照美的规律来建造。①”

主体能动性的发挥,正如恩格斯所说的,一是有意识的,二是凭借着激情,三是具有追求某种目的的意志。这知、情、意三个方面共同驱动着人的行为,构成了人类特有的能动活动。再进一步说,主体的能动认知,能动情感,能动意志和能动行为构成了主体能动性,其中,能动性情感主要起发动激活作用,能动认知主要起指导指挥作用,能动意志起坚持驱动作用,能动行为起现实完成作用,主体能动性是缘情而动,因知而明,依意而立,由行而成②。

二、大学能动性与现代大学能力

大学作为一个“存在时间超过任何形式的政府,任何传统、法律的变革和科学思想,因为它们满足了人们的永恒需要。在人类的种种创造中,没有任何东西比大学更经受得住漫长的吞没一切时间历程的考验”③。那么到底是什么样的性质和作用使得大学能长久存在呢?我们认为,其实就是大学的能动性。大学由人组成,人的能动性可以转化为大学能动性。大学的能动性就是指大学作为类存在物进行有意识、有目的、自由自觉地知识实践活动,是大学及大学成员积极主动地认识世界和改造世界的属性,也是以客观世界为基础的一种积极主动的反应。大学的能动性从根本上主要体现为大学的创造性能力、批判性能力和引领性能力上。

(一)大学的创造性能力——能动性的基础和核心

人的能动性是有目的的,人的目的性活动使人的行为表现出巨大的创造性,马克思主义历来重视人的能动性中的创造性因素。马克思说:“创造

---

① 《马克思恩格斯全集》第42卷,人民出版社1979年版,第97页。
② 罗宁生:《论主体能动性的构成和层次》,《求索》1991年第3期,第56—59页。
③ [美]约翰·S.布鲁贝克:《高等教育哲学》,浙江教育出版社2001年版,第30页。

是一个很难从人民意识中排除的观念”，人类“通过实践创造对象世界，即改造无机界，证明了人是有意识的类存在物”①。实践是创造性的活动，人之所以成为主体，从根本上来说，就是这种创造活动决定的。列宁谈到创造性在能动性中的地位时说：“人的意识不仅仅反映客观世界，并且创造客观世界。”②因此，能动性必然包含创造性，“主体能动性的根源就是认识主体的创造性活动”③，创造性是能动性的基础，同时也是核心。今天，“自然界的人化”或“人化的自然”是人的创造性的有力见证。没有人的创造性，就不会有人类的文明史。

大学是智慧的宝库，学者荟萃的地方，也是研究学问、追求真理的场所。因此，大学在知识上追求“创造性的学问”，在人类不断地进步、创新和突破历程中，大学及大学成员扮演了极其重要的角色。因此，大学的创造性能力是大学能动性的基础和核心，也是大学对社会和人类发展所起作用的主要表现。

不过，能动地创造也要受动为基础。马克思指出：“人们自己创造自己的历史，但是他们并不是随心所欲地创造，并不是在他们自己选定的条件下创造，而是在直接碰到的、既定的、从过去承继下来的条件下创造。”④

（二）大学的批判性能力：能动性的工具和表现形式

批判是一种思维方式，属于意识。要理解批判一词，就要从康德说起。康德的《纯粹理性批判》、《实践理性批判》及《判断力批判》实际上是就人的认识能力问题在哲学领域发动了一场哥白尼式革命。他说：“我们这个时代可以称为批判的时代。没有什么东西能够逃避这个批判的。宗教企图躲在神灵的后面，法律企图躲在尊严的后面，而结果正引起人们对它们的怀疑，并失去人们对它们的真诚尊敬的地位。因为只有经得起理性的自由、公开检查的东西才博得理性的尊敬。”⑤

---

① 《马克思恩格斯全集》第 42 卷，人民出版社 1979 年版，第 129、96 页。

② ［苏］列宁：《哲学笔记》，斯大林著作编译局译，人民出版社 1998 年版，第 228 页。

③ 滑云龙：《康德主体能动性探源》，《山西大学学报（哲学社会科学版）》1992 年第 2 期，第 106 页。

④ 《马克思恩格斯选集》第 1 卷，人民出版社 1995 年版，第 585 页。

⑤ ［德］康德：《纯粹理性批判》，蓝公武译，商务印书馆 1957 年版，第 3 页。转引自郭树勇：《国际关系研究中的批判理论：渊源、理念及影响》，《世界经济与政治》2005 年第 7 期。

马克思哲学继承并发展了康德的批判哲学，将其批判精神与对理性的限制加以发扬，摒弃了康德哲学中的唯心主义，同时批判地继承了黑格尔法哲学以及青年黑格尔派鲍威尔、施蒂纳（Max Stirner）等人的批判哲学，承认异化对人产生的束缚，承认权威对人的约束，承认精神自由是人的解放的重要前提，并且承认人通过批判理论可与自身的本质结合在一起。不过，马克思的批判哲学既是一种批判哲学，又是一种实践哲学，它明确指出人的解放要以消灭私有制为最终过程，于是在马克思那里，"对天国的批判变成对尘世的批判，对宗教的批判变成对法的批判，对神学的批判变成对政治的批判"①。这种实践哲学成为最高意义上的批判哲学。作为主体，其能动性必然体现出批判性，原因如下：

首先，人的能动性是有意识的、自觉的。自觉是理性的。理性一向以批判性著称，批判则应是一种理性的批判。大学能动性的自觉体现在大学对自然、社会规律的理性认识和理性实践中，因此，大学能动性发挥应以批判性为工具。

其次，创新离不开批判精神的支持和帮助。在面对旧思想、旧观念和旧技术时，创新者要破旧立新，实现理论突破和技术革新，就必须具有独立思考、敢于怀疑的胆略；具有寻根究底的强烈好奇心和舍我其谁的高度自信心；具有不唯书、不唯上，只唯实的科学精神；具有善于批评和自我批评的勇气。这就是典型的批判精神。没有批判精神的介入、驱动、引导和激励，创新意识就难以孕育成型，创新过程就不能启动并持续下去，创新成果也就不能最终完成。科技史上数以万计的发明创造，都离不开创新者的批判精神。在教育中，特别是大学，没有批判不可能有创新的，更不可能有革命性的创新，从而不可能具有能动性。

大学是研究和传播科学的殿堂，因此大学是追求真理的地方。我国著名教育学家朱九思先生在总结了自己46年的大学办学和育人实践后指出，大学生命的真谛是学术自由，追求真理。耶鲁大学第9任校长小贝诺·施

① 《马克思恩格斯全集》第3卷，人民出版社2002年版，第200页。转引自郭树勇：《国际关系研究中的批判理论：渊源、理念及影响》，《世界经济与政治》2005年第7期。

密特德(Benno C.Schmidt Jr.)也强调:大学的意义及价值在于追求真理。德国当代著名教育思想家雅斯贝尔斯(Karl Theodor Jaspers)精辟地指出:“大学是个公开追求真理的场所,所有的研究机会都要为真理服务,在大学里追求真理是人们精神的基本要求,因此,它给大学带来了勃勃生机,是大学进步的条件。”

对真理的追求就需要以理性批判为基础,理性批判在于求真。康德认为,理性的批判是科学与宗教得以产生的基础,科学是对理性的合理批判。法国哲学家库辛有句名言:“批判是科学的生命。”英国哲人科学家皮尔逊发出振聋发聩的议论:“在像当代这样的本质上是科学探索的时代,怀疑和批判的盛行不应该被视为绝望和颓废的征兆。它是进步的保护措施之一,我们必须再次重申:批判是科学的生命。科学的最不幸的前途也许是科学统治集团的成规,该集团把对它的结论的一切怀疑、把对它的结果的一切批判都打上异端的烙印。”因此,批判是科学的生命,也是大学的生命。

美国教育家赫钦斯认为大学具有一种强烈而严肃的使命,这就是思考。大学是独立思想的中心,也是一个批判的中心。[①] 在他看来,自古以来产生的各种组织机构中,只有大学是一个独立思考的中心,是一个批判的中心。

(三) 大学的引领性能力:能动性的目的和终极意义

批判的目的在于追求真理,更在于创造,而这些都旨在引领社会和人类的发展。因此,大学的引领性就成为了能动性的目的和大学存在的终极意义。竺可桢曾曰:“大学犹海上之灯塔,大学是社会之光,不应随波逐流”,就是指大学需要以社会发展为导向批判社会,主动塑造和引领社会精神,引导社会良知。怀海特也曾说:“大学造就我们文明的知识先驱:律师、政治家、医生、科学家和文人学者。大学一直是引导人们面对他们时代的混乱的思想之家。”因此,“大学不能遗世独立,但却应该有它的独立与自主;大学不能自外于人群,但却不能随外界风向而盲转、乱转。大学应该是‘时代之

---

① Robert Maynard Hutchins, *The University of Utopia. Chicago*, The University of Chicago Press, 1936, p.86.

表征’，它应该反映一个时代之精神，但大学也应该是风向的定针，有所守，有所执著，以烛照社会之方向。”①因此，大学不是消极地顺应时代，屈从于一时一利，相反，它更期望被视为一盏明灯，引领人们超越时代和社会的局限，对现实秉有一种理性的批判精神，引领人类社会的未来。

赫钦斯也提出：大学应服务社会，抑批评社会？大学应仰赖于人，抑能独立自主？大学是一面镜子还是一座灯塔？应解决国家当前的实际需求，抑其主要职责在传递及推广高等文化？他认为大学应当充当后者的角色，大学应是灯塔而不是镜子，大学的根本任务在于成为真正的学术中心和创造性思想的家园，现代大学在现代社会的功能在于独立思考和批评社会，成为知音社会发展方向的灯塔，保证社会及其成员在日益纷杂的现代社会循依健康文明的发展方向。在所有的社会机构中唯有大学是一个独立思想的中心，是一个批判的中心，是掌握那些寻求建立理想思考的基本原理的地方。大学的理想就是保持必要的乌托邦精神，超越现实生活而朝向人类理性的目标。

布鲁贝克曾说道：上大学已经成为现代人的一种生活方式，而且人们向它探求的不仅是知识，不仅是关于社会政治、经济发展的重大判断和决策，还包括对人类命运的信念，包括关于如何区分善恶、真理和谬误之类的问题。大学同时也成为“社会的良心”，通过吸收知识和运用知识来拯救自己，成为现代社会“世俗的教会”。②

大学的人文精神使大学成为社会守望的灯塔；科学理性使大学成为知识的源泉、学问的中心；深思批判使大学具有独立的意识和地位；创新求变使大学能引领时代的步伐，成为社会发展的动力。现代大学绝不仅仅是适应社会，为社会发展服务，还要发挥创造性，发扬学术批判精神，引导社会前进，充分发挥大学的能动性。

通过以上的分析，我们认为，大学能动性的含义，即大学作为社会的良心和灯塔，通过发挥批判和引领功能，能对人类社会的政治、经济、科技、文

---

① 金耀基：《大学的理念》，生活·读书·新知三联书店1995年版。

② ［美］约翰·S.布鲁贝克：《高等教育哲学》，浙江教育出版社1987年版，第130—134页。

化、社会等领域产生积极的创造性的能动影响，从而促进人类社会进步的特性。大学能动性功能的发挥主要是依赖知识的发现、传播和应用实现的，也即大学的人才培养、科学研究和社会服务三大基本功能。

三、大学能动性的历史贡献

自意大利的博洛尼亚在 1150 年时获得大学身份算起，大学已经有 900 多年的历史。回顾过去的历史，哪里有世界一流大学的兴起，哪里就有民族的兴旺、世界一流国家的崛起。

在 11—12 世纪，当现代大学的前身在意大利半岛出现之后，意大利随后就是文艺复兴的基地。而且最早的城邦资本主义经济的兴起地便是在意大利的威尼斯、热那亚、佛罗伦萨①。当近代大学转而在英国兴起的时候，很快地，英国就成为全球领导第一次工业革命的国家。位于大巴黎的那一串名校，为拿破仑(Napoléon Bonaparte)的武功文治、革命大业、帝国辉煌提供了思想的、技术的、艺术的支持。当 19 世纪研究型大学的观念从德国萌发的时候，德国接着成了第二次工业革命最重要的国家。我们可以看到，在那个时代的欧洲，如果一个国家拥有一所或几所著名的大学，那么它在物质财富和精神财富的创造上一定是为邻国所羡慕的。到了 19 世纪末 20 世纪初，美国把欧洲古老大学的好传统综合在一起，又配上了美国本身的特点，创造了典型的美国高教体系。当它把英国的教化型的博雅学院、德国的研究型大学和美国的专业学院三者融合一体以后，世界也就进入了所谓的“美国世纪”。这些大国的崛起都离不开大学的坚实支撑，也彰显了大学强大的能动性。

（一）中世纪大学能动性与能力考察

中世纪大学不仅具有职业性，为教会和世俗的管理和统治培养其所需人员，而且“大学也培养出社会舆论的制造者、法学家、哲学家、逻辑学家和

① ［法］费尔南·布罗代尔：《15 至 18 世纪的物质文明、经济和资本主义》，生活·读书·新知三联书店 1992 年版。

神学家,他们对中世纪文化领域的发展和繁荣做出了积极的贡献。在这方面,人们也许会注意到罗马法和教会法学家的成就,他们对欧洲政治和法学理论的影响是不可估量的。人们也会注意到,在不断地寻求大量的普遍性的综合性知识的过程中,神学家和哲学家在调和亚里士多德和基督教思想中的极端成分方面所做出的努力。人们也会关注在自然科学和真正的现代科学研究方法的形成方面的先驱性的工作。""自 13 世纪以来,大学一直是欧洲各时期有争议的政治和神学问题公开辩论的传声器:一种共同的大学舆论决不是无足轻重的。"①

在公共事务上,中世纪大学像现代大学一样发挥着重要的作用,甚至在某些方面,其影响胜过现代大学。中世纪大学曾与神圣罗马帝国和教皇统治制度一道,组成了一个国际性的法庭。在 14 世纪后期,巴黎大学在结束分裂教皇统治的大分裂运动中起了带头作用。它被查理五世称为"国王的大公主",在神学事务中扮演国际仲裁人的角色。

早期的中世纪大学也是令人兴奋的知识中心,牛津大学第一任校长格罗斯泰斯特(Robert Grosseteste)兴趣广泛,对医学、天文学、哲学、历法等均有涉猎,其学生有著名的科学家罗吉尔·培根(Roger Bacon)等名流。关于大学在培养人才方面的历史贡献,科班(Alan B.Cobban)写道:"总的来说,中世纪大学培养的毕业生既能胜任专门化的职业工作,又是社会有用的成员:他们构成了中世纪社会劳动力的精英。他们是舆论的制造者,是引导社会力量的必不可少的支柱。中世纪大学毕业生提供了受过训练的头脑,它们将影响政治观点和形成教会的政策。在对中世纪社会具有根本作用的意识形态斗争领域,大学培养的有才干的人才所具有的创新才能有了施展的机会。"②

中世纪大学发挥了强大的能动性,其批判性、创造性和引领性充分发挥,对发展科学和知识,推动人类文明进步做出了巨大贡献。大学活跃了当

---

① Alan B.Cobban, *The Medieval Universities: Their Development and Organization*, Loudres, Methuen; New York, Barnes & Noble, 1975, p.234.

② Alan B.Cobban, *The Medieval Universities: Their Development and Organization*, Loudres, Methuen; New York, Barnes & Noble, 1975, p.234.

时的思想文化活动,促进了城市的发展和繁荣,在一定意义上为文艺复兴和宗教改革作了准备。

(二) 文艺复兴、宗教改革时期的大学能动性与能力考察

中世纪后期,欧洲大学日趋保守,由经院哲学把持的大学课堂几乎拒绝一切新知识,大学严重滞后于时代发展的要求。14 世纪初叶,随着文艺复兴运动的兴起,在人文主义思想的冲击下,各国大学先后发生了相应的变革。不过一般认为:文艺复兴运动并没有真正地改革大学。相反,文艺复兴运动及一些人物却是大学的教授或是大学培养的。许多伟大的学者和改革家都是在大学成长起来的,如但丁(Dante Alighieri)、彼得拉克(Francesco Petrarca)、薄伽丘(Giovanni Boccaccio)、伊拉斯谟(Desiderius Erasmus)、路德(Martin Luther)、加尔文(Jean Chauvin)等等。在德国,文艺复兴运动就是从大学开始的,一些卓越的德国人文主义者如梅兰希顿(Melanchthon Philipp)这样的大学教授,在路德派的宗教改革中发挥了积极的作用。

宗教改革的肇始源于 1517 年德国维滕贝格大学教授马丁·路德(Martin Luther)的"九十五条论纲",名之为《关于赎罪券的功效》(Disputatio pro declaratione virtutis indulgentiarum),痛斥德国贩卖赎罪券的教皇特使特策尔之流的卑劣行径,要求公开辩论赎罪券的功效问题,直接点燃了宗教改革的导火索。可见,宗教改革运动从一开始,就与大学密切相关。不过,其实在路德之前大学教师和毕业生就已经对教会提出过明确的挑战。早在 14 世纪,牛津大学教授威克里夫(John Wycliffe)将《圣经》译为英语,并呼吁更多个人与上帝直接对话,他吸引了众多的追随者,被誉为宗教改革运动的先驱之一。他的思想很快传播到波希米亚(捷克),布拉格大学神学院院长、后又任该大学校长的胡斯(Jan Hus)发起了一场全国性的宗教改革运动。在路德之后,以埃克博士为首的戈尔施塔特大学和以路德为首的维滕贝格大学之间展开了激烈的辩论,埃克在辩论中提出的尖锐问题更加坚定了路德的立场,并走向了与罗马教廷彻底决裂之路。这样,一场全国性的宗教改革之火就在大学点燃了。

在整个欧洲,大学人士在宗教改革中都发挥了领导作用,曾就学于维也纳大学和巴塞尔大学的茨温利(Huldrych Zwingli)是瑞士宗教改革运动的

领袖人物。曾在巴黎大学学习的约翰·加尔文是法国和瑞士最具影响力的宗教改革家,他的大学背景有助于解释他为什么能够对宗教改革的神学文化做出重要的智力解释。在当时的英格兰,大学人士在宗教改革中也发挥着举足轻重的作用。由于对路德派观点的兴趣,剑桥大学一群青年学者定期在白马旅店聚会,聚会者包括克莱尔学院的拉蒂默(Hugh Latimer)、刚刚从牛津大学来剑桥的人文主义者廷德尔(William Tyndale),以及奥斯汀隐修院(Austin Friars)的科弗达尔(Miles Coverdale)。其他成员还有巴恩斯(Robert Barnes)、比尔尼(Thomas Bilney),以及后来英格兰教会中的泰斗级人物克兰麦(Thomas Cranmer)。这个激进的圈子因倾向新思潮,被称为"小德意志",当中许多人后来都为宗教而献身。

文艺复兴和宗教改革对人类文明的推动作用巨大,"从以封建制度为基础的中世纪国家,过渡到以民族文化和民族教育的利益为基础的现代国家,如果没有文艺复兴运动,也同样是不可想象的事。从中世纪末叶到现代历史时期的开始,这一百五十年间,文化与科学在广度方面的迅速发展,学术与教育在推行的范围方面的不断扩大,都应毫无疑义地归功于宗教改革运动",而这些当中都彰显了大学及大学人的巨大能动性,大学的批判性、创造性和引领性非常突出。

(三) 近代(1640—1917 年)欧洲大学能动性考察

总体来说,17、18 世纪大学的能动性相对不明显,对社会发展起的能动作用相对较少,19 世纪之后能动性则体现得相对明显。

16—18 世纪英国的科学革命为工业革命奠定了科学基础。而引发和领导科学革命的人不少是牛津大学、剑桥大学的毕业生和教授。例如,曾在剑桥学习法律,被马克思称为"整个现代实验科学的真正始祖"的培根,他提出的实验归纳的方法论在解放人们思想方面发挥了巨大作用。牛津大学教授波义尔(Robert Boyle)发现了胡克定律,他对真空的研究促进了流体力学的发展,为 17 世纪蒸汽机的发明奠定了理论基础。剑桥大学教授牛顿(Isaac Newton)创立了经典力学体系,被誉为现代科学之父。科学革命培养了人们重视实验,对事物进行量化分析,激发了人们探索自然的兴趣,为工业革命提供了良好的社会氛围,间接对工业革命产生了影响。英国皇家学会集中了一批当时最优秀的科学家，而这些科学家大都来自牛津或剑桥，如波义尔、雷恩（Christopher Wren）、哈雷（Edmund Halley）、牛顿等，1663 年，学会 115 名会员中有 65 位是大学的成员。皇家学会将科学家组织起来，为英国工业革命发挥了鸣锣开道的作用。

牛津大学对当时工业发展有一定的直接推动作用。拜都斯的助手詹姆斯·萨德勒（James Sadler）掌握了用氢气注气球的方法并乘气球飞行，成为英国第一个太空人。他后来成为海军总司令部的技术顾问，他对加农炮和小型武器的研究在英法战争中发挥了巨大的作用。爱德蒙·卡特莱特（Edmund Cartwright），1764 年被选为莫德林学院的院士，1785 年发明了动力织机，使织布工效提高了 40 倍，1789 年他又发明了毛纺发动机。高尔温·奈特（Gowin Knight）也来自莫德林学院，他为海军司令部制造了强大的磁铁。苏格兰的格拉斯哥大学培养了很多有影响的人物，其中最著名的是亚当·斯密（Adam Smith）和瓦特（James Watt），前者是古典政治经济学的杰出代表，他提出的自由放任主义在工场手工业向工业资本主义过渡时期对经济的发展起了促进作用；后者是蒸汽机的发明者。蒸汽机的发明是科学技术史上划时代的成就，极大地推动了机械化的进程，促进了工业革命的发展。牛津大学所在的牛津郡 19 世纪 60 年代还是以农业为主，工业只处于辅助地位。但最近的一项研究表明，英国所有的高科技公司当中，有 80%是牛津毕业生创办的。牛津的经济水平也高于全英国平均水平。

在启蒙思想和法国大革命之前，当德意志遭受外来侵略时很少有人认为德意志是他们的祖国。到了 19 世纪初，一些受法国革命影响颇深的知识分子，如歌德（Johann Wolfgang von Goethe）、康德、席勒（Johann Christoph Friedrich von Schiller）等人，民族意识开始崛起。德国当代史学家维纳·洛赫说：法国革命的榜样在德意志精神生活的古典作家中唤醒了克服本民族分裂状态的愿望。他们用他们的语言和作品从根本上促进分离的德意志民族各部分之间互相联系起来。他们于是使构成民族的一个决定性特征，即共同的文化成为现实。① 这种民族意识主要是文化上的而非政治上的。并

① ［德］维纳·洛赫：《德国史》，生活·读书·新知三联书店 1959 年版，第 113 页。

将这种文化上的民族主义转化为政治上的民族主义。在法国入侵，德意志民族面临生死存亡的关头，一批文人学者号召抵抗拿破仑的入侵，鼓吹爱国主义。如，1807 年费希特《告德意志国民书》系列演讲，内容涉及德国民族的历史和政治、宗教、文艺等领域的成就，激发德意志民族精神和意志，认为振兴垂危的国家必须发扬国民的理性，号召教育复国、教育救国、教育强国。他的演讲极大地震撼了国人的心灵。在丧权辱国、濒临灭亡之际，为了救亡图存，专制的统治者不得不做出改革的决定，对行政、军事、教育等诸多领域进行了改革，而洪堡的教育改革和柏林洪堡大学的创建也是其中的重要一环。

柏林洪堡大学正是在德意志民族和国家处于最困难的时候开办的。1806 年 10 月 14 日，普鲁士军队在耶拿城被拿破仑击败，法国胜利者关闭了耶拿和哈勒大学。1807 年一个来自哈勒的前大学教师代表团向国王请求在柏林重建他们的大学，得到了弗里德里希・威廉三世的同意。国王认为，必须用脑力来弥补在物质方面所受的损失。而柏林大学的创办正体现了这种思想。柏林大学一开办就体现了与传统大学不同的风貌，科学研究成为大学的重要职能，尊重自由的学术研究是柏林大学的精神主旨，洪堡“为科学而生活”成为新大学的理想，柏林大学带动了 19 世纪整个德国大学改革运动，甚至使 19 世纪的德国成为世界学术中心，也成为世界科学中心、技术中心和经济中心。德国一跃成为世界现代大学的楷模。正如汤浅光朝所言：“19 世纪德国科学的黄金时代在很大程度上取决于德国大学的近代性质。”①“德国科学的中心在大学之中。”②19 世纪 70 年代，德国技术学院与工业的合作大获成功。技术学院对德意志帝国时代的工业发展做出了重大贡献。1898 年德国最有名的工业公司的 105 个事业所有 3281 名技师，其中 1124 人为技术学院毕业生，占 34%。③ 1913 年德国机械输出额

① [日]汤浅光朝：《德国科学三百年》，《科学史知识》1985 年第 4 期。

② [英]梅森著：《自然科学史》，上海外国自然科学哲学著作编译组译，上海人民出版社 1977 年版，第 329 页。

③ 日本世界教育史研究会编著：《六国技术教育史》，李永连等译，教育科学出版社 1984 年版，第 236 页。

已超过英、美,居世界首位,并赢得了“机械之国”的美誉,这些都是与技术学院的作用分不开的。

(四) 现代(1917 年—)大学的能动性与能力考察

中国的教育制度在清末的新政中学习西方及日本学制而改革。到了民初,高等教育获得进一步的发展。尤其是北京大学,在校长蔡元培的领导下,引进了开放的学风,提出了“思想自由,兼容并包”的办学方针,李大钊、陈独秀、章士钊、胡适、辜鸿铭(英国文学)、刘师培、鲁迅(周树人,教中国小说史)、钱玄同(教音韵学)、吴梅(教戏曲史)、刘半农(教新文学)等被聘请于北大任教,同时培养学生独立自主开放进步的思想和精神,这种思想和精神成为五四运动的重要动力。

1919 年 5 月 4 日,五四运动爆发。在巴黎和会中,中国政府的外交失败,直接引发了中国民众的强烈不满,从而引发了五四运动。北京大学等 13 所大专学校 3000 多人在天安门前集会,随后举行示威游行。北京学生的爱国运动,得到了全国各地青年学生和人民群众的同情和支持,学生爱国运动的烈火迅速燃遍全国,发展成为全国性的反帝爱国运动。五四运动从形式上是中国学生的爱国运动,但从整个社会背景社会发展来说,它是大学对当时社会的批判和发展方向的引领,极大地体现了大学的能动性,它除了对高等教育本身的发展有重要的作用外,还影响波及了中国思想文化、政治发展方向、社会经济潮流。

二战后美国联邦政府延续了战时对研究型大学科学研究工作的资助、协调传统,并颁布了一系列政策支持和法律保障,为研究型大学提供了适宜的发展空间。研究型大学拥有一批一流水平的科研人员和高水平的实验室和实验设备,借助于知识创新和科研成果,尤其是在基础研究领域所获得的突破性进展,积极投身于国家发展和社会进步,对国家科技、经济、综合国力的提高有重大贡献。例如,二战期间麻省理工学院在雷达方面的科研工作在某种程度上直接影响了战争的结局。此外,用于潜艇的自发式导航系统、洲际导弹、中程导弹,阿波罗指挥和登月舱的导航系统等均出自麻省理工学院的科研成果,包括麻省在内的一批著名研究型大学在直接服务于战争需要的科学研究领域做出了巨大贡献。

另外,美国大学为国家培养了大批具有创新才能的高级人才。美国政府十分重视教育和人才培养。1995 年,美国颁布了“教育与培训战略计划”,反映了政府将培养 21 世纪的杰出科学家和工程师,以及提高全体国民的科技素质当作确保美国在 21 世纪领先世界科技的重大措施。大学是培养和造就富有创新意识和能力的高级人才的摇篮,美国众多的研究型大学更是将造就英才当作自身的办学目标,从这些学校走出去的学生很多成为了美国的政治领袖、经济泰斗、学术大师、科技精英、跨国企业的领导者等世界范围内的杰出人物。美国大学十分重视在校学生创新能力和个性的发展,优秀的师资和宽松民主的学术氛围为学生的成长提供了有利的帮助。1993—2000 年,美国获诺贝尔奖的 51 人中,有 47 人来自于一流研究型大学。截至 2000 年,在诺贝尔奖设置百年的历史中,美国获诺贝尔科学奖的 204 人中有 170 人获奖时(或退休前)是大学教授,占获奖总人数的 83.3%;获奖时虽然不在大学任教,但在获奖前后有大学任教经历的有 24 人,占获奖总人数的 11.8%;只有 10 人无大学工作的经历,占获奖总人数的 4.9%。在这些名师的指导下,美国大学培养的大批创新型人才为国家创新体系做出了巨大的贡献。目前,美国的大学拥有全国 60% 的科学家和工程师,1901—1998 年,美国诺贝尔奖获得者共 188 人,其中 90% 是在大学里工作的。

美国的创新特色主要体现在 3 个方面:硅谷效应、大学主导的知识创新、军民结合的工业体系。美国大学在国家创新体系中担负着重要的角色,是美国知识创新的主导。如前所述,美国大学承担着国家大部分的基础研究工作,而基础研究带有源头创新的特点。只有重视基础科学研究,才能永远保持自主创新的能力。谁重视了基础科学研究,谁就掌握主动权,就能自主创新。美国基础研究的成就,不仅使美国科学活动中心的地位更加巩固,而且也为美国的技术进步提供了不竭的动力。据美国有关资料统计,20 世纪初,科技进步对经济增长的贡献率为 5%—20%,20 世纪中叶上升到 50% 左右,20 世纪 80 年代则上升到 60%—80%,大大超过资本和劳动力的贡献。战后美国的经济增长,50% 以上归于科技创新及由此而出现的高新技术产业,而美国科技创新的最主要力量就是高等院校。美国几个占有优势地位的高技术领域如生物技术、第五代计算机和人工智能等领域，都是以大学的高技术研究力量作为支撑基础的。其中，从21世纪60年代至70年代的空间技术，到80年代高科技产业的发展，美国研究型大学起了关键作用。另据统计，影响人类生活方式的重大科研成果有70%诞生于美一流研究型大学。如哥伦比亚大学建立的原子反应堆，对核子能发展做出了巨大贡献，同时在世界上首次成功地进行了对癌的血液试验、激光的临床应用和基因异细胞移植；芝加哥大学物理学家建立起了世界上第一座核子连锁反应堆；普度大学是最早从事人造卫星研制的一个中心，它对美国的宇航事业做出了杰出贡献；加利福尼亚大学曾参与第一颗原子弹和第一颗氢弹的研究试制工作等等①。因此，大学是美国成为世界科技中心的重要原因之一。

二战后日本经济的迅速恢复和发展也得益于日本高等教育的发展。在二战中战败的日本，经过短短的几十年时间，便成为世界上的超级经济强国。促使战后日本经济迅速恢复和发展的原因有很多，然而教育的作用却是其中最根本的因素。正如日本前文部大臣永井道雄所说："日本经济之所以能够迅速发展，可以举出多种原因，诸如战败后实现了设备更新；在朝鲜战争和越南战争期间给美国提供了军需以及国民的勤劳和储蓄习惯等等。实际上，最主要的是因为民族国家所教育出来的一亿日本人没有流向国外，而留在日本列岛，并对国家经济的恢复和发展作出了贡献。"日本前文部大臣荒木万夫也曾指出："从明治以来，一直到今天，我国社会和经济的发展，特别是战后经济的发展非常惊人，为世界所重视，造成此情况的重要原因，可归结为教育的普及和发展。"美国著名发展经济学家舒尔茨(Theodore Schultz)说："战后日本物质资本存量几乎荡然无存，但其国家财富中的重要部分——具有知识水平的人还大量存在。"目前，日本已成为世界第一大专利申请国，仅2005年即收到427078份专利申请。在基础研究方面，日本研究型大学也为人类做出了巨大贡献。在日本获诺贝尔科学奖的9位学者中，有6位是来自研究型大学的教授，从而使日本跻身于基础研究先进国家的行列。

① 岑建君：《美国大学生出国留学人数与日俱增》，《世界教育信息》1999年第4期。

通过以上对大学能动性的历史分析,可以看出在不同的历史阶段,各大学确实存在着不同程度上的能动性,具有不同程度的批判性、创造性和引领性,对经济、科技、文化、社会进步、人类发展存在着积极的能动影响。如中世纪欧洲大学对文化繁荣、宗教改革的创造和引领功能;英国、德国、美国大学对工农业发展的创造和引领功能;美国、法国大学对国际竞争、国家发展的引领功能;大学在苏联的十月革命和反法西斯战争中的批判功能;中国、德国大学对民族进步的引领功能。同时,我们也可以看到,一流大学在哪里,科技前沿就在哪里,世界重心就在哪里。18 世纪以前,世界科技的中心在英国。但是,凭借着一批高水平研究型大学的崛起,德国在 19 世纪挺身而出,站在了世界科学技术发展的最前沿。从 1864 年到 1869 年,世界生理学的 100 项重大发现中,德国占了 89 项;从 1855 年到 1870 年,德国共取得 136 项电学、光学、热力学重大发明,而英、法两国合计为 91 项。截止到 1869 年,德国共取得 33 项医学发明,英、法两国合计为 29 项。世界科技中心由英国转移到德国,世界重心也由英国转移到德国。经历了两次世界大战之后,世界科技中心又由德国转移到美国,因此,大学能动性的发挥对于人类社会的发展至关重要。

第四章　中国大学主体性发展的现状与特征

大学的理想始终是对现实的“超越”，需要大学共同坚守。大学作为社会组织需要充分发挥自身主体性，自觉抵御各种诱惑和企图，为理想而奋斗，用理性来战胜功利和庸俗。当前，中国社会正处于发展转型和建设创新型国家的关键时期，人们对大学寄予极大的期望，希冀大学发挥众多的社会功能，但是由于特殊的体制及特殊的经济社会结构，中国大学的主体性一直没能得到应有的彰显，越来越被行政化、庸俗化、功利化所羁绊，以致离理想越来越远。可以说，如何有效地建设中国特色的大学主体性是我国现代大学制度建设进程中最为重要的一个问题。

第一节　中国大学主体性的发展历程

中国大学主体性在不同的历史时期呈现出不同的历史特征。在西方大学理念传入中国之前，中国封建社会存在 4 种高层次人才培养机构：1. 以培养封建国家行政官员为任务的中央官学（太学）；2. 以训练法律、科技和艺术专门人才为目标的中央专科学校；3. 以传递经学、科技和文化为宗旨的私人授徒及家学；4. 以培养学术人才为宗旨的书院。这些机构受封建社会王权管理，它们的主要职能是培养封建社会的统治者及其下属的政务官，以便维护封建统治。洋务运动以后，清政府先后在全国开设了一批学习“西文”“西艺”的新式学堂，它们是实施外语、军事和科技教育的专科学校。1898 年京师大学堂的成立，标志着我国以西方大学理念为基础的近代大学教育的开始。著名教育家蔡元培在任北京大学校长期间，主张把大学办成研究高深学问的机构,奠定思想独立、学术自由、兼容并蓄的价值,以及“教授治校”的制度,实行民主办学。从而实现了北京大学从官僚养成所向现代大学的转变。与蔡元培一样,东南大学校长郭秉文主张学者治校、学术自由。根据 1924 年东南大学章程,该校的最高领导机构为校董事会,负责决定学校的重大事务,审核学校预算决算,决议学校各系科的废举,向教育部推举校长人选等。董事会由政府官员、工商业人士及社会其他方面的教育专家组成①。之后,20 世纪 20 年代教会大学在中国得到了迅猛发展,这些大学引入西方的大学体制,与政府保持一定的距离。大学主体性在当时特殊的环境下以特殊的形式体现出来。

一、制度变迁与大学主体性发展

新中国建立以后,中国大学自主性经过从对解放前大学制度的改造、模仿学习苏联高等教育发展模式,到自我探索,再到改革开放的洗礼,在这些不断的改革和发展过程中,形成独具特色的制度环境。建国初期,受苏联大学理念的影响,我国建立了以苏联模式为基础的大学体系,强调大学要适应工业化建设的需求。为了更好地适应社会主义大规模的有计划的建设目标,国家对大学进行了以国有化为核心内容的改造和接管,国家和政府的权力开始全面进入大学内部,大学的主体性在当时特殊的环境下不得不让位于国家整体的经济和政治建设的整体目标。从 1950 年《高等学校暂行规程》出台,到 1961 年 9 月《高教六十条》发布,在这期间,通过种种法规和条例,政府逐步加大对大学事务的决策权,将原先大学内由教师群体组成的评议会或教授会负责的,有关学科设置、学位发放、教学科研、教师职称晋升与聘任等事务改为由政府统一决策。1961 年的《高教六十条》规定了大学实行党委领导下以校长为首的校务委员会制,党务系统进入大学,并掌握了最高决策权,进一步增强了对大学的控制。在 1966 年 5 月到 1976 年 10 月“文化大革命”期间,高等教育受到严重的摧残。

---

① 徐敏:《民国时期现代大学制度的形成与启示》,《当代教育论坛》2008 年第 10 期。

改革开放以来,随着经济社会和政治环境的变化,大学的主体性被重新得到重视,如何更好地发挥大学在经济建设中的积极功能,为社会主义现代化建设贡献力量,对高校下放权力,扩大高校办学自主权,规范政府与大学之间的关系成为改革的重要内容。不管是宪法还是党和政府的一些法律法规及基本政策,从根本上说,都对大学主体性持积极的肯定态度,这为中国大学主体性的存在和发展奠定了合法基础。1993 年颁布实施的《教师法》,1995 年颁布实施的《中华人民共和国教育法》,2002 年颁布实施的《民办教育促进法》等,都对大学自主性做过鼓励性的法律规定,为大学主体性的发展创造了良好的法律依据。特别是 1998 年颁布实施的《中华人民共和国高等教育法》更是赋予了大学自主招生;自主设置和调整学科、专业;自主开展小额研究技术开发和社会服务;自主开展与境外高等学校之间科学技术文化交流与合作;自主设置内部组织机构和人员配备;自主管理和使用经费的等自主办学权力。2004 年第十届人大第二次会议通过的《中华人民共和国宪法修正案》中第三十五条、第四十七条规定中华人民共和国公民依法享有言论、科学研究以及文化活动的自由,把言论、科学研究、文化活动自由作为公民的基本权利确定下来。这些自主权赋予了中国大学自主性生长的有力的法律环境。改革开放以来,中国共产党所制定的一系列重大方针政策,如推行社会主义市场经济,特别是党的十八大以来,十八届三中、四中全会中提出推进国家治理体系和治理能力的现代化,依法治国、依宪执政等,所有这些客观上都为大学主体性的发展创造了合法的制度空间。

二、市场化改革与大学主体性发展

中国大学的市场化过程早在 20 世纪 80 年代就开始了,为了摆脱大学教育上的沉重的财政负担,大学通过市场化的方式来获得其他的资金支持开始得到鼓励。1985 年颁布的《中共中央关于教育体制改革的决定》提出了"鼓励各民主党派、人民团体、社会组织、离休退休干部和知识分子、集体经济单位和个人,遵照党和政府的方针政策,采取多种形式和办法,积极自愿地为发展教育贡献力量。"到了90年代,特别是在1993年中共中央和国务院印发的《中国教育发展纲要》中,更是强调了民办教育的重要性,并提出了"积极鼓励、大力支持、正确引导、加强管理"十六字办学方针。随着1995年《教育法》和1998年《高等教育法》的颁布,市场化改革在法律上得到明确的确立,市场化的改革使得大学从过去高度集中的计划经济体制中脱离出来,成为相对自主的学术性组织。

(一) 用者付费

"用者付费"意味着:消费者(家长、学生和未来的雇主)花钱购买教育服务,其对教育的需求决定着生产者(学校、管理人员和教师)的收入,而政府则逐步减少公共教育经费的支出①。1985年颁布的《中共中央关于教育体制改革的决定》指出,高等学校"可以在计划外招收少量的自费生,学生应缴纳一定数量的培养费"。在此前后,一些高校已经尝试降分录取少量自费生。1989年,国家教委等三部委联合发出《关于普通高等学校收取学杂费和住宿费的规定》,从政策上肯定了高等教育应该实行成本分担和成本补偿制度,并从该年开始,对新入学的本专科学生收取学杂费和住宿费。从20世纪80年代中期到1992年,中国高校招生实际存在着公费生和自费生的"双轨"制度。在80年代初期,招生分为"计划内"和"计划外",意味着哪些自费生超出了国家的"计划"。在中共十四大之后,国家教委批准了一定的"委培"和"自费"的招生比率。1992年计划内学生每人平均缴学费300—600元、住宿费100—300元。委培生和自费生年均缴费2000—6000元,其中包括住宿费②。1993年开始,学费并轨的试点陆续在各高校推行,经过1993—1997年的"并轨"过渡,中国高等教育于1997年开始全面实行收取学费制度。经过几年的高等教育成本补偿实践,从高等学校的收支情况看,学费收入占高等教育事业性支出的比重在逐年上升,已经成为财政预算内拨款以外的最重要的经费来源渠道。用者付费使得高等教育由"公益产品"转变为可以带来个人收益的"私人产品",在一定程度

① 卢乃桂、操太圣:《中国改革情境中的全球化:中国高等教育市场化现象透析》,《北京大学教育评论》2003年第1期。

② 世界银行:《中国高等教育改革》,中国财政经济出版社1998年版,第51页。

上解决了传统高等教育系统中曾经存在的不公平问题，但市场机制的引入也在一定程度上加剧了高等教育的不公平性，尤其对不同社会群体来说，这种不公平体现得更为明显，如低收入群体、弱势群体等。

（二）自主创收

除向学生收缴学费以外，为了解决大学资金困难，学校还创造了集资办学、勤工俭学、兴办校产等行之有效的筹措经费的新途径。在这些途径中最具有"中国特色的"，当属教学机构直接开展商业活动。各学校或开办高新技术公司，或利用自己的专业优势创办特色产业（如农业院校经营种猪、种鸡业务，语言院校录制出售外语教学磁带等）。大学纷纷开设了很多针对社会的特色的收费课程、成人教育、夜大等。为了创收出租自助餐厅、沙龙，甚至在晚间把一些会议场所改成迪斯科舞厅，或者把电教中心改成录像厅①，无不竭尽其能。另外，高校还与工厂企业建立合作伙伴关系，直接将其服务市场化。将知识商品化，使大学日渐变为市场化的企业。据 1995 年的一份研究报告，中国的 50 所高等院校共拥有 238 个公司、144 个工厂和 43 个三资企业，其中 40%的利润用来支持大学的发展②。事实上，大学的这种自筹经费办教育的方式在很大程度上解决了政府在减少大学财政负担的情况下所面临的困境，而大学也以一种独特的方式分担了政府在高等教育方面的成本，这些可从以下数据中清晰地得到答案：20 世纪 90 年代以来，学校自筹经费占中国高等教育总投入的百分比不断上升，如 1995 年为 30%，1998 年上升到 36%，2000 年已经达到 44%；同期政府拨款比例则呈逐渐下降趋势，从 1995 年的 70%，下降到 1998 年的 64%，到 2000 年时仅占 56%③。

---

① Kwong J., *The new educational mandate in China: running school, running business*, International Journal of Educational Development, 16(2): 1996, pp.185-194.

② Zhou N., "Strengthening the Connection between Education and Economic Development: Major Issues in China's Educational Reform and Suggested Solutions", in *Social Change and Educational Development, Mainland China, Taiwan, and Hong Kong*, Postilglione G., Lee WO(eds), Centre of Asian Studies, the University of Hong Kong: Hong Kong, 1995, pp.274-289.

③ 胡瑞文、陈国良：《中国高教筹资多元化：成就、挑战、展望》，《教育发展研究》2001 年第 7 期。

（三）“民办”高校

在20世纪80年代初中央就提出公办和民办“两条腿走路”的办学方针，鼓励社会力量办学，支持民办教育。1982年通过的《中华人民共和国宪法》第十九条规定：“国家鼓励集体经济组织、国家企业组织和其他社会力量依照法律规定举办各种教育事业”。同时，许多有识之士积极倡导民办教育，社会给予民办教育的关注和支持十分突出。从20世纪80年代开始，就有一批热心教育事业的社会各界人士（为主是老教育工作者）开始了艰辛的办学之旅。中国民办教育得到了迅速的恢复和发展。在较短时间内，有几千所民办学校和民办教育机构从全国各地兴办起来。1987年7月，原国家教委针对民办教育在恢复起步过程中管理和办学方面出现的问题，发布了《关于社会力量办学的若干暂行规定》，要求进一步加强对社会力量办学的领导和管理，促进社会力量办学健康发展的目的。到了90年代初，随着《中国教育发展纲要》对民办教育的积极鼓励，中国民办高等院校的规模迅速扩大，据不完全统计，各地民办高校从1991年时的450所增至1995年的1209所。1997年，国务院首次颁布《社会力量办学条例》，积极推动了民办大学的发展。据教育部发展规划司统计，截至1999年，与1997年相比，两年间民办高等教育机构数和在校人数分别增长7.6%和2.2%，民办高校在校生人数是普通高等学校的31%①。民办大学实现了中国大学投资体系的多元化和灵活性的目标，激发了自主性的活力。

中国所确立市场经济为主要内容的经济体制改革，为大学自主性的发展创造了现实的制度基础。80年代后，中国开始实行市场导向的经济体制改革，逐渐放弃原先的计划经济体制，推行社会主义市场经济，激发了人们的活力和创造欲，极大地提高了生产力，提高了人民的生活水平。不仅如此，更重要的是市场经济体制中所奉行、高扬的主体性、竞争性理念，更是激发了人们的主体性和能动性，人的自主性得到张扬。人的自主性的彰显对大学内部主体教师和管理人员的自主性发育和成熟起到了极

① 吴畏主编：《民办教育的发展与改革》，教育科学出版社2002年版，第12—14页。

大的助推作用。而这种自主性和能动性正是大学主体性内涵的重要组成部分。

三、政府职能转变与大学的主体性发展

政府职能的转变与现代大学自主性的建立是政府与高校关系调整的两个互相关联的问题,没有政府职能的转变,也就不可能孕育出现代大学自主性;反过来,现代大学自主性的建立与发展,本身就是对政府宏观管理高等教育能力的考验。在这个过程中,政府的作用至关重要。20 世纪 80 年代以来,中国在政府管理方面发生的许多重大变革,直接或间接地促进了大学主体性的发展。例如,政府日益重视依法治国,大学作为法人单位依法享有自主办学活动的空间前所未有地增大。又如,政府职能发生了根本性改变,政府管理改革了传统的全能政府,把政府不该管的,管不了的事情交给了市场和社会,形成了小政府、大社会的治理格局,政府的角色不再是划桨而是掌舵,其管理方式由原来的直接管理转变为直接管理与间接管理相结合,由细微管理向宏观管理转变。政府的基本职能定位在为高等教育提供政策和做出合理的制度安排;对高等教育提供服务进行监督;保证高等教育市场的公平竞争;保护社会弱势群体接受高等教育的权利等。政府将精力集中于保证高等教育的公益性和其基本职能的有效性上。政府职能的转变极大地推动了大学主体性的发展。具体说来,政府在大学管理方面的职能转变主要体现在以下两个方面:

(一) 由直接管理到间接管理

在计划经济时代,政府对大学的管理采取的是一元化的直接控制,与这种一元化体制在组织结构上高度契合的是我国在高校推行的“单位”制度。所谓“单位”制度,是指新中国建立以来为了管理公有体制内人员而设立的组织形式,并赋予其政治、经济和生活的全面功能。“单位”就是计划经济时代再分配体制下的制度化组织,而“单位”之所以具有资源再分配的性质,是因为“单位”所在的制度环境是“单位”资源唯一的或主要的供给者,而资源输入是“单位”生存的关键因素,单位人员的晋升、收入等个人利益

完全取决于等级体制中上级的决定。“单位”是国家调控体系的基本单元，既是国家政策的最终落实者，又是整个政治体系的支撑者和资源的最终分配者①。伴随着新中国的成立，“单位”制度在作为事业单位的高校得以推行，特别是院系调整之后，由于私立大学的取消，“单位”体制在我国高校全面实施。通过在高校建立起国家在其中扮演支配角色的工资福利、后勤生活和人事晋升等体系，使得高校师生通过高校这一“单位”组织而与国家建立了一种全面的依附关系，从而被高度组织化，“单位组织通过将政权的性质和经济的性质结合在一起。将经济控制力和国家行政权力结合在一起，从而像国家对单位组织的统治那样，实现对个人的统治”②。这种“单位”制度决定了中国高校组织的环境、结构、工作过程与基本价值取向③。而改革开放以后，政府积极推动自身职能的转变，把过去直接掌握在政府手中的资源更多地下放到了大学，大学的人、财、物等事项政府不再直接进行具体的支配，而是更多地从入口和出口等两个方面进行把握，把具体的过程还给大学自身。

（二）由微观管理到宏观调控

在计划经济时代，政府对大学的管理可谓“无微不至”，具体到大学的专业目录、教学大纲等等。

实行统一的专业目录。为了培养国家建设的某些专门人才，新中国就对大学的专业进行了重新设置。教育行政主管部门根据对专业人才需求的预测，制订本科专业分类目录（简称“专业目录”）用于规范高校人才培养的类型与数量，高等学校依据教育主管部门提供的专业目录进行专业申办与运行，这一过程就是“专业设置”。“专业”作为国家教育行政部门计划与统筹的刚性的课程组合，具有以下特点：第一，带有高度计划性，即由国家依据对人才需求的预测来确定是否应该设立，应该招收多少学生，而后通过“布

① 刘建军：《单位中国：社会调控体系重构中的个人、组织和国家》，天津人民出版社2000年版，第19页。

② 李路路、李汉林：《中国的单位组织——资源、权力与交换》，浙江人民出版社2000年版，第34页。

③ 赵炬明：《精英主义与单位制度——对中国大学组织与管理的案例研究》，《北京大学教育评论》2006年第1期。

点”分配相应的教学资源,高度计划性也意味着高度的国家统制;第二,课程与教学资源的高度控制,统一招生,统一分配,统一配备仪器、实验室与教室,核定教师编制,控制学生人数,以集中人力、物力来提高效率;第三,高度的统一性,即使是在不同的学校,相同的“专业”相互效仿开设相同的课程①。1963 年,国务院编制了《高等学校通用专业目录》,这是第一次由国家统一制定高等学校专业目录,其中公开的通用专业目录 432 种。统一专业目录的制定为全国各高校的人才培养方向和目标进行了国家化的设定和约束。

实行统一的教学计划。而为了实现大学的专业人才培养目标,国家依据不同的专业目标制定了包括课程安排、教学活动,以及时间分配在内的统一化的教学计划。在 1952 年的全国高等工业学校行政会议上,各专业统一的教学计划问题就开始被提出。随后,随着苏联影响的日益加深,统一化的教学计划在 1954 年得以在全国大学推行,1954 年 8 月高等教育部发出了《关于在全国高等工业学校四年制本科及二年制专修科执行统一的教学计划的通知》,高等教育部批准工科专业的 112 个专业教学计划(其中本科 81 个,专科 31 个)在全国执行。1954—1955 年度的新生按照统一的教学计划进行教学,二年级以上的学生由各校根据统一的教学计划制定相应的临时性教学计划②。参照工科的专业教学计划,其他类型的大学之后也逐渐实现了教学计划的统一化。

实行统一的教学大纲。为了实现各门课程的教学内容的基本相同,高等教育部还在全国高校推行了教学大纲的统一化过程。所谓教学大纲是指国家规定学生关于各科课程所应获得的系统知识、技能和熟练技巧范围的教学文件,它是教师进行教学的依据。高等教育部规定了教学大纲的原则、范围、方法和内容结构等,先后委托有关院校制定了教学大纲的草案,并提供给各高校讨论,征求意见,受委托的高校根据征求来的意见修订教学大

① 鲍嵘:《翻译与政治:20 世纪 50 年代中国大学改革的话语》,2006 年 10 月 26 日,见 http://blog.sina.com.cn/s/blog_49eb9ac8010005vq.html。

② 胡建华:《现代中国大学制度的原点:50 年代初期的大学改革》,南京师范大学出版社 2001 年版,第 227 页。

纲,最后通过审议会议审查,由高等教育部批准在各高校实施。据统计,1954 年制定的统一的教学大纲工科有 210 个,农科 44 个,理科与文科共 16 个。在高等教育部的指导下,从 1954 年到 1956 年的 3 年间,许多专业,特别是工科专业制定了相当数量的统一的教学大纲①。这一过程一直持续到 1957 年。

而改革开放以后,政府日益撤出大学内部微观的管理领域,把大学的具体教学、科研等方面的事务还给大学,大学拥有了越来越多的教学和科研方面的自主权限。而政府则把更多的精力放在了大学宏观层面的职能,包括大学发展的整体规划、大学的制度性供给、大学服务性的强化、为大学提供更好的基础性的条件,等等。

(三)由过程介入到规划监督

随着高等教育体制的改革,政府逐渐退出了高校内部的各种具体的教学和科研过程,转而把更多的精力集中在高等教育的规划和监督方面。所谓教育规划就是对包括高等教育在内的教育事业未来总体布局和发展目标的整体性安排,这是现代国家政府教育职能的重要体现。如 2008 年开始,相关部门就启动了《国家中长期教育改革和发展规划纲要(2010—2020)》的相关工作,在深入调研、广泛听取意见建议的基础上,经反复研究修改,形成了公开征求意见稿,2010 年 2 月 28 日公布,向社会各界征集意见建议。从指导方针、师资队伍、经费保障、办学体制到组织领导、管理体制改革,再到考试招生制度改革和推进依法治校,几乎涵盖了教育领域所有的重大问题,对未来包括高等教育在内的教育发展具有重要的纲领性的指导意义。除此之外,对高等教育的规划还包括经费资源的有效分配。对大学提供有效的经费支持,以更好地满足国家经济社会建设的需求同样是政府教育职能的重要体现。所谓的"资源"既包括政策,也包括资金,以及其他支持。"资源"最常见的表现形式即国家级课题、国家级项目等。项目和课题的设计、发放、验收乃至经费管理,是

---

① 胡建华:《现代中国大学制度的原点:50 年代初期的大学改革》,南京师范大学出版社 2001 年版,第 228—229 页。

教育行政机关的主管部门重要的职能之一。而各级地方政府依照管辖权限对所属大学进行以生均拨款为主的财政支持是经费分配的最为重要的表现,尽管目前对于科研经费,以及财政拨款的合理性、科学性有着不少的争议,但是,不可否认的是,政府正在不断地努力实现对高等教育的职能转型。

而政府对大学的监督主要体现在两个方面:一是质量的监督;二是行为规范的监督。所谓质量监督就是通过质量评估的方式强化提升大学的办学品质,通过专业评估、教学质量评估等方式更好地引导、推动和激励大学朝着政府期望的方向发展。当然,这并不意味着政府应该直接介入到这种评估之中,而是说政府日益意识到如何建立有效的评估机制是大学发展中的一个越来越重要的问题。所谓行为规范监督是指对拥有更多自主权的大学行为的监督,对大学行为中存在的权力腐败、滥用及不规范行为进行有效的监督,以更好地维护大学公平公正的价值。

第二节　中国大学主体性建设的困境

尽管与过去的计划经济时代相比较,中国大学的主体性有了很大的提高,这是中国改革开放30多年来高等教育蓬勃发展的重要因素,但是,与现代大学建设的要求相比较,中国大学的主体性还存在着诸多的问题与困境,而且一些问题还比较突出,引起了诸多关心中国高等教育人士的关注和担忧,成为制约中国现代大学发展的重要障碍。因此,只有认真且严肃地正视并克服这些问题与困境,有中国特色的现代大学目标才有可能真正地实现。

一、功利化:目的性迷失

目的性也称为“自为性”,表现为主体活动的内在尺度和根据,是大学主体性实现的内在依据。马克思说:“个人总是并且也不可能不是从自己本身出发的。”“凡是有某种关系存在的地方,这种关系都是为我而存在的。”①这种“为我而存在的”是主体活动的基本特征。在实践过程中,主体有意识、有目的的自主实践活动,表现为一种“为我的关系”,使自己的活动在尊重客观规律又符合主体目的的情况下,实现外在尺度与内在尺度的统一。② 大学应该以自己的目的为目的,才能实现大学应有的价值和意义③。大学是以探索、追求、捍卫、传播真理和知识为目的,继而负有引导社会价值观、规范社会行为之使命,对人类素质改善和提高、社会文明发展和进步具有不可替代之重大公共影响力、推动力的教育机构和学术组织。④

当前,中国大学存在一种通病,那就是“集体浮躁”。这种愈演愈烈的浮躁之气使大学丢失了理念,迷失了方向,丧失了精神,浪费了钱财,也贻误了学子,并使现代大学所应具有的社会功能无法得到正常的发挥与张扬,大学本身的锐气因此大受磨损,直至失去其发展的力量。⑤ 其结果,导致中国大学陷入了深度的自我认同的“本体危机”中。有学者认为,现代大学的根基已不复存在,大学失去了其本质。⑥

中国大学目的性迷失,出现了普遍的功利化追求。2010 年 2 月,温家宝总理就政府工作报告征求科教文卫体界代表意见时感慨道:“一些大学功利化,什么都和钱挂钩,这是个要命的问题。”所谓大学功利现象是指大学“唯经济化现象”,是大学功利行为泛化和庸俗化的集中表现,也是大学组织的办学理念和运行规则发生偏差的情况下产生的功利异化的产物。⑦某些大学把追求大学组织自身的物质利益作为首要目的和最终目的,它们孜孜以求的“利”不再是自身发展的手段,而被视为一种目的。把功利本身

---

① 詹艾斌:《论人的主体性——一种马克思哲学视点的考察》,《社会科学研究》2007 年第 2 期,第 116 页。

② 田德明:《主体活动与历史规律》,《浙江大学学报》1991 年第 3 期,第 123 页。

③ 王长乐:《大学应该以自己的目的为目的》,《大学教育科学》2008 年第 2 期,第 19—24 页

④ 眭依凡:《大学的使命与责任》,教育科学出版社 2007 年版。

⑤ 木易:《中国大学何时走出“集体浮躁”的病区》,《陕西教育》2007 年第 5 期,第 17 页。

⑥ 杨旭东:《沉重的大学之思——大学现象学导论》,《大学教育科学》2010 年第 4 期,第 31 页。

⑦ 杨光钦:《大学的功利与功利的大学》,《辽宁教育研究》2004 年第 1 期,第 19 页。

作为目的,必然诱发组织“私己本性”的涌现甚至泛滥,刺激大学组织产生过分追求物质利益的功利行为,并进而导致大学社会责任感丧失,使自身潜藏的“趋利”特性从“隐性”状态中空前地凸显出来。① 当前,我国某些大学在某种程度上存在的权学交易、文凭泛滥、降低质量、学术腐败等现象,便是功利目的论在当前大学中沉淀和异化的结果,也就是大学“唯经济化行为”的表现。大学过多地受到市场利益的牵引和支配,衍生出学术目标之外的多重目标,功利性的效率和效益目标与学术本质的冲突,导致教师偏离了学术研究的本意,热衷于以“学术为生”,而失落了“以学术为业”的精神。“无功利的活动和成熟期缓慢的长期计划,在要求短期效益的制度压力下化为泡影。”②美国哈佛大学第25任校长博克曾警告说,“醉心于追逐利润”对教育体制本身的伤害,是“聚敛财富和道德缺失的噩梦”。面对着这种局面,他著书呼吁《回归大学之道——重塑大学教育目标》。

韦伯曾经指出:“直接支配人类行为的是物质上和精神上的利益,而不是理念。但是由理念所创造出来的世界图像,常如铁道上的转辙器,决定了轨道的方向,在这轨道上,利益的动力推动着人类的行为。”如果大学的理念停留在利益上,那么利益就决定了大学的行为。通过市场化来解决大学资源配置的效率问题,市场就成为大学发展的主导力量,“谁出资谁定音”的消费者主权经济学原理在高等教育领域得到普遍使用,市场取向的大学自主使大学办学活动主要受制于外部因素的支配③。市场贪婪的逐利性腐蚀着大学自主性,使大学丧失客观、严谨的学术态度,变得势利、浮躁,其主体自身的独立、自由、自治和理性的精神受到挑战,按自身使命架构起来的体系遭受破坏,失去了那种能鼓舞学者并把学者团结在追求知识,崇尚科学,为科学而献身的共同目标与强烈愿望,形成了功利主义、拜金主义、拜官主义、学术寻租等现象在校园内泛滥的局面,使朴素高雅的生活方式和严谨的治学态度被庸俗的、急功近利的浮躁意识所取代。大学无法再专心追求

① 杨光钦:《大学的功利与功利的大学》,《辽宁教育研究》2004年第1期,第19页。

② 杨光钦:《大学的功利与功利的大学》,《辽宁教育研究》2004年第1期,第19页。

③ 许杰:《创新型国家体系中的中国大学学术自主问题》,《当代教育论坛》2006年第8期,第23页。

学术自治，而是急切地向市场推销自己的知识和技术，大学文化对世俗文化亦步亦趋。

市场化的大学体制改革对进一步释放大学的创新性和活力起到了积极而明显的作用，但是，这种市场化的改革的负面效果也是同样显而易见的，那就是：大学的学术性功能和价值被市场化的力量所侵蚀，在很多的时候，我国大学的学术产出依据的是市场的功利化目标，而不是学术的独立精神与价值。在市场经济条件下，学术往往被视为实用的工具，把市场经济的需要当作学术本身的价值取向。欲望的满足取代了意义的追求，消费主义至上，工具理性泛滥，学术逐渐失去了给人以严肃性、知识性和独立性的形象。在我国目前，大学学术输出的市场化取向已经成为人们日益关注的重要问题。如大学脱离高等教育的本质特点和规律，不顾学校的具体定位，盲目追求办学层次的提高和规模上的扩张，形成了教育上的“大跃进”；较多学校在科研上忽视基础性研究，热衷于应用型研究，追求“立即见效”的商业价值；教学单位的创收成为一项与教学平行的隐性工作，教师只追求眼前的经济效益，缺乏长远的基础性研究和社会责任；教师工作考核评价企业化，使教师科研变得肤浅和急功近利，不利于重大科研成果的产生；教学活动中教师只注重教书，不注重育人，视教学过程为完成工作量和谋生的一种手段①。这使得我国大学的学术系统与一般的企业很多时候并没有明显的区别。大学学术输出系统的功利化取向的直接后果就是，大学由“探究高深学问的场所”变成“追逐生意”的场所，这是对大学本质的背离或异化。

二、行政化：自主性缺失

自主性是主体在作用于客体的过程中所显示的“主人”性质，具有对自身活动进行自我控制和自我调节的权利，表现为主体对活动诸因素的占有和支配，是大学主体性实现的前提和条件。大学作为行为主体具有对自身

① 吕继臣：《大学的本质与我国大学的功利化倾向》，《辽宁教育研究》2006年第7期。

活动进行自我控制和自我调节的权利。大学是国家经济和社会发展的核心组织，是科技和社会生产力的主要提供者之一。为国家服务是大学应该承担的重要职责，但是大学服务于政府和社会的前提是要具备“自主发展和为社会服务的基本权利和条件”。大学是一个共同体，学者和学生在这里寻求真理，在大学里追求真理是人们精神的基本要求①，而同时知识也是一种风险资本，对成本与收益关系也颇为关注。尽管大学基于知识本身的风险性，并不排除功利化的因素，但是，大学的核心价值使得大学更加强调其自主性的学术导向。正如科伯所言，大学的理念中深埋的价值观是市场并非一种荣耀：相信学者团体而不是相信利己主义者的联盟；相信开放而不是相信所有权；认为教授是寻求真理的人而不是企业家；学生是追随者，而不是来满足他们爱好的消费者，他们的爱好应该是被塑造的②。因此，在市场经济的环境中，如何把握学术和市场二者的界限，特别是如何确保功利化的取向对学术性取向的替代是现代大学面临的一个重要问题。现代大学应该能够更多的是依照核心的学术价值而不是功利性的价值来衡量学术运行系统输出的“产品”。当前，中国大学自主性缺失主要表现为严重的行政化和世俗化倾向，大学自身实践活动所需的独立决策、资源配置、过程调控、考核评价等基本权利和发展条件正被各级政府和市场逐步蚕食。

在中国现行的高校管理体制中，行政化倾向明显：一是教育行政和其他行政部门用行政手段直接干预大学的学术事务，例如职称的审批、教师的聘任、专业设置、学生的招收等都须经过上级行政部门审查通过和批准，学校没有充分的自行规划、建设和管理的权利。二是政府对大学办学资源高度垄断，并且以行政的手段和方式进行资源配置。行政部门在设置建设项目时，并非面向大学，而是深入大学内部，直接向学科和教授提出具体的管理要求；各级行政部门还设置名目繁多的考核评估项目，并以此作为资源配置的依据，使大学疲于应付……这样势必剥夺大学的自主权，造成大学与研究

① ［德］卡尔·雅斯贝尔斯：《大学之理念》，邱立波译，上海人民出版社 2007 年版，第 47 页。

② ［美］大卫·科伯：《高等教育市场化的底线》，晓征译，北京大学出版社 2008 年版，前言第 8 页。

者强烈的依附性人格，束缚了大学办学的主动性和创造性，使得大学自身性质和特点不能得到充分重视，以致大学缺乏个性和活力，缺乏竞争力。三是这种高度集中管理的高等教育体制导致大学内部管理系统行政化。在大学内部行政权力处处制约着大学知识创新、传递和应用等活动，大学的教育和治学不能按照科学理性原则和自身规律，而受行政权力的需要和喜好影响。"官本位"的价值取向成为大学的主导，唯官是从，唯官是大①。

统计资料显示，自 2006 年起，中国的科技经费开始超过日本；2008 年，中国的研究人员总量达到 196.5 万人，是日本（93.5 万人）的两倍多。但是，无论是基础研究还是实用技术研发，我国目前的整体科研实力，却与日本差距明显。其中一个重要原因，就是科研管理机制不同。在日本，除少数科技工程（比如探月等）是采取计划模式外，绝大多数科研课题是根据研究人员提出的项目建议，采用"自下而上"的方式确定。在我国，除了国家自然基金委的面上课题是自下而上、由研究人员自己做主外，到目前为止，绝大部分课题还是沿用计划经济体制的模式，靠少数人"计划"出来的。有学者指出，目前的问题是"管评办"一体化，即管理权、办学权、评价权全部集中在政府教育行政部门，造成学校没有办学自主权，大学千校一面。目前大学的体制是依附性质的体制，属于政治体制的一部分，大学隶属并依附于政府，其自治能力缺少锻炼和培植，大学的主要精力用于理解并执行政府的指令、标准、导向及其他意志，大学用于自身学术和教育制度试验的空间既有限，又必然受制于因袭的政治体制惯性和整体制度环境的约束。② 这种大学与政府的关系严重制约了大学主体性的发展。改变学术行政化、"官本位"倾向，虽然中央文件已明确提出要"克服"，但实际情况是"面貌依旧"，各方面反映越来越大，这是束缚中国大学自主发展的严重问题。譬如，在 2010 年教育部评出第五届国家高等学校教学名师 100 位获奖者中，担任党委书记、校长、院长、系主任、教研室主任、实验室主任、研究所所长等行政职务的占九成，不带任何"长"的一线教师仅有 10 人左右。又如，在 2009 年

---

① 杨移贻：《大学"官本位"及其消解》，《学园》2009 年第 1 期，第 38 页。

② 杨旭东：《沉重的大学之思——大学现象学导论》，《大学教育科学》2010 年第 4 期，第 30 页。

新增选的院士名单中，中国科学院新增的35名院士，80%是高校或研究机构的现任领导；中国工程院新增的48名院士，85%以上是现任官员。因而，必须下决心推进这项改革。①

行政化的结果导致了大学的工具化。效率和实用原则促使大学科学主义普遍化到一切社会生活领域，迫使理性蜕变成了工具理性，丧失了自身的批判和超越性，成了维护一切现实的工具。在工具理性下，大学价值理念被漠视，大学自身沦为可以被任意支配的工具，大学人为物所奴役，成为一种理性程序化的存在物，失去了精神追求。由此，大学人的想象力枯萎、创造性消失，只想"如何做"，却不再想"应该做"什么。大学工具化现象体现了大学深层的屈从意识，它是大学在外部组织控制下形成的盲目顺从。它既源于生存和发展压力，又源于对权威盲目顺从的文化。生存和发展问题是大学的首要问题。大学不直接掌握物质资料，大学面对的是政府主管机构，教育经费由主管机构从税收中划拨。对于大学来说，直接的财政约束来自政府的拨款。所以，政府与学校在经费上构成了约束与被约束关系，这是大学组织形成屈从意识的物质前提。而盲目顺从则是大学产生屈从意识的文化基础，主要来自于对"权威"的畏惧。它是在传统文化心理和现行管理体制相互作用下，处于劣势的群体寻求自我保护的结果。现代大学制度环境的缺失，正是工具化现象泛滥最为重要的原因。生活世界和意义世界、事实世界和价值世界的不平衡，导致意义和价值的失落。正如尼采(Friedrich Wilhelm Nietzsche)所说，大学成了"精神本能退化的工场"，"一切高等教育的任务"是"把人变成机器"，使人失去了自我和生命本能，听命于知识，听命于金钱，听命于国家，而独不听命于他自己②。在工具理性的支配下，大学教育走向专业教育的极端，大学价值教育、人文精神教育被边缘化，成为职前培训所和人才生产厂，大学教育成了"应职教育"。关于什么是好的人生、好的社会的伦理教育则不再是高等教育的中心，也被边缘化了③。由于认为唯有实用的知识和技术才有价值，所以做这种学问的人都成了知识和

① 沈荣华：《拔尖创新人才如何产生》，《光明日报》2011年5月11日15版。

② 刘以恒等：《世纪之交的教育选择》，湖北教育出版社1994年版，第12页。

③ 金耀基：《大学之理念》，生活·读书·新知三联书店2001年版，第34页。

技术的奴隶。[1] 这种实用和功利化教育所导致的直接后果,就是教育的外在化和人文关怀的缺失。教育之追求“成人”的无限目的,化解为适应眼前生存的有限目的;教育之内在价值追求,蜕化为外在之实利追求。[2]

总而言之,当前中国大学所关注的只是自己生存状态中表层的部分,如政府和社会支持自己的程度及自己眼前的现实需要。而对于自己深层的生存状态,如目标定位、使命指向、应该扮演的角色及理想的生存状态,要么根本没有意识,要么无暇顾及。在这种状况下,中国大学已经开始失去大学的本真意义,逐步失去自我,“边缘”程度进一步加深。[3] 客观地说,中国大学是在没有自我、缺少自我和基本属性不明的情况下遵循着政治论哲学的发展轨迹,因而一方面欠缺高品质成就,另一方面又不能很好地与社会紧密结合。其病灶既不在于追随了洪堡创立的“柏林大学”模式,也不在于效仿了积极为社区服务的“威斯康星模式”,更不在于把我们的大学办成与世隔绝的学术“圣殿”。显而易见,作为“主体”的中国大学从资格到能力都不能与发达国家同日而语,明显处于“弱势”。[4] 中国大学主体性丧失,致使其陷入了深度的自我认同的“本体危机”中,丧失了自身赖以生存的普适性的价值观,大学作为学术性组织的权利没有得到彰显,大学只是被动地置于政府“庇护”和市场“自由”的背景下,通过“自主办学”来解决生存所需要的各项条件。

三、同质化:自觉性消减

自觉性指主体有意识、有目的、按规律去实践,包括主体对客体规律性的自觉和对自身内在目的性的自觉。在社会历史领域,所谓自觉性,是指社

---

① [日]池田大作、[英]汤因比:《展望二十一世纪》,国际文化出版公司 1985 年版,第 60 页。

② 张应强:《现代大学精神的批判与重建》,《高等教育研究》2006 年第 7 期。

③ 许杰:《创新型国家体系中的中国大学学术自主问题》,《当代教育论坛》2006 年第 8 期,第 23 页。

④ 许杰:《创新型国家体系中的中国大学学术自主问题》,《当代教育论坛》2006 年第 8 期,第 23 页。

会主体在认识社会发展客观规律的基础上,遵循客观规律创造历史的活动特征,以及与此相联系的社会发展客观规律发生作用的特征的总和。自发性则是指社会主体在未认识社会发展客观规律情况下的盲目活动或虽认识了客观规律但不遵照它去行动的特征,以及此种情况下社会发展客观规律发生作用的特征的总和。① 大学自觉性就是指能够充分认识和遵循大学发展的客观规律办学,是大学主体性实现的内在要求。当前,中国大学的发展还存在相当的盲目和非理性现象,出现了明显的同质化倾向。

大学是一个复杂的系统。中国大学人对大学发展的认识还不能完全准确地把握其发展变化的必然性。主要体现在两个方面:一是中国大学缺乏对办学规律的准确认识,大学校长管理专业化水平迫切需要进一步提升。大学需要一个清楚自身行动方向的领导。一所大学的发展,与拥有一位有雄心壮志、注重学校战略规划,以及有能力实施战略的领导是分不开的。②然而,我国目前大学领导人的产生完全由政府确定,在大学内部治理上,存在着党政职责不清晰、书记校长关系微妙和相互制衡模糊等问题,"校长负责"的具体保障机制存在明显的缺位;在实际管理中,校长身陷复杂角色的围困之中,他们的知识、能力、精力、身体、心理等均承受着巨大的压力,面临着"政治家、教育家、学问家"等多重角色的冲突,于是"大学校长把更多精力放在了大学管理之外的事务";大学校长大多数是学者型的双肩挑校长,堪称教育家的校长极其个别,多数校长只是从事具体事务管理,不注重理性层面的思考和研究,缺乏战略思维和眼光,不能遵循大学自身发展的规律进行办学。"大学校长的平庸将导致大学的平庸,平庸的大学将使整个社会显得缺乏生机和希望"。③ 二是大学中不同利益群体的存在,为了自身利益而不愿按照大学客观规律办学。在大学发展过程中,出现了盲目圈地,违规收费,虚假宣传和承诺,乱发文凭,甚至用证书换取"捐资赞助",师生比例严重失调,资源浪费严重,讲排场、比阔气等非理性现象。大学办学理念

① 陈连新:《正确认识社会发展中的自觉性和自发性》,《唯实》1988 年第 5 期,第 69 页。

② 周巧玲:《大学战略规划在英国高等教育管理中的作用》,《高等教育研究》2006 年第 6 期。

③ 王长乐:《关于选拔大学校长的思索》,《科技导报》2002 年第 6 期。

出现偏差,商业化侵蚀教育,以追求最大利润为中心;“先大后强”,盲目扩大规模,忽视质量;价值取向扭曲,追求形象工程、政绩工程,打造“航空母舰”,争相提级升格,标榜创办世界一流大学;大学制度缺失,政府对大学发展重大决策失误的现象没有进行追究,对于违背政府意志、纳税人意志的行为和对国家、社会、学校造成危害的责任人没有进行问责,甚至出现违规违法行为等。

根据比较教育专家阿尔特巴赫(Philip G.Altbach)提出的“中心”——“边缘”观点,处于“中心”地位的都是西方发达国家的大学,第三世界大学在全球范围内无一例外都是“边缘”大学。① 发展中国家的大学在向世界一流大学趋同和靠近的过程中,必须保持个性和特色。而中国在高等教育大众化过程中,出现了严重办学趋同现象,在同一个生态位上竞争办学资源,使得高等教育体系的生态严重失调。中国大学普遍存在定位不明、目标雷同、特色迷茫、盲目追求大而全和提升办学层次的“升格热”。大学之间分工不清,相同的学科设置,标准化的课程体系,同质化现象愈演愈烈,培养的人才可替代性强,无法与社会需求对接,造成高校分工混乱和教育资源浪费,出现千校一面、人云亦云、随波逐流的局面。学者陈国良将其概括为4个方面的表现:一是综合院校增长过快、过多,高校服务面向不清晰,1999—2007年间,综合性院校增加了448所;二是高校学科专业覆盖面过宽,缺乏办学特色,2007年,普通本科院校设置文、理、工学科的学校达到118所,比2000年增加了103所,7年间增加了近7倍,143所师范本科院校中有92所设置了8个以上的学科门类,41所农业本科院校中有20所设置了8个以上的学科门类,4所财经院校设置了8个学科门类;三是出现盲目升格和争上层次的趋势,高职争升本科,学院争改大学,本科院校争上硕士点、博士点,一大批院校选择“科技”、“理工”做牌子,一时间全国出现了几十所“科技”院校;四是竞相设置热门学科专业,导致专业设置结构趋同,毕业生就业困难。中央办公厅研究室曾

① 许杰:《创新型国家体系中的中国大学学术自主问题》,《当代教育论坛》2006年第8期,第23页。

就“中国大学同质化”问题做过调研，其中有两个最为典型的表现：一是中国大学办学的目标定位高度一致，调研分析了100多所大学的定位，表述基本差不多，只是个别词语稍有差异；二是大学专业设置高度重复，典型的如全国70%的大学设有外语、法律等低成本的文科专业。有学者指出，“成本低的学科大家一哄而上，如经济学、法学、传媒学，高校掀起了一股‘大办文科的运动’。”据2007年统计，50%的本科院校设置了国际经济与贸易、电子信息工程、法学、英语、计算机科学与技术、艺术设计、工商管理和市场营销8个热门专业，其中超过80%的普通本科学校设置了英语专业，79.8%的学校设置了计算机专业。据麦可思发布的《2007届大学毕业生求职与工作能力调查报告》揭示：“本科最热门10个专业的大学生在毕业半年后的失业人数达到6.67万人，占本科毕业生总失业人数的32.9%。在573个高职/专科专业中，10个热门专业的学生在毕业半年后的总失业人数高达11.6万人，占了高职/专科半年后失业人群的28.6%。失业人数最多的10个高职/专科专业中，就有8个是热门专业。”①温家宝总理在2010年谈到中国大学管理一刀切遏制创造力这一问题时说：“一所好的大学，在于有自己独特的灵魂，这就是独立的思考、自由的表达。千人一面、千篇一律，不可能出世界一流大学。大学必须有办学自主权。”

四、平庸化：能动性式微

主体的能动性表现为主体活动的自觉选择和创造，表现为主体的能力，是大学主体性的外在体现。马克思认为，一个物种的特性，物种的类特性就在于生命活动的性质，而人类的类特性恰恰就是自由自觉的活动。② 大学的主体能动性就是指大学作为类存在物进行有意识、有目的，自由自觉地知识实践活动，充分发挥培养人才和引领社会发展的作用，体现为大学的

---

① 陈国良：《我国高等教育布局结构面临的挑战及对策建议》，《复旦教育论坛》2011年第3期。

② ［德］卡尔·马克思：《1844年经济学哲学手稿》，人民出版社2000年版，第57页。

自觉选择和创造能力。能动性是主体性最重要的内涵和鲜明的表现,创造性是主体性的最高形式,主体的能动性、自觉性和选择性都趋向于创造①。大学的创造性是大学追求的目标,是大学主体性能力的表现,也是大学主体性的结果。中国大学当前的主体能动性正逐步弱化,创新力与世界一流大学相比较具有很大差距,服务社会、批判社会、塑造社会的能力不强。

拔尖创新人才培养能力缺乏。中国高等教育总规模位居世界第一,毛入学率已达到40%,但是与国外高水平大学相比,中国大学所培养人才的创新意识、创新精神和实践能力明显不足。教育进展国际评估组织对世界21个国家的调查显示,中国孩子的计算能力排名世界第一,而创造力却排名倒数第五。② 1980年到2002年,获得诺贝尔奖、鲁斯卡奖、伽德纳奖、沃尔夫奖、菲尔兹奖、图灵奖、日本国际奖、京都奖这八项国际科技大奖的497名科学家中,没有一名中国国籍的科学家。近年来,整个社会都在围绕人才培养制度展开深刻反思,进而产生了"钱学森之问"的困惑。2005年,病榻上的钱老忧心忡忡地对温总理说:现在中国没有完全发展起来,一个重要原因是没有一所大学能够按照培养科学技术发明创造人才的模式去办学,没有自己独特的创新的东西,老是"冒"不出杰出人才,这是很大的问题。③ 此后,他与总理的每次见面是同一个话题,"中国太需要杰出人才",其忧虑之深、期盼之切溢于言表。钱老的话语既是他对中国教育困境的忧虑与思考,亦是对中国大学尚未肩负起自己应承担的使命的批评与期待。钱老指出的问题有三:一是钱老认为"老是冒不出杰出人才",是"中国没有完全发展起来"的一个重要原因;二是钱老所批评的大学不是一两所大学,而是中国所有的大学,即无一例外;三是钱老所批评的教育不是大学教育中的某一方面,而是大学教育的整体。中国大学为何不能"冒"出杰出人才?④ 问题就在于中国还没有一所大学能够按照培养科学技术发明创造人才的模式去办

① 李为善、刘奔主编:《主体性和哲学基本问题》,中央文献出版社2002年版。
② 潘庆玉:《想象力的教育危机与哲学思考》,《当代教育科学》2010年第15期,第3页。
③ 李斌:《温家宝看望季羡林和钱学森》,《人民日报(海外版)》2005年8月1日第4版。
④ 展涛:《我国研究型大学创新型人才培养的思考》,《高等教育研究》2011年第1期。

学，都是些人云亦云、一般化的、没有自己独特的创新的东西。

创新力发展与世界一流大学相比差距很大。大学为社会所尊重的原因在于大学产出高深的学问，并为社会提供智慧、思想、科技和知识。对社会来说，大学就是矗立于社会的灯塔，学术就是灯塔的燃料，没有学术高度，大学就会沦为社会的一种职业或者教育培训机构，就不可能产生创造性的思想来推动社会进步。[①] 与发达国家相比，中国大学的研究成果数量众多，但质量和国际影响力差距巨大。中国科学技术信息研究所公布的中国科技论文统计结果显示，2006 年，中国国际科技论文总数位列世界第二，仅次于美国。其中，高校国际科技论文所占份额达 83.7%。但是篇均被引用次数没有一个学科达到世界平均水平。1997—2006 年 10 年间排在各学科被引次数前 250 名上下的高被引作者，全世界共 6097 人，这部分学者可以看作是世界顶级科学家，美国排在第一位，4016 人，占总数的 65.87%；英国排在第二位，473 人，占总人数的 7.76%；中国排在第 16 位，19 人，仅占总人数的 0.31%，其中来自香港的作者有 15 人，也就是说我国大陆科技人员进入世界各学科被引次数前 250 名的仅为 4 人[②]。瑞士洛桑国际管理开发研究院发布的《国际竞争力年度报告 2009》，中国科技竞争力在被评价的 55 个国家和地区中，位列第 20 名。由于存在大规模的科学院和其他独立科研院所，我国高校科技竞争力的国际排序还略低于上述名次。2009 年世界一流大学科研竞争力基本指标排行榜显示，中国大学绝大多数指标都在 100 位以外。科研生产力——发表论文数排行榜中国大学无缘前 50 强，100 强高校也只有台湾大学、浙江大学、清华大学、北京大学等 4 所；科研影响力——论文总被引次数排行榜中国大学跌出 150 名之外，最高的台湾大学是 164 位，北京大学 223 位，清华大学 267 位；科研影响力——高被引论文数排行榜中香港大学 154 位，北京大学 162 位，台湾大学 198 位，清华大学 202 位；科研影响力——进入 ESI 学科数排行榜中，中国大学也列 100 位之外，香港大学 107

---

① 刘成：《大学的理想与现实》，《江苏高教》2010 年第 3 期，第 26 页。

② 李立国：《迈向高等教育强国之路——我国距离世界高等教育强国还有多远》，《清华大学教育研究》2010 年第 2 期，第 43 页。

位，台湾大学158位，香港中文大学180位，北京大学230位；科研创新力——热门论文数排行榜中100强中国高校有2所，分别是香港大学和台湾大学；科研创新力——专利数排行榜中100强中国大学有12所；科研发展力——高被引论文占有率排行榜中有中国台湾2所大学。① 学者徐小洲曾对中国大学与世界一流的创新力进行比较研究，认为中国大学与世界一流大学创新力有着巨大的差距。一是高水平创新型人才匮乏，获重大国际奖励的很少，从事国家尖端研究的不多，对知识和科技创新的贡献率很低。二是原创性科研成果极少。在 *Science* 和 *Nature* 上发表论文数量很少，至今无人问津诺贝尔奖。三是科技成果转化率低。目前大学承担着占全国近2/3的国家自然科学基金项目，1/3的“863”计划项目，每年大约可以产生出1万项科技成果，但真正实现转化的成果只占10%左右②。

批判塑造社会的能力明显不足。竺可桢曾说：“大学犹海上之灯塔，大学是社会之光，不应随波逐流”，就是指大学需要以社会发展为导向批判社会，主动塑造社会精神，引导社会良知。“其实，在现代民族国家体系内，任何一所一流大学都必然是对民族和国家命运有所担当，对特定的文化传统和历史传承有所承诺的精神殿堂，而不只是一般知识和技能的超级工厂和传授所”③大学的批判精神是大学构建社会理想和承担社会责任的必要条件。当前中国大学的批判精神和社会影响力明显不足：一是批判能力弱化。大学要形成自身独特品质和能力，才能承担社会批判和社会预警之责任。“大学批判应以科学研究为先导，以辩证唯物主义思想为指导，从学术的角度发表对事物的认识和看法，而不是以政治的、功利的、人身攻击为目的或强词夺理，否则就无异于泼妇骂街而庸俗化。”④当前，中国大学在各种量化考核与评估的前提下，疲于争课题和项目、炮制论文、绞尽脑汁拼凑出一些

① 邱均平：《竞争与卓越——2009年世界一流大学与科研机构学科排行榜出炉》，《高教发展与评估》2009年第9期，第8—13页。

② 徐小洲：《中国大学创新力建设的问题与对策》，《中国高教研究》2006年第11期，第29—30页。

③ 钱理群：《中国大学的问题与改革》，天津人民出版社2003年版，第177页。

④ 陈坤华：《关于知识经济时代大学批判精神的思考》，《煤炭高等教育》2001年第3期。

所谓的有价值的科研成果……被动地承担着社会批判功能，“表现出一种病症：因袭。重传统不重创新，重蹈袭不重己出。”①二是批判意识缺乏，缺少承担社会批判的主动精神。批判意识出自知识分子的社会良知和社会责任，出自科学本身的客观精神，还应该出自知识分子“为了学术而学术”的精神追求和价值取向。然而，当前中国大学和知识分子的这种精神追求和价值取向正在逐步退化，很少能够做到“不为五斗米折腰”，“不为权贵低眉”，不能形成一种“在真理面前，人人平等”的学术生态环境。所以，当前中国大学在各种有形与无形的压力下批判精神显得非常黯淡。三是忽视培养具有社会责任担当的人才。大学对社会的影响和精神的守护还直接体现于为社会培养具有智慧和先进思想的优秀人才，对民族、对社会勇于担当责任的知识分子。当前中国大学在一定程度上忽视了对“人的教育”属性的关注。很多大学只关心指标数据与硬件设施，而对大学的人文精神、学术底蕴尤其是理想主义和大学生的文化修养的养成则关注甚少。我们不得不承认当前大学教育有某种程度的“缺位”现象。大学生道德堕落甚至犯罪的事件不断见诸报端，如“药家鑫杀人事件”、“我爸是李刚”、“留日学生弑母”等事件，不断激起公众舆论的喧嚣。也许我们都有这样的疑问，是什么让一个象牙塔里的天之骄子，对鲜活的生命如此漠然？又是什么让一个心智健全的成人，丧失了起码的道德水准和对法律的敬畏？难道仅仅是“财富”和“权力”吗？当然远不止这些。我们的大学都自发地把如何使学生变聪明作为主要的目的，忙于应付令人头晕目眩的“新知识”，根本无暇顾及真正有效的价值观和道德教育。其严重性在于，如果我们使学生变得聪明而未使他们具有道德，那么我们是在为社会创造危害。

今日，中国大学之雄心到了前所未有的高度，热烈地追寻着“一流大学”的梦想，冷静观察，却发现现代大学的基本制度尚付阙如，无论是学术制度，还是大学教育管理制度。也就是说，当我们憧憬绚丽的楼阁时，却发现建筑的根基还没有。② 丁学良先生曾指出，看 21 世纪究竟是谁的天下，

① 刘鸿：《大学文化精神及其涵蕴》，《湘潭工学院学报（社会科学版）》2001 年第 4 期。

② 杨旭东：《沉重的大学之思——大学现象学导论》，《大学教育科学》2010 年第 4 期，第 30 页。

是谁的世纪，不要看别的，就看看那个国家的大学。中国大学和国际一流大学比主要差在制度。回顾过去的一千年，哪里有了第一流大学的兴起，大学所坐落的国家就会变成世界一流的国家。没有现代大学理念、现代大学制度，花再多的钱，仍然与一流的大学无缘，与大师无缘，与现代化无缘。① 所有的这些问题交织在一起，构成了今天中国大学主体性的现状与困境，也构成了今天国人对当前大学不满的一个重要原因。

第三节　当前中国大学主体性建设的特征

当然，这些问题和困境不完全是大学主体性缺失所带来的，而是与当前中国经济社会发展的整体环境息息相关，同样也嵌入到中国整体的制度框架之中，具有某种阶段性、现实性和必然性，更具有某种特殊性，用西方现代大学主体性建设的一般规律或经验、原则来审视中国大学主体性建设都难免出现较大的偏差。中国大学主体性建设的制度环境特征及其所面临的制度困境，从根本上决定着中国大学主体性的成长发展的总体状况和基本特征。从某种程度来看，中国大学主体性整体特征是中国大学自主性的制度环境方面的某种体现。与其他国家相比较，中国大学主体性建设有着自身独特的特征，这些特征主要体现在如下几个方面：

一、制度剩余与制度匮乏并存

制度剩余与制度匮乏同时并存，是中国大学主体性建设的一个重要特征。一方面，关于保障大学主体性的政策规定并不少见，从国家法律法规到地方性规章，可以说已经很多，甚至大量重复、交叉和繁琐。例如，对大学的管理，不仅有国家的法律法规的规定，还有主管部门的实施细则，而且还有其他部委联合颁布的管理规定，或者由各部委单独制定的管理规定；一些地

① 丁学良：《我们的大学最需要什么》，《中国改革》2001 年第 11 期，第 50 页。

方省级政府也纷纷制定本地管理大学的一些实施办法和意见；不仅业务主管部门制定了众多的法规、条例和规章，而且各级党委和政府也根据情况的需要不时发布一些重要的规范性文件和政策措施。类似的规章制度过多，造成了对大学管理过程中的“制度剩余”。无论是管理职能的重复，抑或是制度重复，都会带来制度资源和管理成本的极大浪费；而且事实上，“制度剩余”也未必增强政府对大学组织的领导能力，相反，往往会削弱其管理能力。制度设计的初衷是对大学实行有效的管理，提高管理效率，但实践证明，制度和监管的交叉重复易于导致相互推卸责任，出现监管漏洞或监管不力。更加突出的问题是，这种制度性的规范尽管非常多，但是真正能够落实在具体的管理过程中，有效规范政府与大学之间关系的文本并不多。

然而，另一方面，在“制度剩余”的同时，对大学自主性的制度保障又存在着许多“真空”地带，具体体现在 3 个方面：其一，在大学内部缺乏一种保障大学主体性的制度基础。在国外大学，为了保障大学主体性，一般大学都设有教授治校民主管理的大学自主性保障组织——大学评议会或教授会制度。中国历史上曾经在蔡元培掌管北大，梅贻琦掌管清华和西南联大时期倡导并推行过的教授治校的教授会制度，并发挥了重要的作用，但是这一制度已经成为历史，目前中国有部分大学如北大、东北师范大学等在试行这种制度，由于观念和认识的问题，所以还没有在其他大学推广开来，大学自主性在制度基础上还有大量的工作需要做。其二，具体的操作性的机制明显缺失。大量的现有制度规定基本上停留在原则性的或者说是大而化之的空乏规定，而对于现代大学自主性颇为重要的具体机制，尤其是对于规范政府与大学关系的具体机制并没有太多的涉及。如，政府在对大学行使权力的时候到底应该遵循怎样的程序，在具体的机制上缺乏有效地隔离政府与大学的中介缓冲，大学自主权在受到政府不当干涉后到底应该怎么办，等等，很难找到相对应的行为依据。同样，对于大学内部的治理来说，教授治校的制度要纳入法制化进程上恐怕还有相当长的路需要走，在这个过程中，大学主体性的机制基础可能会在很长一段时间内处于缺位的状态。其三，与大学自主性紧密相关的制度性价值总体上依然欠缺。所谓制度性价值就是制度背后所蕴含的观念体系和价值理念，与大学主体性建设相适应的价值主要体现为权利意识、民主意识和参与意识。中国有几千年的封建专制的文化传统,有些因素会成为大学自主性发展的藩篱;中国社会主义民主法治和政治文明虽然已经起步,但是任重道远;社会主义公民意识在改革开放后,特别是随着市场经济和民主政治的发展而迅速崛起,并且对中国的政治生活、经济生活和社会生活产生日益重大的影响。但是,中国公民社会同时也存在着许多问题,面临着许多困难,其中最主要的问题和困难来自其制度环境。与成熟的西方公民社会相比,中国公民社会具有官民双重性和自主性不足的特点,这些制度环境势必影响中国大学主体性的发展。

制度匮乏在现实生活中,往往使大学自主性无所适从,不管是教育部直属大学还是地方性大学,甚至连“985”工程大学也概莫能外。例如,我们的大学成了行政机构的附属,行政泛化现象屡见不鲜,更重要的是我们的学术人员在学术泛化面前表现出麻木不仁,存在严重的集体无意识现象。

二、观念空间大于行动空间

所谓“观念空间”即大学主体性在人们观念中的存在空间,或是人们内心所意识到、内心盼望的大学主体性。在目前的中国,在观念的层面上来说,对于大学主体性的建设其实已经成为社会各个方面的一个共识,那就是建设中国特色的大学主体性是关系到现代大学制度建设的一个重要问题,无论是政府官员,还是大学领导人、相关的学者、大学生群体等都对大学主体性进行呼吁。从政府官员的角度看,他们认为,大学拥有充分的主体性,可以改变全能政府的观念,把自己从一些纷繁复杂的具体细致的管理事务中抽身出来,做一个有限有效政府;从大学领导的角度看,他们觉得,大学拥有了主体性,他们可以根据社会和市场对人才的需要,创造性地改革和发展高等教育事业;从教师和学者的角度看,他们认为,一旦拥有了主体性,知识的传播、发现、运用和创造的使命和责任就更加能依照自身的兴趣和社会的现实需求而不是迎合政府的需求来进行;从学生的角度看,他们认为,大学生拥有了主体性,就能充分实现自我选择、自我管理和自我约束。同样,在关心中国高等教育发展的人看来,大力地推动中国大学主体性对于整个国民经济和国家创新能力的提高至关重要，是关系到中国现代化和中华民族伟大复兴的重要课题。所有的一切都表明，从观念层面上来说，社会已经形成共识，大学主体性的建设似乎水到渠成，并可以轻松地实现。

但是事实上，当前中国大学主体性建设面临着明显的行动空间不足的问题。所谓行动空间不足，就是在具体的实践方面难以把这些观念转变为具体的行动。这主要体现在以下几个方面：一是行动主体缺乏积极性。对于大学来说，认为目前大学主体性建设关键在于政府放权，因此，政府主动放权充当第一行动集团的角色是至关重要的。但是在政府看来，目前大学主体性建设困境主要在于大学自身明显能力不足，难以把握和驾驭更多的自主性权力，因此，大学主体性建设的关键在于大学首先需要完善自身的治理结构，政府才能够放心把权力下放给大学。而对于其他相关主体来说，如果不能有效解决政府与大学之间的关系，其他的都是空谈。正因为如此，各方呈现出明显的行动动力不足的问题；二是行动切入点的问题。大学主体性建设涉及方方面面的问题，到底应该从哪一个关节切入，寻找突破口是一个关系到最终结果成败的难点，这是一个很难把握的问题。实际上，近年来，有关方面都在一直试图通过试点的方式寻找到这种切入点，但是效果并不理想；三是行动成本问题。也就是行动结果的风险分担问题，与任何改革一样，改革都存在着风险，但是，现有的体制没有提供有效的改革风险保障机制，使得任何一方在涉及具体的改革行动的时候都不得不考虑这种风险，出于对风险的考虑，在相关行动的实践过程中都会呈现出小心翼翼的行为取向。上述这几个方面决定了目前我国大学主体性建设的行动空间不足而必然需要经历一个漫长的过程。

三、大学积极与消极心态的矛盾性

由于体制的原因，中国大学对于政府有着非常特殊的关系，那就是，在过去长期以来，作为事业单位的大学被纳入到了国家整体的权力体系和资源再分配体制之中，在权力上受到政府约束的同时，大学同样享受着其他组织不能享受的特殊的资源待遇，在社会其他群体和组织看来，大学在很大程度上依然是得到政府“优待”的部门。正因为如此,大学自身在主体性建设方面往往呈现出矛盾的心态:一方面希望从政府那里获得更多的权力,政府应该放手让大学在更多的相关事务上发挥更大的角色和功能;但是另一方面同样担心,政府一旦放手,原有的资源分配和政策可能随之消失,转而使得自己必须承担更多的责任,这对于大学来说,无疑意味着更多的挑战。而这种关系使其与西方国家的大学主体性相比,还很不成熟,其典型特征如目的性、自主性、能动性等还不十分明显,其重要的原因就在于此。随着行政体制的变革及市场经济体制的逐步建立,当政府通过立法的方式赋予了大学办学自主权后,一些大学在计划体制下形成的僵化的大学制度结构却显示出对社会适应性的“捉襟见肘”及其在大学自主权行使上表现出的力不从心。一方面内心渴望大学自主自立,另一方面在实践中因自身的治理能力的限制,缩头缩脑,束手束脚,或者是临深履薄,不敢放手行使属于自己的自主权。由于历史文化积淀的惯性,当政府放权还权给大学时,这种曾经对政府形成的依附性心理阴影和怪圈却仍然是挥之不去,难以冲破,难以割舍。一些大学仍然与政府“套近乎”,在心理和行为上对政府表现出若即若离、卿卿我我的状态。曾经的“等、靠、要”的方式在政府放权还权近 10 年后依然存在。在这样的环境下,一些校长不专心于大学治理,跑“部”“钱”进不亦乐乎。可见,大学的主体性仍然具有不成熟的一面。

与其他任何国家一样,中国大学主体性的建设是嵌入在自身特殊的经济政治和社会结构中的,与政治经济具有高度同构性。大学主体性不是大学可有可无的特性,也不是附赘悬疣侈于形。对大学主体性的诉诸,是中国政治文明、教育民主、社会整体进步的重要表现,它不仅有助于推进中国特色的民主政治和政治文明进程,而且也有助于中国高等教育的健康发展,有助于提高大学的治理能力,有助于构建一个和谐社会。大学主体性在中国的产生和发展,必须端赖其制度环境的改善。经过 30 多年的发展历程,中国大学主体性的发展又到了一个新的阶段,现存的制度环境在许多方面已经难以促进它进一步生长的需要,其中有些制度性因素已经成为制约大学主体性发展的瓶颈,必须进行相应的改革。改革的重点,应当是在深刻认识大学主体性发展规律和重要性的基础上,进一步转变对大学主体性的态度,对大学主体性给予正确的定位，加紧出台和完善关于大学主体性的法律、规章和政策，要对大学主体性既积极支持、热情帮助，又正确引导、合理规范，营造一个有利于大学自主性健康成长的制度环境。这种制度环境是既要防止大学给政府制造麻烦、导致社会不稳定的不健康的傲慢任性的膨胀，又要防止政府、社会及大学内的行政场域成为大学自主性发展的障碍，使现代大学及大学学术主体，更好地与政府、社会及大学行政场域合作，齐心协力建设一个民主、公平、宽容的和谐社会。

第五章　中国大学主体性发展中的制度保障:基于办学自主权的考察

有效的自主权是实现大学主体性最为重要的现实条件和制度性基础,但同样也是大学主体性建设中最为难以把握的问题,因为在不同的国家,由于体制的特征各异,政府与大学之间的边界总是难以区隔。政府权力过大自然会导致大学自主性受损,从而影响到大学作为一个学术组织应有的功能,但是如果政府权力边界收缩超过一定的界限,大学可能因为缺乏必要的支撑,而处于"孤立无援"的境地。对于中国来说,情形同样如此。自改革开放以来,"高校办学自主权"受到了政府的极大关注,是我国高等教育改革发展的核心问题之一。温家宝总理在2010年谈到高校办学时说:"一所好的大学,在于有自己独特的灵魂,这就是独立的思考、自由的表达。千人一面、千篇一律,不可能出世界一流大学。大学必须有办学自主权。"虽然目前人们对高校办学自主权的理解还因人而异,但"高校办学自主权是各高校办出特色"的观念已经深入人心,化为了《国家中长期教育改革和发展规划纲要(2010—2020年)》中"建设现代学校制度"的四大主题之一。党的十八届三中全会也明确提出"深入推进管办评分离,扩大省级政府教育统筹权和学校办学自主权",可见高校办学自主权已经成为一个高度关注的问题。为了更加深入地了解目前我国大学办学自主权的基本现状,我们在2012年9月份在浙江省有针对性地选取了浙江大学、浙江工业大学、宁波大学、绍兴文理学院等8所高校作为调查对象,与大学书记和校长、相关部门负责人进行了较为深入的访谈。并于2013年3—6月通过向全国"211"大学的书记、校长、中层干部、教授发放问卷的方式获得了相关数据,最后回收问卷:书记43份,校长47份,教授549份,中层干部646份。这些资料成为分析我国大学办学自主性的基本依据。

第一节　高校办学自主权内涵的理论阐释

高校办学自主权是指高等学校按照自身的任务和特点,为保障办学活动正常、有效和合乎规律地开展,充分发挥其功能所必须具有的自主决策权、自主执行权、自主监督权等。这是大学作为一个主体存在的核心标志,因此是大学主体性的核心要素,有效地落实和解决好高校办学自主权问题也是中国大学主体性建设进程中面临的一个核心问题,从某种意义上甚至可以说,如何建设中国特色的高校办学自主权是关系到中国现代大学建设成败的关键问题。没有办学自主权,大学的目的就可能被异化,目的性也就无从谈起,自觉性同样成为空话,被动性自然成为大学的主要行为特征,能动性的行为同样很难实现。因此,高校办学自主权成为目前我国大学改革中的一个重要结点。但是目前,不少人对于高校办学自主权这一概念并没有真正的了解,甚至存在着不少误解,认为办学自主权就是强调政府对高校的放权,就是扩大高校的各项权力,甚至一些人把高校办学自主权等同于书记、校长的权力,从而产生了不少困扰。

一、办学自主权是大学的一种制度性保障

“高校办学自主权”这是中国特有的一个概念,在西方,从内容上来看,与办学自主权类似的概念是“大学自治”,因此,从理论分析的脉络来说,高校办学自主权的精神原点通常都会追溯到西方的“大学自治”。从现代大学发展的进程看,大学的自主权问题也就是大学自治问题,从大学兴起的那一刻起就成为一个关键性的问题。如何确保大学应有的各项自主权,构建大学应有的自主性权利空间是整个大学体系中最为重要的制度性保障,争取并维护大学应有的自主权利一直以来都是大学发展过程中的核心话题。从中世纪开始,学者行会为了抵制外界控制势力,利用国家与教会之间的矛盾,大学为获得自身独立发展的空间周旋于教会与国家相互间权力争夺的

漩涡中，这其实就是维护大学自主性的斗争，到19世纪美国的达特茅斯学院案等等，其核心无不是大学自主性的权力问题。正因为如此，各国都纷纷制定相关的法律法规以确保大学的自主权，例如，早在16世纪，英国就颁布了《伊丽莎白法令》，规定学校行政领导归大学副校长和学院院长掌握。法国早在19世纪末期就通过了相关的法令，确定学部行政机构为学部理事会和教师代表大会，以法律形式确定学部理事会的各项权力，给予大学一定的自治权。美国大学从一开始就确立大学自主的原则，1820年后州立大学纷纷建立它们按州宪法规定享有与州立法、司法、行政机构平等的地位。而进入20世纪，特别是二战以后，以日本为代表，战后日本颁布了一系列的法令改革高等教育、如《日本国宪法》(1946)、《教育基本法》(1947)，以及后来的《教育委员会法》、《文部省设置法》等，《宪法》第23条规定“学术自由受到保护”，这条规定原则上体现了大学的研究和教育的自由，以及与此相关的人事、课程设置、学生管理的自治权。各发展中国家都纷纷通过了相关的法规，以维护大学的自主权利。

“高校办学自主权”正是我国借鉴发达国家大学发展历史经验的结果，是我国社会主义法治国家大学主体性的体现。与很多国家一样，对于中国来说，如何有效地扩大并落实高校办学自主权一直被认为是我国高等教育体制改革中的一个中心，改革开放以来，有关扩大并落实高校办学自主权的呼吁一直没有停止过，政府有关部门的努力也没有停止过，相关的法律法规也并不少见，但是，很显然，作为中国大学主体性最为重要的自主权并没有得到有效的体现，这是当前我国大学体制中一个最为突出的问题。问题到底出在什么地方？众所周知，高校办学自主权诱发于国企改革中的“经营自主权”。经历了高校领导呼吁、政府文件认可，法律尝试以高校法人权利方式的确认，再到“纲要”确定通过“现代大学制度”进一步落实和扩大高校办学自主权的路径及制度变迁过程；从高校领导呼吁的“高校自主权”，到政府确认的“高校办学自主权”，再到“高校法人权利”，高校办学自主权的每一步发展，每一次政策上突破，无不深刻地打上了中国特色的烙印。对于中国这样一个有着浓厚政府权威传统的国家来说，如何有效地克服计划体制的惯性，“中国特色”的权威制度体系与具有西方制度色彩的大学自主权有机地融合,并通过有效的机制和程序连接起来,有效地规范政府权力,维护大学的制度空间,这的确是一个充满挑战的复杂工程。

二、办学自主权是大学的权利义务统一体

大学作为具有公共性的法人组织,既是权利的主体,也是权力的主体。通常来说,权利是宪法和法律赋予公民或组织享有的权能和利益。所有者有权占有、使用和处分自己的合法权益,也有权要求他人作出一定的行为或抑制一定的行为。而权力职责范围内的支配力量,即职权,具有某种公共的权威属性。权利是与义务联结在一起的,任何权利主体同时也是义务主体,任何人或组织在享受权利的同时都必须承担起相应的义务。而权力是与责任联结在一起的,任何机关或组织在行使权力的同时都要承担因为权力不当而带来的责任。大学是一个比较特殊组织,一方面,大学是一个法人组织和社会组织,拥有法人和社会组织的合法性权利;另一方面,大学,特别是公立大学是具有较强的公共性的特殊机构,或多或少承载了国家或政府的特殊职能,如人才培养、社会服务和科学研究等,作为具有浓厚公共性的法人组织,行使和分担国家权力或依属于公法的行政法等特别法,因此,也就不可避免地具有其他一般社会组织不具备的特殊的公权力,也就是权力。

正如上面所言,任何的权利背后都有对应的义务,权利和义务是一个密不可分的体系。高校的办学自主权同样如此,一方面办学自主权意味着高校在国家法律法规规定的空间内进行自主管理、自主组织教学和科研、自主招收和和学生、自主聘任教师等等,有自主决定校内基本决策以及与之相关人事财务的权利,其他的政府机构和组织个人等非经合法的程序不予干预。因此,这是一种保护性的权利。但同时,另一方面,办学自主权背后承载着同样重要的义务,作为以公共事业为成立目的的法人,是按照涉及公共利益的法律建立的,是为公共利益而存在的组织。我国的相关法律在规定高校自主权利的同时也规定了其应履行的义务。总体上可以简单地概况为几下几个方面:“遵守法律义务”“贯彻方针义务”“维护权益义务”“照规收费

义务”和“接受监督义务”等等，因此，从这一角度来说，这是一种约束性权利。这一点在西方国家大学发展的历史上同样非常明显，例如被视为早期大学自主性地位象征的特许状，在确认并保护其各项自主性权利的同时，相关的义务规定也是其中的一项重要内容，在大学履行公共义务是获得特许状的必要条件，是获得特许状所予诸多特权的前提。因此特许状对大学的目标和其他公共义务做了明确规定。如卡迪夫大学（Cardiff University）特许状对设立大学的目标作了如下的规定：促进知识和教育的发展；促进并提供研究及发展、传播、保存与应用知识的方法；通过团体生活发展学生的性格①。从其本质与功能看，大学特许状有点像今天的执照或政府批文，它是界定大学与政府间权利义务关系的法律性文件②。而民族国家建立后，大学的自主权更加强调为国家民族的义务，大学自治权主要转向为国家服务，为民族的发展服务。建立在德意志民族理性思维上的柏林大学，开创了大学成为国家研究机构的历史，丰富了大学自治权的科学研究职能。以美国实用主义精神创建的赠地学院，确立了大学服务社会的职能，极大地提高了大学的社会地位。这说明，大学的义务从来就是一个和自主权相伴相随的问题，把大学的权利和义务关系割裂开来不利于真正地建设现代大学制度。

在我国当前，扩大和落实高校办学自主权无疑是一个需要解决的关键问题，但是，目前一些高校或相关人员存在着这样一种倾向，就是片面地强调大学的自主权，而忽略或者淡化大学应当承担的对国家民族和社会的义务责任。当前社会公众和舆论对大学的不满不仅仅来自于大学的自主权不足，更多的是从大学责任和义务性的结果来判断的，大学每年在获得巨大的公共财政支持的同时，到底为本地经济社会的发展承担了什么样的义务，发挥了怎样的影响，这是高校需要认真反思的一个重要问题，难道仅仅是因为办学自主权不足的原因吗？大学在获得了日益扩大的自主权的同时是不是

---

① Charter，2005 年 5 月 14 日，见 http://www.cardiff.ac.uk/about/organisationstructure/constitution.html。

② 孙华：《特许状：大学学术自由的张力和社会控制的平衡》，《教育学术月刊》2010 年第 3 期。

也需要认真检讨自身的基本责任和义务等重要问题?

三、办学自主权是大学组织的权力

大学是一个法人组织,《高等教育法》第四章第三十条中明确指出:“高等学校自批准设立之日起取得法人资格。高等学校的校长为高等学校的法定代表人。高等学校在民事活动中依法享有民事权利,承担民事责任。”根据我国《民法》中关于法人的分类,大学法人应该属于非企业法人中的事业单位法人,即指从事非营利性的、社会公益事业的法人。高校办学自主权是高校作为一个法人组织依照相关的法律法规的依法拥有的自主性的权利。这里包含着几层基本的涵义:一是办学自主权不是书记,也不是校长个人的权力。《高等教育法》中规定的高校七项办学自主权清晰地表明,是高等学校作为法人组织所拥有的合法性的权力。而校长作为高校的法人代表,所拥有的是“法人代表”这一合法身份的职权,并不是个人的权力。目前,一些人把高校的办学自主权理解为书记、校长的个人权力,而一些书记、校长也在这方面存在着误解,从而导致高校权力个人化、随意化的倾向。近几年,随着一些高校领导权力腐化的相继曝光,一些人把其归因为高校权力过大的缘故,这其实是混淆了高校作为组织的权力和高校领导个人权力之间的界限。二是高校办学自主权并不等于高校实际能够实现的自主权利,并不意味着所有的高校组织都实际上拥有同样大小的权利。办学自主权是高校组织这一组织类型依法拥有的权利,是一种抽象的权利,而不是某一特定、单个高校的具体权利。《高等教育法》等法律从来没有,也不可能针对某一具体的高校进行具体的授权。因此,从这个角度上来说,所有的高校都拥有平等的办学自主权。但是,抽象权利或一般权利需要通过高校自身转化为具体的权利,或者说是实际的权利,而到底能够在多大程度上实现这种权力的转化就取决于高校自身的能力和条件。高校办学自主权形成的过程,也就是高校权利能力对高校法律权利的消化与吸收,并最终形成章程及规则体系的过程。任何高校都只有具备了一定的条件,如科研、教学、基础设备、文化、师资规模等等,才能使法律规定的高校权利内化为高校办学自主权。正因为如此,尽管从法律上来说,所有的高等学校在理论上都拥有同等的权利,但是,因为高校自身的能力的差异,而在实际上导致了不同高校自身大小不一的权力。所以,各高校应根据自身的行为能力,也就是不同的办学能力(包括办学理念、办学定位、办学特色、办学条件、教师水平、学生来源等)来确定办学自主权,而不是片面地求大、求全。三是办学自主权既是高校组织的权利保障,也是一种约束。也就是说,是高校作为承载高等教育这一特定职能所应该拥有的合法权利,但同时这种权利对高校来说同样是一种规范和约束。实际上,《教育法》、《高等教育法》规定的高校权利,是国家立法机关在政府和高校间对国家高等教育管理权限的划分。高校法律权利既保证了政府对高等教育的必要干预,也保障了高校办学的基本权利,以及独立办学、不受政府干涉的原则。我们必须摒弃高校办学自主权是"政府放权或分权"、高校办学自主权就是高校的法律权利的不正确观念。如果把高校办学自主权看成是政府的放权或分权,政府将可以任意地收回,高校也可以合理地推脱应当承担的责任,高校办学自主权就是一种随意性的权利,办学自主权的保障也就成为一句空话。但是另一方面,高校办学自主权同样也是对高校的一种约束,也就是说,高等学校超越了这些法定的权利就不合适甚至是不合法的了。

因此,落实和扩大高校办学自主权是进一步建设大学主体性的需要,政府应当依照国家法律、以人为本、遵循大学办学的基本规律,以及建设法治政府的精神,树立高校办学自主权是以学术性为基础、以法律权利为依据、以各高校行为能力为条件、以章程为表现形式的职权与职责、自律与他律统一的权利义务体系观念。

第二节 大学办学自主权的基本现状:高校七项权力的分析

从纵向来看,自 1985 年以来的近 30 年中,随着高等教育体制的改革，中国高校的办学自主权在不断扩大，一些高校根据学校实际，因地制宜，大胆创新，办出了特色和水平。但是，从横向来看，中国高校与西方发达国家的高校自主权相比仍存在差距，离建设中国特色的现代大学制度的要求还有不少的路要走。就大学办学自主权的总体情况而言（见图 5-1），在一项问卷调查中，我国高校自主权的基本现状如果用 1 代表很少，5 代表很多，要求被访对象作出评价，可以看出，总体上来说，不管是教授、中层干部还是书记，较多人的评价是 3 分，也就是说，高校办学自主权有了较为明显的发展，但是离 5 分的要求还是不够的。而校长的评价则呈现较为明显的分化，有近 40%的校长认为高校办学自主权只能给 2 分，也就是说并不好，而也有近 50%的校长认为可以给 4 分，也就是说高校办学自主权已经很不错了。出现这种分化的原因可能是因为校长在具体的校内体制和治理过程中的现实约束不同而产生不同的切身感受。

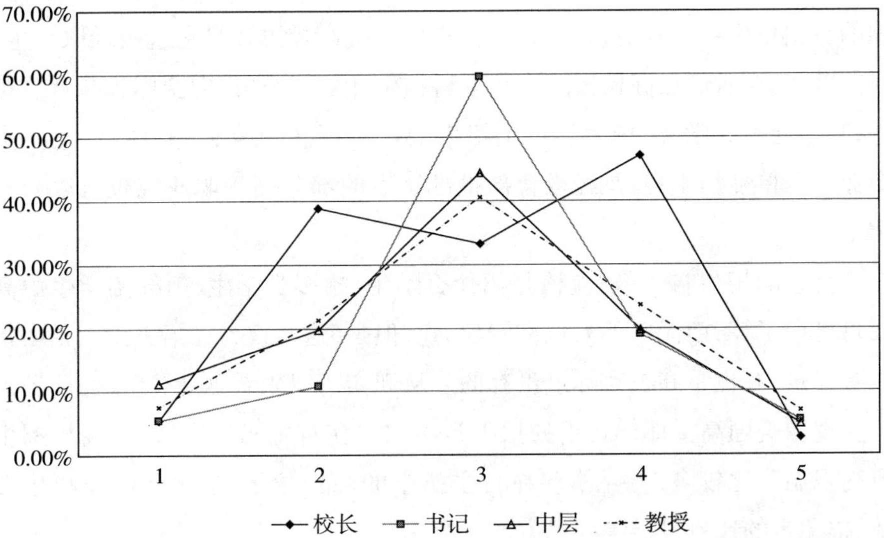

图 5-1　对高校办学自主权的总体评价

就某一具体的办学自主权来说，通过深入访谈和问卷了解到，1998 年《高等教育法》规定的七项自主权落实情况的主要现状如下：

一、招生自主权

招生方案制定自主权和系科招生比例调节自主权基本落实，同时开展了自主招生等实践尝试，但高校普遍缺乏主动选择学生的权力。

《高等教育法》第三十二条规定："学校根据社会需求、办学条件和国家核定的办学规模，制定招生方案，自主调节系科招生比例。"根据 1999 年 5 月 25 日教育部发布的《关于实施〈中华人民共和国高等教育法〉若干问题的意见》，该条文所谓的招生自主权就是"在核定的办学规模内制定年度招生计划，根据本校情况和专业特点提出招生附加条件，自主决定系科招生比例，提出面向省级行政区域招生数"。当前，中国高校可以自主制定招生方案，自主调节系科招生比例，或者说已经拥有了招生方案制定自主权和系科招生比例调节自主权。显然，就从这一条来看，我国高校的招生自主权基本落实。而且，在高校自主招收学生方面，我国正在积极探索，已经有 3 种类型的自主招生：一是经教育部批准试点的一批高校可以自主选拔录取招生，目前共有 76 所试点高校按照当年本科招生计划的 5%面向全国进行自主招生，其中北京大学、清华大学自主招生的比例可达 20%；二是体育、艺术类专业可以单独招生；三是经教育部批准试点的部分高等职业院校可以单独招生。

真正的招生自主权，应该是招什么学生、招多少学生、怎样招学生由高校自己说了算，而无须他人批准的权力。但是，这些权力在第三十二条中是没有规定的，也是高校实际上没有的。从现实情况来看，中国高校当前还无法实现像美国高校那样真正的招生自主权。在自主招生实践中，高校招生所受限制还比较多，主要体现在自主招生的高校数量、学生名额及招生形式、推免生的比例设定等问题方面。

二、学科、专业设置自主权

高校可以自主设置专科专业，自主设置目录内本科专业，自主调整与设置二级学科，但学科专业目录以外的学科专业设置需要审批，研究生学位点设置缺乏退出机制。

《高等教育法》第三十三条规定："高等学校可依法自主设置、调整学科、专业。"仅从该条文来看，我们难以准确把握高校办学自主权的落实与扩大情况，因为这里没有明确依据的法律法规。但是，从纵向来看，中国高校的学科专业设置权逐渐扩大，并且从国家教委直属高校到地方院校逐步落实。

早在 1986 年，国务院发布了《高等教育管理职责暂行规定》，要求制订高等学校的基本专业目录与专业设置标准，组织审批专业设置。此后，我国高校的专业设置在很长一段时间都由政府严格审批。1992 年，国家教委印发《关于国家教委直属高校深化改革，扩大办学自主权的若干意见》的通知。此后，国家教委直属高校的专业设置权有所扩大，可以自主设置专业目录内专业。《高等教育法》通过后，1999 年教育部印发了《高等学校本科专业设置规定》，提出高等学校可在核定的专业设置数和学科门类内自主设置专业、调整专业；但学科门类范围外的专业，需要教育行政部门审批；等等。该规定使得一定范围内的专业设置自主权由国家教委直属高校，扩展到地方本科院校。同时，该规定明确提出，高等学校设置、调整专科专业由学校自主确定。最近发布的《普通高等学校本科专业设置管理规定》在原来规定的基础上，进一步扩大了高校的专业设置权，不再限定专业数和学科门类，而是可以根据专业目录，经高校专业评议组审议后自主设置。当前，对于不少"985"工程高校来说，可以完全自主地设置目录内专业，北京大学、清华大学等几所高校还可以自主设置目录外专业。

本专科专业设置自主权逐步扩大的同时，研究生学位的学科专业设置自主权也在逐步扩大。长期以来，所有授予博士、硕士学位的学科专业设置都需要由国家学位委员会审批。2004 年 4 月制定的《专业学位设置审批暂行办法》第十二条规定："未经国务院学位委员会办公室批准，任何单位不得进行专业学位教育工作，或在招生与学位授予中使用有关专业学位的名称，对于违反规定的单位，将给予相应的处罚。"2008 年 1 月

14日，国务院学位委员会第二十五次会议制定了《博士、硕士学位授权审核办法改革方案》，在“严格控制申报和新增学位授权学科专业点数量”的同时，提出“委托部分基础条件较好、办学实力雄厚、社会声誉高，经教育部批准设置研究生院的学位授予单位，开展自行审核本单位博士学位授权学科（不含军事学门类的学科）的试点；继续委托经教育部批准设置研究生院的学位授予单位，自行审核本单位所有硕士学位授权学科（不含军事学门类的学科）。”这就意味着，经教育部批准设置研究生院的学位授权单位，拥有设置本单位博士学位授权学科和硕士学位授权学科的自主权。2009年，国务院学位办发布了《学位授予和人才培养学科目录设置与管理办法》，该办法第十条提出，授予硕士、博士学位和培养研究生的二级学科，原则上由学位授予单位依据国务院学位委员会、教育部发布的学科目录，在一级学科学位授权权限内自主设置与调整。该条第二款进一步指出，学位授予单位根据国家经济和社会发展对人才的需求，结合本单位学科建设目标和人才培养条件，按本一级学科学位授予权权限，可在二级学科目录内，自主设置与调整本一级学科下的二级学科。也就是说，拥有一级学科学位授予权的高校，可以自主设相应二级学科目录内的二级学科。这种学科专业自主设置权，已由具有研究生院的高校扩展到所有高校。同时，从1997年颁布的《授予博士、硕士学位和培养研究生的学科、专业目录》到2011年的《学位授予和人才培养学科目录》，除了增加艺术学这个学科门类外，其变化主要体现在不再发布二级学科，这为高校自主创设二级学科提供了更大的空间与权力。

尽管高校的专业设置权逐渐扩大，在访谈中一些高校代表认为，在国家确定的学科分类标准下，大学应该具有选择学科举办权，尤其是专业的自主设置权以及创设权，可以自主开发新的专业；同时，规定目录外学科专业由政府审批，会导致高校普遍将学科专业自主权的焦点与亮点放在目录外。学科专业不仅是学术分类的重要依据，也是人才统计的重要工具。事实上，从学科专业总体上呈现综合化的趋势来看，大学本科过度的专业化模式并不可取。因此，国家有必要制订学科专业目录，严格控制目录外学科专业的增设。不过，为了体现人才培养的个性化，尊重高校实际，以及学生个体发展,可以在大学生电子注册中,增设专业方向一个栏目,以体现其在毕业之际的特长与爱好。

近两年来,博士、硕士授权和审核呈放权趋势,高校的办学自主权在扩大。但是,高校的办学自主权扩大以后,如何加强管理、规范管理,则是一个重大问题。一方面,有些学校,为了提升学位点,花重金引进人才,购买设备,提升办学实力,但一旦获得学位点之后,则听之任之,最后没有相应的师资、没有足够的办学条件,这个学位点仍然继续招生;另一方面,由于学位点总额受到国家控制,许多新建本科院校要继续提升办学层次,新设或者增设研究生学位点,非常困难。在这种情况下,政府一方面要加强研究生学位点的总量控制与布局管理;另一方面,要以省(直辖市、自治州)为区域单位,启动研究生学位点的规范管理与周期评估,推进学位点建设的淘汰与竞争机制。

三、教学自主权

高校可以自主制定教学计划、选编教材与组织实施教学活动,但"两课"教育等必修课时过多。

《高等教育法》第三十四条规定,"高等学校根据教学需要,自主制定教学计划、选编教材、组织实施教学活动。"自《高等教育法》颁布以来,高校根据教学需要,基本上能够自主制定教学计划、选编教材、组织实施教学活动。应该说,高校教学自主权是一项容易落实的权力,也是七项权力中落实得最好的一项权力。不过,从纵向发展来看,高校的教学自主权也是一个逐步扩大的过程。

在20世纪80年代初期,虽然没有规定所有高校使用统一教材,但由相应专业委员会编写的统编教材仍然具有较大的约束性;与此同时,成立了国家教委教材司,统一组织管理高校教材。1986年,国务院发布的《高等教育管理职责暂行规定》,一方面要求国家教委制定指导性的教学文件,规划、组织教材编审,另一方面又要求扩大高等学校管理权限,其中包括:制定教学计划(培养方案)、教学大纲,选用教材,进行教学内容和方法的改革。

1998 年，高等学校可以自主制定教学计划、选编教材、组织实施教学活动，写入《高等教育法》。时至今日，高校中的绝大部分课程及所有专业课程，基本上都由高校自行制定教学计划，选编教材，自主组织实施相应的教学活动。在课程教学改革上，高校拥有相当大的自主权。当前，课堂教学改革仍然缓慢，这已经不是高校办学自主权不足的问题，而取决于高校内部的教学管理模式，以及高校教师的教育教学素养。

虽然高校教学自主权落实较好，但由于四门部办课程（即"两课"）的推行，以及对某些课程的刚性规定等，高校教学权受到干预，在一定程度上影响了高校教学育人与课程改革的主动性与创造性。从调研访谈来看，针对课程设置权或者说教学权，高校反响较大的问题主要有两个：其一，四门部办课程课时量偏高，教学方式陈旧，教学效果不佳。其二，政府部门规定的刚性课程占有较大比例。上级政府或者相应的专业委员会一纸令下，高校就得言听计从地开设相应课程，或者由选修课变成必修课，等等，这对高校进行人才培养模式改革，以及推进课程教材教学建设带来诸多不便。例如，在某大学，文科专业一般为 155 个学分，理工科专业 165 个学分，其中两课 12 个学分、外语 12 个学分、体育 4 个学分、大学生心理健康课 1 个学分、军训与军事理论 1 个学分、计算机 5 个学分、就业与形势 1 个学分等，这些非通识性的必修课程，占到 36 个学分以上，在文科专业中超过总学分的 23%，在理工科专业中占约总学分的 22%。此外，还不包括通识性的公选课，不包括即将要求开设的《创业教育》。显然，该种课程比例偏高，既不利于通识课程的开设，也不利于专业课程的加强。

除了刚性课程比重过高之外，政府根据《高等教育法》第四十四条"高等学校的办学水平、教育质量，接受教育行政部门的监督和由其组织的评估"，通过对高校的指导、检查、监督、考核、评估等方式，直接干预高校的教学活动。例如，在教育部办公厅 2004 年发布《关于加强普通高等学校毕业设计（论文）工作的通知》后，不少省级教育行政部门和有关主管部门，制定了十分详细的毕业论文（设计）标准，诸如毕业论文要达到 1 万字、要翻译 2 篇外文文献（哪怕写古代汉语的论文也不能例外）、要写致谢词、要有开题报告与多次中间修改的记录等,要求高校严格执行。从某个角度来说,规范性已经成为论文的主要要求,在很大程度上抑制了高校的改革精神与指导老师的创新活力,大大增加了广大师生员工不必要的课业负担。又如,从1994年开始启动的普通高校本科教学工作水平评估,虽然在促进高等学校转变教育思想、树立现代教育观念、落实教学工作中心地位、改善办学条件、规范教学管理、提高教育质量等方面发挥了较大作用,但是普遍被认为是对高校教学自主权的干预,强化了高校对政府的依附性,抑制了高校的办学特色,导致功利主义和形式主义在高校盛行。

四、科学研究与社会服务自主权

高校已经享有较高的科学研究与社会服务自主权,但是在科研经费的管理上规定过死,没有体现劳动性报酬,同时重复性研究过多。

《高等教育法》第三十五条规定,“高等学校根据自身条件,自主开展科学研究、技术开发和社会服务。国家鼓励高等学校同企业事业组织、社会团体及其他社会组织在科学研究、技术开发和推广等方面进行多种形式的合作。国家支持具备条件的高等学校成为国家科学研究基地。”应该说,该项办学自主权基本落实。当前,高校拥有科学研究的自由,大学教师可以自由自在地从事自己的学术创作。无论是个人与个人之间的共同探索,还是组织与组织之间的合作研究,抑或与国外或者境外的学术协作,我国高校均享有相当大的自主权。高校可以直接推广自己的研究成果,可以与社会合作开发科研产品,大学教师可以直接从事各种横向课题,等等。

虽然高校拥有较大的学术自由权,但是,在科研经费的使用与管理上却受到较大的限制。对于横向课题来说,市场取向较为明显,结项要求由项目发布者确定,项目负责人对经费使用有较大的自主权;对于纵向课题来说,结项要求相对较为模糊,可测量性较差,从而成为科研管理中的难点。那些以论文、一般性研究性报告结项的纵向课题可以更多地采取非竞争性的方式,以科研资助或者业务经费的形式交给广大教师;高校、政府及社会更多地应该重视横向课题,这样才能将知识生产力转化为现实生产力,才能真正创造出真科学。在既定的科研经费管理体制方面,访谈对象普遍反映的问题主要体现在以下几个方面:第一,管得太死。在科研经费中能用于人员劳务支出的比例太低。很多项目规定人员经费只占10%,即便对于不需要仪器设备且主要依靠人力投入的软科学课题,也规定人员费用只占25%,这与欧盟等国普遍占40%的比例相差甚远;第二,强者通吃。有一定平台与人脉的学者,科研经费用不完,而一般的学者,则没有足够的科研经费;第三,重复研究。许多纵向课题均以论文论著结项,一个研究成果可以同时让多个研究项目结项。至于如何加强科研项目负责人自律,可以采取大量的纵向课题按科研业务经费投入。竞争性的课题主要以横向课题为主,明确结项任务,由项目负责人自主决定课题经费的使用,高校及项目发布方主要关注是否完成了课题任务,实现了课题目标。同时,学校为科研项目提供了平台和公共资源,不应该再要求其提供配套经费,影响高校对科研经费的配置。

五、境外科技文化交流和合作自主权

高校能够自主开展一般性的对外交流合作,但政府有关部门在中外合作办学项目、招收留学生审批等方面控制较严,高校参加国际学术会议、聘请外国专家等方面还受到不少限制。

《高等教育法》第三十五条规定,"高等学校按照国家有关规定,自主开展与境外高等学校之间的科学技术文化交流与合作。"根据1999年5月25日教育部发布的《关于实施〈中华人民共和国高等教育法〉若干问题的意见》,高等学校依法自主开展与境外高等学校之间的教育、科学技术和文化的交流与合作,包括缔结校际交流协议、互换人员(包括留学人员、讲学人员等)、科研合作、举办学术研讨会、合作办学、参加国际学术组织及其学术活动、学术考察等。当前,高校在对外合作交流方面的自主权不断扩大,除了合作办学与招收留学生等事项外,政府部门的行政审批往往属于程序性的;同时,北京大学、清华大学、北京师范大学、兰州大学等一批高校陆续获得了一定的外事审批权。但是，政府有关部门在中外合作办学项目、招收留学生审批等方面审批较严，甚至会聘请相关专家再次论证；高校参加国际学术会议、聘请外国专家等方面还受到不少限制，当然这些限制主要来自教育行政部门以外的公安、外事等涉外管理部门。

在缔结校际交流协议、互派人员、科研合作、举办学术研讨会、参加国际学术组织及其学术活动、学术考察等方面，有些高校认为，普通本科院校的对外审批权可以由教育行政主管部门转移给高校，不仅可以节省行政成本，提高行政效率，而且可以增强高校对外协调能力与外事水平。同时，教育行政主管部门商有关部门考虑高校对外交流合作的实际需要，适当简化相关审批程序。对于中外合作办学、招收留学生等项目，教育行政主管部门的审批要从管制向服务转向，平稳有效地推进高等教育的国际化。

六、机构设置与人事自主权

高校可以较大自主地设置校内机构，中层及以下干部的任免基本上由高校自行决定，享有具体的薪酬体系设计权，但高校不能享有充分的教师聘任权，行政岗位的竞争性津贴偏低。

《高等教育法》第三十七条规定，“高等学校根据实际需要和精简、效能的原则，自主确定教学、科学研究、行政职能部门等内部组织机构的设置和人员配备；按照国家有关规定，评聘教师和其他专业技术人员的职务，调整津贴及工资分配。”该条通常被称为机构设置与人事自主权条款。根据1999年5月25日教育部发布的《关于实施〈中华人民共和国高等教育法〉若干问题的意见》，该条包括5个方面的权力：1. 高等学校可根据实际需要和精简、效能的原则，自主确定和调整学校的教学、科研组织机构及其管理体制；2. 在国家规定的学校内设管理机构限额内，自主设置内部管理机构；3. 在学校主管部门核定下达的人员编制定额内，自主确定人员配备和各类人员的构成比例，并可依据校内各方面承担的任务和工作性质，选择不同的用人制度和管理体制；4. 依据教学、科研等任务需要和国家的有关规定，自主设置和调整专业技术职务岗位，进行专业技术职务聘任工作；5. 在实行工资总额包干的前提下，自主确定校内分配办法和津贴标准。应该说，机构设置与人事自主权属于落实得较好的办学自主权。

在机构设置上，高校可以较大自主地设置与调整内设机构。长期以来，高校基本上复制了政府部门的机构设置。《高等教育法》颁布实施后，高校获得了较大的机构设置自主权。1999 年，教育部发布了《关于当前深化高等学校人事分配制度改革的若干意见》，指出高等学校的机构设置不要求上下对口，职能相近的部门和机构要尽可能合并或实行合署办公。2000 年，中组部、人事部与教育部联合发布了《关于深化高等学校人事制度改革的实施意见》，进一步指出，“高等学校的内设机构不要求上下对口。合并主体职能相近的部门，对任务性质基本相同的机构可实行合署办公。”1995 年教育部发布的《研究生院设置暂行规定》进一步强调，未经国家教育委员会批准，擅自试办或建立研究生院的，由国家教育委员会给予通报批评、或限期整顿、作出取消试办研究生院、停办研究生院等处罚决定，对有关责任人员，依法给予行政处分。2012 年 9 月 23 日，国务院发布了《关于第六批取消和调整行政审批项目的决定》，在 171 项决定取消行政审批的项目中，第 3 项便是关于高等学校设立、撤销、调整研究生院的审批。这样，长期以来需要政府严格审批的研究生院，高校可以自行设立。总体来说，高校校内机构的设置权已经归还给高校，在保证原有机构功能的基础上，一些新型的机构名称不断涌现出来，体现了新的办学理念与价值追求。

在干部聘任上，中层及以下干部的任免基本上由高校自行决定。在 20 世纪 80 年代，高校中层干部的任命，基本上由政府部门任命或者委派。例如，在浙江省，那个时候一般本科院校的中层干部，都由省委组织部任命。此后，高校中层干部的任命权逐渐下放。当前，高校中层及其以下干部的培养、选拔、任免、考核完全由高校自主决定。高校可以创造多种形式，对中层及其以下干部进行任免与考核。例如，可以实行自下而上的竞聘上岗，也可以采用自上而下的委派上岗；可以遵循地方政府的干部考核标准，也可以试用高校自行研制的干部考核办法。总之，在高校中层及其以下干部的人事组织权上，高校拥有较为充分的自主权。这点在问卷调查中也得到了很好的印证，图 5-2 表明，问及自身对于本校中层干部选聘过程中的权限时，绝大部分校长和书记都认为自身的意见很重要和比较重要,只有极少数的校长和书记认为自身意见不重要。

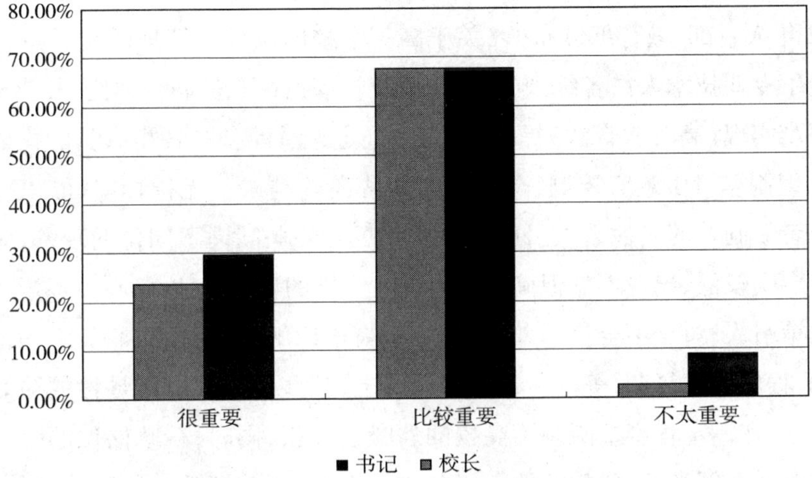

图 5-2 书记和校长对中层干部权限的评价

在师资队伍建设方面,高校拥有师资队伍规划权,高校可以较为自主地聘请教师与确定校内分配方案。当前,高校可以自主规划自己的师资队伍。例如,优先引进哪些学科领域的教师,每个学科配备多少师资,在哪个学科培养或者引进多少相应层次的教师,等等,这些计划基本上都由高校自己制定,也由高校自行组织实施。在"985"工程高校,教师聘任权基本上完全交给高校;在地方院校,选择什么样的大学教师,一般也由高校决定,政府更多的只是一种程序性的审批。对于高层次人才,高校可以开出竞争性的优惠待遇,自主自由聘请。尤其值得肯定的是,在 20 世纪 80 年代,从高校内部权力结构来说,许多高校的人事权在学校层面,现如今,高校的人事权由学校向学院转向,在高水平大学,还在向学科甚至学科研究方向转向,教师聘任权的重心不断下移,映射出学术权力重心不断下移。在薪酬设计上,虽然绩效工资政策给每个地方的高校有一个指导性的分配方案,但是,高校可以进行相应的调整,在一定程度地体现了高校的自主权。在编制饱和的情况下,高校可以招聘编制外的工作人员,自主设计薪酬。

虽然机构设置与人事自主权相对落实较好,但也没有完全落实。例如,在机构设置上，2008 年中宣部、教育部发布《关于进一步加强高等学校思想政治理论课教师队伍建设的意见》，明确提出各高等学校应当建立独立的、直属学校领导的思想政治理论课教学科研二级机构。在人事自主权方面，2007 年人事部、教育部颁布的《关于高等学校岗位设置管理的指导意见》，规定了专业技术人员各级别的比例，以及管理人员职员职级的比例，使得高校很难实现《高等教育法》提出的“自主确定人员配备和各类人员的构成比例”；编制总量由政府控制，造成现在某些高校进人已无指标，只能以合同工或者编制外的其他人员引进，造成同工不同酬、同岗不同位的现象；对于学历层次较低、出身不好但确实具有真才实学的优秀人才，学校难以通过特殊政策引入；对于不合格的教职员工，学校难以解聘；对于教职员工的正式调动，程序过于复杂；等等。在薪酬设计上，某些地方政府指导性的绩效工资标准，在一定程度上限制了高校的薪酬设计权；同时，行政岗位的竞争性津贴偏低。例如，某省的绩效工资分成两大块：基础绩效与奖励性绩效，并且指导性标准为 7∶3。于是，高校自主设计薪酬体系的权力减少，无法落实《高等教育法》提出的“自主确定校内分配办法和津贴标准”。又如，一所大学可以花费数百万引进一位教授，但不可能花巨资聘请一位学校领导。一位学校领导在智慧、精力等方面的投入，比国企老总不会少，但其劳动所得太少。这也正是高校领导热衷于科学研究的重要原因之一。因为，当前，高校教师的收入差距，主要体现在科研收入，以及学术创业方面。如果高校真的能够成为一个相对独立的法人组织，那么，它就可以自行决定学校领导的收入，采取年薪制，实行竞争性的岗位津贴。

在人事自主权上，虽然《高等教育法》没有明确规定高校主要领导的来源，但是，作为一个独立的法人组织，高校应该具有选择自己领导的权力，其中包括初始提名权与考核评价权。当前，国内高校都没有选择自己校长（包括其他校领导）的权力。其带来的后果是较严重的：其一，这些领导对于部任用的部门负责，不会更多地考虑自己的服务对象，导致其在任期内难以做出真正有利于高校及师生员工发展的业绩；其二，全校教职员工不能根据自己的期望与要求选择合适的学校领导，在较长的时间都难以执行甚至领会新任领导的办学思路，尤其一旦新任领导的理念与现有教职员工的观念有冲突，则会影响学校的改革与发展；其三，学校领导更换频繁且带有较大的不确定性，容易导致一所高校办学理念的中断，不利于形成大学的办学特色。大学校长的选择，可以采取遴选的办法，在经历自愿报名、政治与资格审查、能力测评等环节后，由多方组成的遴选委员会提出若干建议性名单，最后由组织部门考察公示、政府任命。校长实行任期制与年薪制，考核内容以其岗位贡献而不是学术业绩为主，考核成绩以高校师生员工与社会的满意度为主要观测点。

七、财产管理使用自主权

高校自主筹措社会资金的权力有所增强，在预算范围内拥有较大的资金自主支配权，但专项经费比例偏高，拨款自主支配程度较低。

《高等教育法》第三十八条第一款规定，"高等学校对举办者提供的财产、国家财政性资助、受捐赠财产依法自主管理和使用。"这便是高校的财产管理使用自主权条款。1999 年 5 月 25 日教育部发布的《关于实施〈中华人民共和国高等教育法〉若干问题的意见》说："依照 1997 年原国家国有资产管理局和财政部制定的《行政事业单位国有资产管理办法》的规定，高等学校应对举办者提供的财产、国家财政性资助、受捐赠财产自主管理和使用。高等学校可依照国家有关规定多渠道筹集事业资金；在国家有关部门核定学校总收支情况后，可自主安排学校预算；对于国家有关财务规章制度没有统一规定支出范围和标准的，学校可以结合本校实际情况自行规定，报主管部门和财政部门备案。"从现实情况来看，在国库集中支付制度推行以后，高校在预算范围内拥有充分自主理财权；同时，在争取社会融资、推动科技成果转化、争取社会捐赠等方面，享有较大的自主权。

但是，高校的财产管理使用自主权不够充分。根据《事业单位国有资产管理暂行办法》，高校不得自行处置国有资产，不能享有资产处置自主权、资产出租出借自主权、资产对外投资自主权以及资产担保自主权。在实行国库集中支付后，高等院校的财务管理权特别是财政资金的审批权和调度权已在实质上很大程度收归于国家财政，高等院校的财务管理活动被压缩成单一的预算管理活动,仅存有单一的预算自主权;又如,实行国库集中支付制度后,高校所有预算内外资金均纳入国库集中支付,统一上缴国库,高校财务出现无货币资金的局面,这将严重降低高校的融资能力,尤其是银行贷款的积极性下降。另外,由于集中支付程序繁杂、审批部门多,因此审批时间长,财政授权支付额度到账不及时也会影响高校日常工作的开展。应该说,这种制度也有许多优点,当前要做的,主要是不断完善该种制度,克服其不利的一面;同时,提高高校的预算水平。例如,适当提高授权比例及高校自主支配资金的比例,保障高校的办学自主权;进一步规范和完善国库单一账户体系,对高校零余额账户与实有存款账户之间划拨资金等具体问题予以合理界定等。在大学自主理财权问卷(见表 5-1)调查中,当问及"将大学纳入到政府采购和国库集中支付的公共财政体制改革中,您怎么看?"时,63.6%的校长认为"大学有其特殊性,不同于一般的公共部门,这样做不利于大学的发展",30.3%的校长认为"对于大学的财务制度而言,过程监管应该放松一些,给予一定的自由度,但结果控制一定要严格,应该狠抓财政责任制度",只有很少比例的校长认为应该与政府接轨。结果基本上与访谈差不多。

表 5-1 大学自主理财权问卷调查情况

	频 率	有效百分比	累积百分比
大学有其特殊性,不同于一般的公共部门,这样做不利于大学的发展	21	63.6	63.6
大学用的是公共财政的钱,就应该实行严格的财务制度,以后应该更严格	1	3.0	66.7
对于大学的财务制度而言,过程监管应该放松一些,给予一定的自由度,但结果控制一定要严格,应该狠抓财政责任制度	10	30.3	97.0
大学的财务制度应该跟政府部门的财务制度保持一致	1	3.0	100.0
合 计	33	100.0	

在调研过程中,许多高校对专项的看法挺多,反应强烈。有些高校指出,专项经费已经占到高校财政性收入的40%以上,带来的问题很多。一

是让高校竞争性争取专项，把高校及其教师的精力都牵扯进来了，成本耗费量很大，影响了学校的中心工作；二是加重了高校对政府的依赖，与社会去行政化的改革呼声背道而驰；三是强者通吃，某些高校某些学科某些教师，经费多得用不完，而且这些经费学校无权干涉，导致资源浪费严重。许多高校认为，一方面，要加大生均拨款经费，因为这都是在培养人才，都在履行相应的社会使命；另一方面，适当增加高校处理专项经费的自主权，比如专项结余经费可以划转、不过多强制规定高校的配套经费等。针对"985"工程和"211"工程经费使用问题，并不是钱花不完的问题，因为高校对于资金的需求是没有止境的，而是由于时间限制导致的突击花钱、为花钱而花钱的问题。调查发现，为了执行进度，要求高校在第几季度花完多少钱，然后给予奖励，否则就减少拨款，这样会导致高校突击花钱。事实上，这些钱要求花在许多方面，而且某些属于采购设备的，需要集体采购，周期较长。

表 5-2 对目前高校 7 项权力的落实情况进行了简单的总结。在问卷调查中，当问及校长"在《高等教育法》赋予大学校长的各项职权中，您在治校过程中觉得最需要强化的是哪些职权?"时学位点自主设置权、副校长人选推荐权和学科专业设置权排在前三位。也就是说这几个方面的权力在校长看来依然落实的不够(见图 5-3)。从中可以看出，经过 30 多年的改革，中国高校在办学自主权方面取得了很大的成绩，尽管其中依然存在着不少问题，由于内嵌在有中国特色的制度体系之中，中国的办学自主权不可能也没有必要完全以西方现代大学为参照系，关键在于，在现有的制度框架下，如何更好彰显高校的办学自主性，以及这种自主性在多大意义上能够更好更充分地发挥大学作为一个学术研究、社会服务及人才培养方面的有效功能。

表 5-2 高校七项权力的落实状况一览表

	取得的进步	存在的问题
招生自主权	招生方案制定自主权和系科招生比例调节自主权基本落实 开展了自主招生等实践尝试	缺乏主动选择学生的权力

续表

	取得的进步	存在的问题
学科、专业设置自主权	可以自主设置专科专业，自主设置目录内本科专业，自主调整与设置二级学科	学科专业目录以外的学科专业设置需要审批
教学自主权	可以自主制定教学计划、选编教材与组织实施教学活动	“两课”教育等必修课时过多
科学研究与社会服务自主权	享有科学研究与社会服务自主权	科研经费的管理上规定过死
境外科技文化交流和合作自主权	能够自主开展一般性的对外交流合作	在中外合作办学项目、招收留学生等方面政府控制较严，参加国际学术会议、聘请外国专家等方面还受到不少限制
机构设置与人事自主权	可以自主设置校内机构，自主任命中层及以下干部，享有具体的薪酬体系设计权	不能享有充分的教师聘任权，行政岗位的竞争性津贴偏低
财产管理使用自主权	自主筹措社会资金的权力增强，预算范围内拥有较大的资金自主支配权	专项经费比例偏高，拨款自主支配程度较低

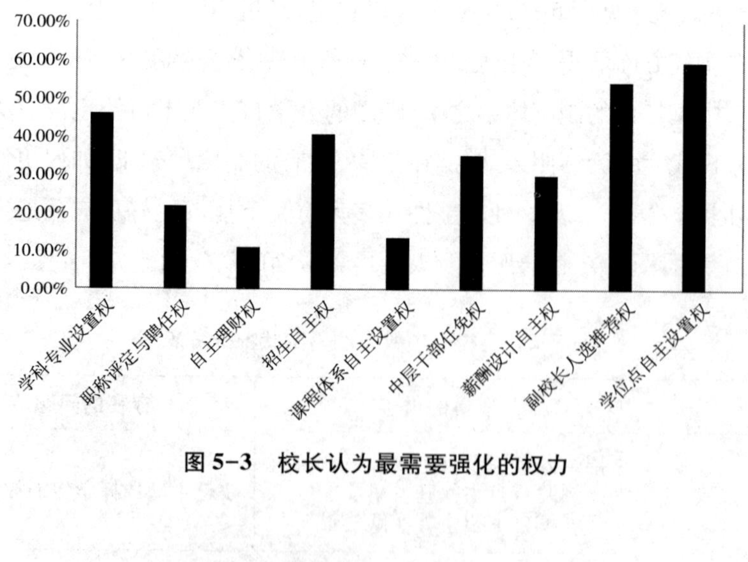

图 5-3　校长认为最需要强化的权力

第三节 大学必须有怎样的办学自主权①

从以上情况来看,中国高校办学自主权在实际过程中落实得并不理想,问题到底出在什么地方?对于大学必须拥有办学自主权这一问题,可以说,已经是一个无需讨论的问题,但是,对于置身于中国特色制度体系的大学来说,大学到底应该有怎样的办学自主权却依然是一个仁者见仁的问题,从理论上对这一问题进行认真探讨显得非常必要。

"大学必须有办学自主权"这是温家宝总理在2010年1月26日在听取科教文卫体代表对《政府工作报告(征求意见稿)》的意见、建议时对中国大学现状深有感触的一个基本结论。事实上,自1979年部分大学校长首次提出高校办学自主权问题以来,在高等教育管理体制改革中,这样的呼声与要求就没有停止过,尽管在1992年的国家正式文件中第一次明确提出高等学校法人实体的概念,并在1998年8月通过的《高等教育法》不仅从国家法律层面对高校的法人地位作出了明确的规定,而且对高校的办学自主权进行了详细的解说,30余年过去了,为什么时至今日人们依然带着高度的热情重提大学的自主权?直接的原因主要有三:一是在中国高等教育大众化进程中,社会对当今大学的种种不满与责难,无论是"钱学森之问",还是大学的"行政化"之弊,大学自主权的缺失是已经形成共识的主要原因之一,进一步扩大和落实大学办学自主权,祛除大学"行政化"积弊,提高大学的自主创新能力,已经成为关心高等教育发展、关心国家前途命运的各界人士的热切期盼;二是期待在国家中长期教育改革与发展规划纲要的制定中,对未来中国的高等教育作出描绘,对高校自主权问题作出实质性的回答与突破;而最为重要的第三条在于温家宝总理的讲话:"一所好的大学,在于有自己独特的灵魂,这就是独立的思考、自由的表达。千人一面、千篇一律,不可能出世界一流大学。大学必须有办学自主权。"直接推动了教育行政部

① 宣勇:《大学必须有怎样的办学自主权》,《教育发展研究》2010年第7期。

门落实大学自主权的行动,也燃起了高教界人士对自主权的重新渴望。党的十八届三中全会通过的《关于全面深化改革若干重大问题的决定》提出,要扩大学校办学自主权,完善学校内部治理结构。这是深化高等教育体制改革、进一步理顺政府与高校关系的重要举措,必将有力地推进有中国特色现代大学制度的建设进程。

然而,值得我们思考的问题在于如何真正的落实大学的自主权,为什么在长达30多年的高等教育改革中,即使以法律形式保障的大学的自主权迟迟不能落到实处?虽然在《纲要》中看到了"去行政化"与落实大学自主权的文字,但文本的明晰与30多年的中国高等教育的改革史实并不足以打消我们的疑虑。教育作为社会的一个子系统,从来不会也不可能孤立地存在于一个社会的政治、经济与文化之外,同样,大学作为一个社会组织,在一个长期以"礼治"讲"等级"的社会结构中,大学"被行政化"或更准确地说大学"被政府化"是情理之中的。不管大学是自觉的还是被动的,"行政化"是大学生存与发展的一种现实策略,光指责大学一方是有失公允的。

那么,如何改善大学的现状,让大学能在这样的环境下"独善其身"、"超凡脱俗"呢?核心的问题在于重新界定大学与政府的权力关系,如何从根本上切断政府直接干预和管理大学的脐带,建立一种防止政府直接参与大学管理的治理结构,保障大学是尊重自身的发展规律而不是行政的规则与意志来行使权力,让大学回归到作为一个学术机构上来,回归大学的学术性,让大学成为大学。从组织的权力逻辑来看,大学的权力可以划分为根本权力、基本权力、衍生权力与让渡权力4个层次,任何一个社会组织的存在都有其存在的核心价值,都会有与生俱来的权力,如同人降生一样的天赋人权,生存权是人的根本权力,大学作为一个学术文化机构存在的组织其根本权力应该是学术权力,自主地决定学术事务,这也是国外大学拥有"特许状"的理由,这应该是没有争议的,就像政府拥有公共权力一样天经地义。要根本解决大学自主权的悬置,只能从大学组织的基本权力的层面切入,依据大学的组织逻辑,还权于大学,这些基本的权力是大学办学的"必须",而不是在衍生性权力与让渡的权力层面作讨价还价式的改革,这或许是大学自主权一直得不到真正落实的主要原因之一。需要强调指出的是这里讨论的大学组织的权力并不等同于大学校长的权力。我们认为大学组织的基本权力应包括以下 4 个方面：一是校长的选择权；二是学生的选择权；三是自主的理财权；四是教师的聘任权。而其余的权力像学科规划权、专业设置权等都是衍生性的权力。这些权力对大学来说当然非常重要，但是都是从大学的根本权力和基本权力所衍生出来的权力，对于目前中国高校的办学自主权来说，基本权力没有得到有效地落实是大学职能没有办法有效发挥的最重要原因。

一、校长的选择权

历史的经验已经表明：伟大的大学总是和伟大的校长联系在一起，正如执掌校长牛耳 40 年的艾略特（Charles William Eliot）之于哈佛大学、蔡元培之于北京大学、梅贻琦之于清华大学。培养和选拔高水平的大学校长，改革大学校长遴选方式，是进一步发展高等教育、建设一流大学的必要条件①，是落实大学自主权的首要内容。

大学有校长选择权的涵义是大学校长从政府单一的任命方式转变为由大学自主地通过一定的组织方式与程序，比如教授会、遴选委员会等通过社会公开招聘的形式提出校长人选报政府审定与任命，以改变大学校长权力来源的政府一元化倾向。

长期以来，我们把大学校长视为党政领导干部，采取提拔任命的方式来选择大学校长。我国《高等教育法》第四十条规定：高等学校的校长，由符合教育法规定的任职条件的公民担任；高等学校的校长、副校长按照国家有关规定任免。在我国，大学不仅被看作是一个学术机构，更被看作是一个培养国家栋梁的具有上层建筑与意识形态性质的教育机构。直接行政任命校长，是政府加强对高校管理和领导的重要体现。因此，大学校长选拔的具体程序与标准套用了党政干部领导选拔的规定。

---

① 王英杰：《改革大学校长的遴选制度：一流大学建设的必要条件》，《科学中国人》2005 年第 5 期。

政府直接选拔委任校长，势必强化大学的行政化、官僚化趋势，强化大学对政府的依附性权力关系。校长由上级选拔任命，具有一定的行政级别，这使得校长更认同政府官员身份，官员的行为准则取向是“规则”，是下级对上级的服从与负责，这会导致校长们更看重向上负责，更倚重用行政管理的手段与规则治理学校，从而淡化了对于学术的认同感、对于学术共同体的归属感和责任感，其结果必然是行政权力不断侵蚀学术权力，从根本上制约了大学办学自主权。这也是大学被诟病为“行政化”的主要源头之一。

问题的根本在于政府直接任命校长的选拔制度忽视了大学的组织特性，从本质上说，大学是传播、生产、应用知识的学术机构，有其独特的价值取向和活动规律，要求与政府、企业不同的管理方式与运作机制。按世界各国通常做法，政府对于大学的管理一般只是法律意义上的宏观管理，主要采取立法、财政拨款、评估、课题立项等方式，而很少直接对大学进行管理。

同时，在政府直接选拔任命校长制度中一个难以克服的缺陷是政府对大学的运作方式和校长人选的能力素质了解有限，为便于选拔而往往依赖一些硬性指标。院士、博导、教授的头衔往往成为选拔校长的先决条件，在此基础上再考虑诸如学历、年龄、性别、政治面貌等因素。这种做法误以为只要是院士、博导就一定是教育专家，就一定能管好大学。但是，正如刘道玉教授所言“大学校长是一个特殊的职业，要求具有较高的职业素质，并不是任何一个教授和院士都可以胜任的”。因为大学校长具有多重身份和角色。斯坦福大学荣誉校长卡斯珀尔教授把当前美国大学校长的角色概括为9种：一是大学校长，作为一个庞大机构的领导人；二是一个特殊的首席执行官；三是大学理事会成员；四是募捐人；五是教育家；六是学者；七是公众人物；八是社会工作者；九是娱乐的伙伴。①

在我看来，作为社会良心与教育家身份的大学校长的行为取向更应该强化的是对“规律”尊重而不是向“规则”臣服，大学校长不同于行政官员，不同于专门学者，更不同于公司老板，在古今中外的历史上，大学校长崇高

① 教育部中外大学校长论坛领导小组：《中外大学校长论坛论文集》，高等教育出版社2002年版。

的名望与地位不是来自于他们官至几品,而是来自于他们圣贤般的人格,学问家的眼光,教育家的襟怀与管理者的魄力,他们通常是社会的名流与贤达,大学对于社会灯塔般的引领往往通过他们对于社会的影响力而得以实现。就如北大陈平原教授对大学校长的期待:"有理念,能坚持","有专业,能超越","有名望,能感召","有个性,能独立"。① 要让大学校长做到这些,必须在制度上要给予基本的保障,前提就是要解决大学校长的权力来源问题。

在高等教育教育国际化的进程中,国际上大学校长的遴选经验同样是可以也是必须借鉴的。欧陆制和美国制是大学校长遴选制度的两种重要类型。欧洲大陆的大学通常采取选举与任命两段制,即校长选拔的最后决定权取决于教职工或教授的选举票数,校长产生后则由政府加以任命。德国大学评议会以正教授为主体,校长主要从德高望重的正教授中选举产生;法国的校长由理事会选举直接产生,理事会则由教师、学生、行政人员、校外人士组成;校长产生后交给政府任命。这种制度反映了大学自治、教授治校的要求。

美国大学采取的是董事会领导下的学校自主遴选制,其大学校长遴选具有高度的自治性、民主性、专业性。美国法律规定,所有高等学校无论是公立还是私立,都被认为是独立公司,联邦政府与州政府基本不干预大学内部事务。因此,每所大学都有自己的董事会,董事会有权监督学校的运作与管理。董事会通过一定的程序来决定校长人选,校长则直接向董事会负责。大学校长的遴选属于学校的自主行为,遴选委员会由教授、学生、校友等代表构成,通过多种途径广泛应征候选人。这种遴选制度特别重视校长候选人的领导管理才能,而并不一定要求候选人是学术大师。

我国台湾地区的大学采取学校遴选与行政任命结合制。由学校成立的遴选委员会自行遴选后,确定一定数量的候选人,报上级主管部门,由上级主管部门从候选人中最后确定校长人选。美国和欧陆大学的做法与台湾地区的大学发展经验启示我们,建设现代大学制度,培养大学自主性,必须根

① 陈平原:《大学何为》,北京大学出版社 2006 年版,第 208—211 页。

据大学组织的特殊性，合理划分政府与大学的权力边界，赋予大学自主遴选校长的权力。

从政府选拔委任校长制转变为高校自主遴选校长制，有利于“彰显大学自主之精神”和“凝聚大学社群的公共意志”①，有利于遴选出熟悉大学、理解大学、致力于实现大学理想的人出任大学校长，大学自主遴选校长必然是公开的，是面向全国甚至全世界的，而不是在小圈子里选拔。这有利于促进校长的流动，有利于形成一支潜心研究大学理念和办学规律的职业化校长队伍，从而推动我国大学校长职业化进程，最终达到职业化校长的基本条件：要精通教育学原理，有自己的教育理念，依照教育规律办学；以校长为职业，在胜任工作和大多数教授同意的前提下，不受任期限制；具有较强的决策、管理和群众工作的能力；要有自我牺牲精神，在任内全身心投入到学校的管理工作中去，做一个完全的校长。②

真正实现大学自主遴选校长，不仅需要在外部重构与政府的关系，落实大学自主权，而且需要在内部建立健全相应的组织和制度，建立民主、公平、公开、竞争、规范的校长遴选机制，并建立监督机制和考评机制，对校长履行其职责进行有效监督和评价。毫无疑问，在中国特色的语境下，我们要充分发挥党对大学的领导，大学的党委在校长的遴选中应发挥主导的作用，全过程地参与、组织与实施校长的提名工作，党委书记担任遴选工作的负责人，也便于在今后工作中的合作与监督。

二、学生的选择权

所谓学生选择权，是指大学选择入校学生时自主决定其方式和程序的权利，也是大学进行人才培养活动的基础。大学的学生选择权是认识大学自主权的一个重要维度，是一名作为教育家的大学校长实现其教育理念与大学理想的重要保证，也是大学自主独立面向社会办学的具体体现。它不

---

① 黄俊杰：《从台湾经验论大学校长遴选的几个关键问题》，《清华大学教育研究》2002年第3期。

② 刘道玉：《中国怎样建成世界一流水平的大学》，《高等教育研究》2003年第2期。

仅决定大学的教育质量和内部治理结构，也会密切影响基础教育的发展和变革。正因为如此，各种名目繁多的自主招生权的试点，中学校长的实名推荐等的变革举措反映了不光是大学也是社会各界对高考改革与大学学生选择自主权的期待，但是，我们无一例外地看到任何招生改革的新举措对当今教育没有产生预期的积极意义，最后都演变成各校争夺优秀生源的策略。

一国公民能否自主选择无差别的享受每一个公民理应享受到的国家公共高等教育资源是政府的重要责任，这正是中国高等教育改革不断被推进的理由。也因为这一点，近几年来，高等教育中的选择权问题越来越受到重视。一方面，学生的教育选择权得到的强调，另一方面，大学应当怎样选择学生引起了争论，但在大学的学生选择权问题上却鲜有讨论。与大学的学生选择权相比，学生的教育选择权更容易获得人们的关注和普遍认可，这不仅仅是因为"公民有依法选择高等学校并接受高等教育服务的权利"①的观念得到大多数国家的教育政策和法律的认可与保障，更因为"学习自由是一种人权，与生俱来，人们无需去获得它，它包括于民主作为一种生活方式的实行中。"②事实上，合理的选择只会发生在具有充分自主意识的理性主体之间，如果大学缺乏自主的学生选择权，学生的自主选择最终将被机械的行政配置所代替。

人们普遍认为选择适合大学教育的学生是大学的职责，然而，为实现这一职责所需的选择权却极大地依赖于国家政策与法规制度所让渡的空间。理想的招生考试制度，是使所有的大学挑选最合适的生源，使所有的学生选择最合适的大学，体现双向选择原则的制度。③ 遗憾的是，就当前的教育体制和高考制度而言，大学的学生选择权并未得到足够的重视。将学生的招收与选择权赋予大学，可以预见的效应有以下 3 个方面。

首先，以利于因材施教，不拘一格，培育大学特色。依靠统一的高考分数录取新生几乎是目前国内所有大学的唯一选择，这种一元化的方式虽然

---

① 赵雄辉：《论大学生的选择权》，《辽宁教育研究》2007 年第 1 期。

② Sidney Hook, *Academic Freedom and Academic Anarchys*, New York: Cowles Book Co, 1970, pp.48–49.

③ 刘海峰：《高考改革的理论思考》，华中师范大学出版社 2007 年版，第 219 页。

在招生的效率、操作性和公平性等方面体现优势,但在正确性上却冒着极大的风险。高考分数成为学生用来挑选学校和学校选择学生时的唯一筹码只会导致选择主体的理性缺席,对于学校而言,考生只是由考分构成的代码,信息不对称的巨大落差也不会影响选择学生仅仅成为学校招生行政事务中的日常工作,并被轻易地完成。如果只是将人才培养的质量管理置于招生之后的教学过程,大学的人才培养不过是“来料加工”式的流水线作业,不断增加的教学投入使教学的流水线更为精致,但却无法保障学生与其所接受的教育相匹配。

事实上,人们将选择适合大学教育的学生作为大学的责任正是因为大学具有在择选学生时更为理性的可能和优势。选择学生并使其接受与之意愿相一致,与之能力相一致的教育是一项极富挑战性,而又极具专业性和知识性要求的工作,大学应当有充分的权利采取尽可能科学的方式和程序选择学生,使其接受与之相匹配的教育。实际上,高校人才培养的“千校一面,千人一面”不仅仅是因为人才培养的单一化,更源于大学选材时的行政化倾向。只有避免了从选材到培养的割裂局面,系统性地完成人才培养的整个过程,高质量的大学教育才有实现的可能,大学的特色才有可能彰显。

更有推动意义的是,随着学生选择权的落实,一些衍生性的权利如:大学的学科、专业的设置权与招生的专业规模决定权也会随之落实,当大学真正面向社会自主办学,首要的问题就在于了解社会对于人才结构、规格与特色的需求。没有这些自主权的跟进,单纯地落实学生的招收与选择权是没有意义的,有特色、高水平的大学期待只是个美好愿望而已。

第二,有助于实现学生选择权从行政权转化为学术权,推进大学内部治理的民主化。当选择学生只是依据高考分数而进行的简单作业,极容易使这项工作成为学校行政事务的一部分,而这恰恰是我们面对的现状,这不但强化了学校的行政规模,使行政工作日益成为学校的中心,而且进一步造成了行政事务与学术行为的混淆。值得一提的是,一旦行政机构承担了过大的责任,也必然带来其在人才培养过程的过多干涉。显而易见,一旦当大学真正担当选择学生的责任,一旦当选择学生成为知识性和专业性的工作,大学必须依赖知识和学术的力量。在这一过程中，每一个学科和专业的教师都必然成为科学选择的现实参与者，每一个学科和专业的意见在选择以本学科和专业为志愿的学生时都是最值得信赖的依据。这样的结果，保证了大学重要学术事务的决策权能够吸收更为广泛的民间意见，更有可能推进大学内部治理的民主化进程。

第三，更为重要的是，给予大学充分的学生选择权不仅仅有利于促进大学的内部变革，还将对基础教育产生积极地影响。作为一个既存的事实，步入大众化的中国高等教育已经形成了一个办学层次多元化，办学目标差异化极其明显的复杂体系。在这种状态下，延续一元化的全国统一高考制度必然“存在统得过死，无法体现各高校特色，加重学生应试激烈程度，影响中小学生全面发展等局限。”①为了高考，为了提高区分度，高中阶段的学习内容不断地加深、加量，导致过度教育，让我们孩子们的天性、创造力与美好的青春都淹没的大量的“垃圾知识”之中了，不仅如此，围绕着这一堆一堆的“垃圾知识”形成了巨大的利益链，各种社会的家教与补习机构应运而生，重复地消耗着社会巨大的时间与物质资源。

要改变现状，扩大大学的学生选择权，实行入学方式的多元化将是必然趋势。一方面，大学自主选择学生将改变高考只是一种“成就测试”②的现状，使高考对于学生的考察不再局限于对“高考分数”的事实判断，而更侧重于对学生的创造能力和实践能力等“发展趋势”的考量。如果说，“教育的目的是让每一个人潜在的素质都得到全面发掘、潜能都得到充分发挥；那么，考试显然是帮助个人发展的检测工具。”③赋予大学充分的学生选择权，正是基于这样一种目的。而且，也只有以此为目的，充分依赖知识的力量和科学的程序，大学的选择活动才真正发挥对基础教育正向发展的引导和辐射作用。

另一方面，大学自主选择学生的多元化不但使学生获得更多地接受不

---

① 刘海峰：《高考改革的思路、原则与政策建议》，《教育研究》2009年第7期。

② 熊晓亮：《新世纪美国SAT改革对我国高考改革的启示》，《教育探索》2009年第2期。

③ 赵正国等：《美国高校招生政策对我国高考制度改革的启示》，《辽宁师范大学学报（社会科学版）》2008年第7期。

同类型和层次高等教育的可能性，也将改变中等学校作为“分数加工厂”的尴尬局面。稍加留意，我们就会发现，统一高考在成为择优汰劣的机器的同时，也使这一功能不断的下移到每一个基础教育阶段的测试当中。更为可怕的是，分数代替了知识，成为了教育与学习的目的。在这样的定势之下，基础教育的教师极有可能异化为获取分数的“行家”，而非“基础”教育的践行者。而只有在高考这一源头上回归对知识和个体潜能的重视，避免分数带来的诱惑，基础教育才能纠正其发展导向，成为容忍差异性、培养创造性，以及具有启发性的素质教育。

当然，大学学生选择权的改革是一项系统工程，不仅仅在于理念的制度上的转变，还涉及大量选择的评价与操作的技术性难题，还有选择中社会公平与正义的体现，政府如何监管，大众如何监督等等，但所有这些都不应该成为阻碍大学学生选择权回归的理由。

三、自主的理财权

英国教育家埃里克·阿什比(Eric Ashby)，将大学自治的要求和范围归结为6个方面：1. 在学校管理中抵制非学术干预的自由；2. 学校自主分配经费的自由；3. 聘用教职员并决定其工作条件的自由；4. 招生的自由；5. 课程设置的自由；6. 决定考试标准方式的自由。阿什比的大学自治权界域在很大程度上体现了罗伯特·伯达尔(Robert Berdahl)的“程序性自治”原则，即指具有法人地位的大学或学院只拥有为实现自身发展目标和计划而决定有关措施的权利。① 美国卡内基高等教育委员会的一份报告对大学自治权范围的界定更加广泛，主要包括：1. 制定资金使用于特殊目的；2. 支出费用仅受审计上的监督；3. 决定大学雇员的分配、工作负担、薪资升迁；4. 选择教师、行政人员及学生；5. 建立有关等级学位授予、开设课程及发展计划上的学术政策；6. 形成有关学术自由、成长比例，以及研究和服务活动的行政政策等②。所以，

---

① 周志宏：《学术自由和大学法》，蔚理法律出版社1989年版，第76页。

② 周志宏：《学术自由和大学法》，蔚理法律出版社1989年版，第121页。

我们将大学在其内部经费的筹措、分配和使用上拥有的自主权称之为“理财自主权”，是高校自主筹措经费和使用经费的权力①。

理财自主权是落实大学自主权的重要方面，也是大学实施其他自主权的基础和前提。大学的运行是需要庞大的经费来支撑的，这些经费或许来自政府，或许来自私人及其他利益组织和集团，但从大学自治的内涵来说，拥有自治权就意味着大学具有自己管理自己事务的权力，包括对大学经费的使用权力，而不管经费的来源。

为建立适应社会主义市场经济的公共财政体系，在吸收借鉴国内外经验的基础上，我国于 2001 年下发《关于印发〈财政国库管理制度改革试点方案〉的通知》，标志着国库集中支付制度改革正式开始。2002 年 1 月，教育部被纳入试点单位，教育部在教育部本级及所属天津大学、南开大学、山东大学、中国海洋大学、石油大学 5 所高校，实行国库集中支付改革试点。江苏、湖南等省份的高校随之进行了改革，浙江省也于 2007 年 1 月开始实施国库集中支付制度改革。

国库集中支付制度改革减少了资金拨付环节，提高资金拨付效率；由于资金的拨付严格按照预算进行，有利于加强预算执行规范化，提高预算执行的透明度，同时对财政资金的使用实施全程监控，完善了监督体系，有助于防范资金使用过程中的违法乱纪和贪污腐败现象，促进廉政建设。目前，大多数经合组织国家都实施了国库集中支付制度改革，普遍认为这是当前规范政府资金支出比较完善和可靠的措施。中国政府实施国库集中支付制度改革后也取得了显而易见的成效。

综观中国目前大学理财自主权的实际情况，与《高等教育法》所规定的高校自主权限度有较大的差距。《高等教育法》第三十八条规定：“高校对举办者提供的财产、国家财政性资助、受捐赠财产依法自主管理和使用。”然而，虽有法而不能行。针对高校存在的“小金库”、“账外账”、“基建腐败”等现实并伴随公共财政体制的建立，政府对大学在经费分配和使用上的控制力度有增无减，大学在财务的自主权上受到极大限制。

---

① 曹淑江：《高等学校的软预算约束与财务自主权》，《高等教育研究》2005 年第 10 期。

其实造成这一现象的最根本原因在于政府把大学作为其职能部门进行管理和控制。丁学良先生曾说过：我们就是一直把这些高校当作政府的百分之百的附属品、行政部门和行政官僚们的百分之百的附属品来操纵的①。具体表现在两个方面：一是，政府部门对高等学校采取与政府职能部门相同的管理方式，即对高校的自筹经费实行“预算外资金专户储存”的制度，对高校的财政拨款实行“国库集中收付制度”和“零余额账户制度”，取消了影响高校运行与发展所必需的“货币资金”的资产形态；二是，政府部门对高校的经常性经费和专项经费投入严格限定。经常性经费主要依据财力增长情况，根据学生人数和离退休人员数，按学科和层次定额拨款。专项经费主要包括基建拨款、“211”工程、“985”工程、各部门的科研拨款，等等。这些经费的使用和分配均有比较严格的限定。如规定只能用于设备费、业务费等，甚至规定各自的具体比例，未让预算主体自行预算。

众所周知，大学的发展有自身的内在逻辑，每个大学都有自身的教育目标，或者说是教育信条。大学的本质特性是由其内在逻辑而不是由其他的任何东西决定的。正如阿什比所言，“内在逻辑对高等教育体系的作用犹如基因对生物体系的作用一样，它要保持这种体系的特性；它是这种体系的内在回转仪。”②大学是以知识为操作材料，从事高深专门知识的传播、创造、应用、整合的复杂的学术性组织。大学的活动都是与知识劳动相联系的。知识劳动的创新性与不可准确预见性，不可能像政府工作一样精确地提前一年预算，只有把知识领域内的问题交给学者去自主、自由地解决才能使探究活动的成本最低，效率最高，成果最准确。所以，政府在对大学内部经费的分配和使用权力进行放权的过程中，应让学校和学者自主决定经费的分配和使用。

用国际化的视野同样地要求大学理财自主权的回归。历史上国外大学发展主要形成了 4 种模式：日本模式、以德国为代表的欧洲模式、英国模式和美国模式。这 4 种模式在理财自主权方面逐项递增：日本大学，尤其是国

① 丁学良：《中国大学问题的总根源》，2008 年 5 月 1 日，见 http://blog.sina.com.cn/s/blog_507c871e01009f5d.html。

② ［英］阿什比：《科技发达时代的大学教育》，滕大春等译，人民教育出版社 1998 年版。

立大学是政府的附庸，日本政府通过法令和行政法规对大学的经费使用方法进行严格规定和直接管理；德国大学的教授虽拥有对研究资金的完全支配权，但德国大学对经费使用却没有最终决定权；英国大学享有无可争议的对经常性拨款的支配权；美国大学，尤其是私立大学在分配和使用经费方面拥有完全的自主权力。

然而，随着各国科技、人才竞争的激烈，各国政府纷纷采用法律形式保障高校的自主权，政府对高校从管理控制模式转向监督模式。如日本，随着法人化改革的推进，日本国立大学的经费自主权逐步扩大。日本"法人化改革解除了长期以来日本政府对国立大学的僵化管制，扩大了高校在组织管理和财政方面的自主权"①。再如，在传统上实行中央集权制的法国在1968年颁布了《高等教育方向法》，确定大学"自治、民主参与和多学科"的三项办学原则，让大学在行政、财政和教学等方面具有自主权，学校有权自行支配国家下达的经费和其他来源的收入。② 自治后的学校可以自行支配全部预算经费。而按照原来的规定，大学只能自主支配预算经费的25%左右。在以前学校的专业投入资金是由国家规定的，现在则由学校全权管理。③ 而德国高等教育也采取了灵活的经费使用政策，德国大学现在可对经费实行包干，并自主进行科研人员的聘用（这在过去是不可能的），年底须向州政府提交报告④。

正是基于高校自身的特殊发展规律和组织特性，以及世界性的大趋势，中国政府行政部门应改变目前"划桨"的职能为"掌舵"的职能，改变其对大学财务的完全控制权，根据教育补充理论，大学收取的学费、住宿费、短训班培养费、横向的科研费用等收入是对教育服务正常的补偿，不属于政府的财政收入，也不同于其他单位的预算外资金，属于非财政性资金。理应将这些内容的理财的自主权归还给大学，否则，势必会束缚大学自身的发展和活力

---

① 鲍威：《法人化改革后日本国立大学财政管理体系的重构——从"行政隶属型"向"契约型"的转化》，《比较教育研究》2007年第9期。

② 邢克超、李兴业：《世界教育大系之法国教育》，吉林教育出版社2000年版，第62页。

③ 《法国大学自治利弊共存》，《北京青年报》2009年5月13日。

④ 郭德红：《德国大学加速制度革新》，《科学时报》2007年12月31日。

的激发。

因此,大学的理财自主权其实真正地在于经费的自主预算权。不管是教学、人员、科研等经费,都应由大学自身进行各项具体支出的分配及其比例的预算,经费投入主体的功能在于负责经费的审批、对经费的使用过程进行全程的监督和目标审定、验收。除此之外,由于大学活动的特殊性,大学生产的是知识和人才,这种生产过程具有复杂性、不确定性很大,以致很难达到完全精确的预算,因此,应允许预算经费存在一定的浮动范围和中途的重新调整。

可喜的是,财政部、自然科学基金委于 2015 年 5 月联合修订发布了《国家自然科学基金资助项目资金管理办法》,作为科研资金使用与管理的改革新举措,依托单位从只拿 5%管理费,变为水、电、暖、绩效等可依规列支间接费用,建立了项目间接成本补偿机制,不仅是落实国家政策要求,也是与国际惯例接轨。劳务费从 15%变为上不封顶,会议费等 3 项支出在不超预算前提下可调剂使用,考虑到基础研究的探索性和不确定性,办法进一步下放了部分预算调整权限——将原来全部预算调整事项均需报自然科学基金委批准,调整为特定预算如需调整,由项目负责人根据科研活动的实际需要提出申请,报依托单位审批。放宽了部分资金使用条件,就是为了突出人在科研中的核心作用,让科研人员能够更好地进行基础研究的自由探索。这样一来,资金安排更合理、更灵活。办法中出台了一系列对项目资金使用的监督管理的举措,包括要求建立符合自然科学基金特点的绩效管理、评价机制和项目资金管理承诺、信用和公开机制等。①

四、自主的用人权

与所有的组织一样,大学的功能、职责和各方面具体目标的实施都最终需要落实到具体的个人身上,对大学的管理最终都是对人的管理,因此,大

① 姚雪青、赵展慧:《科研经费今后怎么花(聚焦·科研体制改革)》,《人民日报》2015 年 5 月 7 日,见 http://politics.people.com.cn/n/2015/0507/c1001-26959862.html。

学的人事权是大学自主权最重要也是最具体的体现,自主的用人权是现代大学的重要特征。自主用人权是高校办学自主权在机构设置和人事管理领域的体现和表达,缺乏用人的自主权,高校无法依照学术的逻辑,以及自身的职能在法律的规范内自主地进行相关人员的规划、录用、考核、晋升、培训、管理,等等,办学自主权也就很难真正地落到实处。依照中国高校的特点及特殊的体制,一般来说,大学的自主用人权包括下面几个基本内容:一是机构设置权。也就是高校能够依照精简、效能和实际的需要,自主地设置并调整自身的教学、科研机构及其管理体制。对我国来说,尤其需要强调的是在设置校内党政机构的时候,不需要严格按照与政府对口的原则进行设置;二是岗位设置权。岗位设置是人事聘任的前提,也是人事管理自主的核心体现。高校能够依据自身的实际规定岗位的总量、自主设定本校的各类具体的岗位和岗位等级;三是人员配置权。高校可以按照核定的编制总数依照科研、教学的实际需求,自主地确定人员结构比例并配置各类人员,自主地聘用相关人员;四是职称评审权。高校可以依照教学、科研等任务及国家的相关规定,自主设置和调整专业技术职务岗位,自主地进行专业技术职务聘任工作;五是干部人事权。除了校领导班子成员外,校内中层以下干部高校可以自主地选拔任用。可以看出,我国高校在用人方面的自主权有着自身浓厚的制度特点,与西方现代大学制度体系中的用人自主权有很大的区别,我国高校的人事自主权是套嵌在特殊的党政制度体系的整体框架之中,更是与传统计划经济体制下的单位体系息息相关。

对于中国高校的自主用人权来说,困境在于,一方面,作为学术组织的自主性形态来说,高度自主的用人权是确保大学有效地承载学术研究和技术创新的重要前提,这是现代大学的基本原则,僵化、等级森严的科层式人事管理是窒息大学活力的重要源头。但另一方面,我国特殊的干部管理体制使得自上而下的科层式管理必然会以各种形式延伸到作为事业单位的大学体制之中来。因此,自下而上的逻辑与自上而下的逻辑,自主性的学术组织与权威性的事业单位组织之间存在着明显的内在张力,改革的努力就是在这两种张力之间寻找到最为有效的平衡点,也就是说,在现有的制度体系中,为高校自主用人权建立最为合理并有效的制度空间,自20世纪80年代以来,我国高等教育人事制度的改革就是这种努力的表现。

改革开放以来,中国高校在用人自主权方面的改革一直在进行之中,包括20世纪80年代初试行定编与任务工资总额包干制度。其基本内容是核定包干单位任务总量,然后按人均工作量测算人员编制的总数,按人均工资额测算编制总额对应的工资总额。在此基础上将"任务"和工资配套下放到包干单位,在扩大分配自主权的条件下确保任务的完成。在用人制度方面,随着改革的不断深化,一些高校逐步将单一的用人制度改革为多种形式的用人制度。根据高校教学、科研、思想政治工作、行政管理工作和生产、服务等不同工种工作的性质,分别采取了不同的用人制度。教师和其他专业技术干部实行专业技术职务评审与聘任相结合的聘任制,行政领导干部实行任期目标责任制,工人则实行合同制。在人才的流动和引进方面,市场化的竞争机制逐渐形成。随着社会人才市场的逐步形成,高校的人事调配工作由单一的进人渠道,变为缩小计划调配的数额,利用人才市场的调节功能,采取了招聘、引进、交流等多种措施,吸引一大批高学历的优秀人才充实到高校任教,保证了新办专业、新办学校在教学、科研上的需要。部分高校还向社会公开招聘院、系一级领导和学术带头人来充实学校的师资队伍,普通教师之间的跨校流动已经成为一种普遍的现象,这对于我国大学之间的良性竞争有着的积极的意义。

目前,可以说,中国高校在用人方面的自主权有了很大的改善,高校基本能够依照自身科研、教学和管理的具体需求,自主地进行人才的选聘、录用、管理。现在的关键问题是,对于高校中层以上的干部,如何在现有的党管干部体制的框架中,结合高校自身的特点,把这部分人的管理权限更多地下放到高校,进一步扩大高校在这部分人的管理方面的更大的自主权限空间,这是一个需要认真并积极探讨的问题。

第六章　中国大学主体性培育中的政府责任:基于政策的文本分析

大学主体性问题关系到大学在处理与政府、市场之间关系时所表现出的组织行为特点和心理特点。大学主体性可以从社会规定性和自身规定性去考量。社会规定性包括身份规定和契约规定。身份规定主要受政府政策授予的限制和受人们对大学理念的影响,即政府在政策中对大学组织身份的规定或规制;契约规定受市场规则的限制,即大学以一个平等的社会组织去参与社会竞争,虽然教育事业不以营利为目的,但我们必须在观念上有所突破,如果作为市场主体,大学是可以用它所创造的文化和学术来作为资本与其他市场主体进行资源交换和营利,以此来获得大学发展的资源(财力支持和政治支持)。自身规定性主要指大学对自我身份的定位,这种定位不能脱离世界大学的共性——文化组织或学术组织的共性。由此看来,当我们批判大学缺乏主体性时,可能要分清楚大学在社会市场的组织身份和大学在自身工作场域——大学校园的组织身份的不同要求。即大学是一个承担多种角色的组织。主体角色的多元化是我们在研究大学主体性时不可忽视的事实。因此,大学的目的性、自主性、自觉性、能动性是多层面的,扩散的。

从组织生成角度分析,中国大学这一组织从产生之日起就是以主体身份存在于社会,并在其后的发展中从社会边缘走向社会中心,成为推动社会文明进步不可缺少的、带有文化遗传和社会环境特点的组织。学术界和生活在大学中的人们之所以有中国大学主体性缺失或主体性不足的判断,一方面反映了中国大学这一组织的身份不确定性。在社会市场中,企业和其他社会组织并不普遍认可大学的完全市场资格,因为大学并不能完全参与到资源配置与市场活动的竞争。在政府的法律文件中,大学这一组织是具有事业单位属性的公共组织，接受党和人民政府的领导与管理，但其组织身份与其他事业单位的组织不具有同等性，成为不能完全行使民事能力、享受完全法人地位的组织。这就使大学不能以组织身份与政府和市场对话和交往。另一方面反映了中国大学在走向国际化进程中的权利、身份地位诉求，对大学组织本真属性回归的渴望。当然，大学主体性建设是一个内外结合的过程，对于大学内部来讲，主要是克服行政权力对学术权力的支配。对于外部来讲，主要是建设大学这个法人组织的主体地位。如果只是一味地强调政府对于大学主体性建设影响问题，而忽视了大学内部的主体性建设，大学主体性问题并不能真正解决。

尽管大学主体性的建设受到方方面面因素的影响，但是，对于现阶段的中国大学主体性建设来说，其中最为重要的因素无疑是政府。这一方面在于受到长期封建集权主义的影响以及传统计划经济体制的惯性作用，强政府、弱社会依然是我国政府与社会关系中最为突出的特点。另一方面，在具体的实践过程中，行政权力对大学的渗透是大学主体性困境最为重要的原因之一。因此，政府如何在现代大学建设中扮演好自己的角色，承担起更加有效的责任就成为中国大学主体性培育中极为重要的问题。本章将从历史的视角，基于现有的政策文本，重点讨论大学与政府关系中的主体性问题。

第一节 大学主体性变迁的时间序列分析

本书所研究的高等教育政策主要指政府作为高等教育举办者根据社会发展规律和高等教育发展规律所制定的一系列有利于高等教育发展的法律制度、条例和实施细则。因此，这里的政策是一个广义概念。高等教育采用狭义的概念，主要指大学所实施的教育。高等教育政策是政府对高校角色、功能和责任的重要体现，因而，从政策的视角来反思中国大学主体性的培育显得非常重要。

一、研究要素

本部分结合中国大学法人地位获得的历程,从政府政策分析层面来试图解答导致中国大学主体性缺失或主体性不足的困惑。为了论述方便,本部分纵向研究按照总体性社会向市民性社会的进化时间序列、结合中国大学法人地位获得的历程来编排,横向研究涉及以下考量因素:高等教育政策、政府治理类型、大学行为选择模式、大学主体性形态。"高等教育政策"主要考量以下因素:大学内外部领导体制、大学办学体制、资源配置(财政资源、人力资源)、大学学科专业设置、大学招生、大学利益赋予、大学组织地位。

中国大学(公立)是社会公共组织,为公共利益服务。体现在为社会提供文化、科技服务,并促进社会政治、经济、文化的发展;在中国大学关系类型中,有举办者与办学者的关系。由于中国共产党是人民利益的代表者,党领导的政府代表人民成为大学的举办者,大学党委、行政与全体教职员工是办学者。教育部是政府的代表者,代表政府对大学进行管理(有时教育部又以学校代表者身份出现与中央政府及其他中央部门谈判)。举办者和办学者在大学发展中拥有不同的地位、权力、职能。举办者的角色是大学发展的投资者(物质资源、财政资源和其他发展平台)、大学服务社会公共利益的规定者、大学发展的评价者与监督者;办学者的角色主要按照举办者的要求去开展大学系列活动与履行诸多职责。根据中国《高等教育法》的规定,办学者享有一定的自主权。这些自主权主要包括:制定招生方案,自主调节系科招生比例;自主设置和调整学科、专业;自主制定教学计划、选择教材、组织实施教学活动;自主开展科学研究、技术开发和社会服务;自主开展国际交流与合作;自主确定机构组织和人员配备;评聘教师和其他专业技术人员,调整津贴和工资分配;自主管理和使用举办者提供的财产、国家财政性资助、受捐财产。这些权力是大学办学者所拥有的根本权力和基本权力。

出于研究的简洁与便利,本研究对以下问题进行了简单地说明,首先需要说明的是,中国高等教育政策是与中央与地方关系紧密联系在一起的,高等教育政策的变化时伴随着中央地方关系中权力变迁的整个过程的,离开了这点，就无法真正地理解中国高等教育政策的变化的。以大学自主权为参照标准，用权力计量法来分析1950年后大学与政府权力关系变化（高等教育管理权的变化），政府对大学的治理类型总体上可以分为：中央政府集权治理、中央—地方分权治理、地方集权治理、地方—大学共同治理、中央—地方—大学共同治理；其次，如果把大学看成一个相对完整和独立的主体，大学同样存在着自我的行为选择，也就是从大学组织的意向结构特点、认知结构特点、价值结构特点、实践结构特点来评价，可以将大学行为选择模式分为：完全依附、半依附半自主、完全自主；再次，如果把政府和大学两者同时视为具有一定自主性的行为主体来看，二者之间存在着主体间性的特征，按照大学本体目的性、大学自主性、大学自觉性、大学能动性来分析，从这一角度可以将大学主体性形态分为：He-Me/I-Him型（主宾关系形态）、His-My/My-His型（间或性主体关系）、He-I/I-He型（主体间关系）。在这里，"He"、"His"代表政府一方，"I"、"My"代表大学一方。主宾关系形态即在政府和大学所组成的行为系统中，其中一方力量过于强大，主导或者支配另一方的发展，这是一种不对称关系。间或性主体关系即在政府和大学所组成的行为系统中，其中一方力量虽然比较强大，但不能完全主导或者支配另一方，另一方在某些部分（往往对事物发展不起决定作用的部分）发挥主导作用，这也是一种不对称关系。主体间关系即在政府和大学所组成的行为系统中，双方都承认在各自的行为边界中的主体地位，良好结果的产生均以平等互动为基础，这是一种理想的对称关系。

二、大学主体性形态的时间序列

基于以上对大学主体形态的简单分析，从政府与大学二者之间的主体间性的角度来看，总体上，中国大学自1949年新中国成立以来，大学与政府之间的关系是处于一种依附性或半依附性的关系形态，但是又处于不断的变迁之中。这种变迁的过程总体上可以分为两个阶段：第一阶段是从1949年到1979年的30年，这一阶段尽管在具体的不同时期，关于大学与政府之间的关系有某些不同，但从整体上来说，形成了大学对政府的完全依附关系。自 1949 年到 1954 年的短短 5 年时间里,高深学问的国家治权从松散的、基层化的模式一变而成集中的、中央化的管理,高等学校院系专业科目的课程权力由教授、院校的手中转移到了国家。之前相对多元化的基层学术组织被完全整合到了国家主义的一元化整体框架之中。此后的很长一段时间,新中国通过对高等教育进行系统的改革与重建,最终建立了与计划经济集权体制相适应的一元化的高等教育管理体制。杰拉德·波斯蒂列(Gerard Postilione)把中国这种一元化的高等教育体制概括为"铁饭碗式"(Iron Rice Bowel)的国家化经营、组织化的控制和统一化的教学等内容①。第二阶段从 1979 年到现在的 30 多年时间,总体上来说,是大学从过去完全依附于政府的状态中脱离出来,而日益成为相对独立的主体的阶段,但依然具有明显的半依附性特征。具体情况如下表 6-1 所示:

表 6-1 大学主体性形态的时间序列

	时间/名称	政府政策(关键词)	政府治理类型	大学行为模式	大学主体性形态
总体性社会 ↓	1949.9《中国人民政治协商会议共同纲领》、中共七届三中全会	改革旧的教育制度、内容和方法;团结、教育、改造大学的知识分子	中央政府集权治理	完全依附	He-Me
	1949.12 第一次全国教育工作会议	教育为国家建设服务,教育为工农兵开门	中央政府集权治理	完全依附	He-Me
	1950.6 第一次全国高等教育会议	高等教育性质:民族的、科学的、大众的反映新的政治经济,巩固与发展人民民主专政的一种工具	中央政府集权治理	完全依附	He-Me
市民性社会	1950.5.5《各大行政区高等学校管理暂行办法》;1950.7.28《关于高等学校领导关系的决定》	除华北区外,各大区高等学校暂由大区教育部或文教部领导高等学校由中央教育部统一领导,凡中央教育部所颁布的关于全国高等教育方面的指示,全国高等学校均应执行	中央政府与地方共同治理	完全依附	He-Me

① Gerard Postilione, *Higher Education in China: Perils and Promises for a New Century*, Harvard China Review, Spring, 2005 Vol.5 Issue 2, p.139.

续表

总体性社会 ↓ 市民性社会	1950.8.4《高等学校暂行规程》、《专科学校暂行规程》；1950.8.14《私立高等学校暂行办法》	高等学校宗旨：培养具有高级文化水平，掌握现代科学和技术成就，全心全意为人民服务的高级建设人才私立高等学校受中央教育部的方针、政策的领导；校（院）长及副校（院）长由校董事会任免；财产及财政权、行政权由中国人掌握	中央政府集权治理	完全依附	He-Me
	1950.5.26《关于高等学校1950年暑期招考新生的规定》；1951.4.24《关于高等学校1951年暑期招考新生的规定》；1951.10.1《关于改革学制的决定》；1952.6.12《关于高等学校1952年暑期招考新生的规定》	大学和专门学院修业年限：3至5年为原则（师范学院为4年）；统一招生，招生计划、日期、考试科目等由全国招生委员会统一规定，高等学校毕业生由政府分配	中央政府集权治理	完全依附	He-Me
	1950.7.28《教育部关于实施高等学校课程改革的决定》	理论与实际一致，力求与国家建设的实际相结合废除政治上的反动课程，开设革命的政治课程；知识适当专门化，重点设置和加强必要的、重要的课程，成立高等学校教材编审委员会，编订教材和参考书	中央政府集权治理	完全依附	He-Me
	1953.10.11《关于修订高等学校领导关系的决定》	高等教育部应逐步加强对全国高等学校的统一领导，高等学校内部则实行校（院）长负责制，设置校（院）务委员会，校（院）长由教育部任免	中央政府集权治理	完全依附	He-Me
	1952年《1952年全国高等院系调整的计划》、《关于高等学校1952年的调整设置方案》；1953年《1953年全国高等院系调整的计划》；1953.2.10《高等教育	方针：以培养工业建设人才和师资为重点，发展专门学院，整顿和加强综合大学教学；学习苏联经验，全面系统地开展教学改革；改变原有系科，重新设置专业；统一专业设置，制定全国统一的专业教学计划、教学大纲；翻译	中央政府集权治理	完全依附	He-Me

续表

总体性社会	的方针、任务问题》	借用苏联教材,逐步自编统一教材	中央政府集权治理	完全依附	He-Me
	1952.10《关于在高等学校有重点的试行政治工作制度的指示》	进一步在高等学校中建立政治工作制度,加强政治领导,改进政治思想教育	中央政府集权治理	完全依附	He-Me
	1956.1.14-20 周恩来《关于知识分子问题的报告》;1956年《中共中央关于知识分子问题的指示》等关于知识分子的相关文件	知识分子是工人阶级的一部分,社会主义建设必须依靠工人、农民、知识分子的兄弟联盟,应该充分调动知识分子的积极性	中央政府集权治理	完全依附	He-Me
	1956.9.27《中国共产党第八次全国代表大会关于政治报告的决议》	繁荣科学和艺术,"百花齐放,百家争鸣"	中央政府集权治理	完全依附	He-Me
	1956 年毛泽东《关于正确处理人民内部矛盾的问题》	使受教育者在德育、智育、体育几方面得到发展,成为有社会主义觉悟的有文化的劳动者"没有正确的政治观点,就等于没有灵魂"	中央政府集权治理	完全依附	He-Me
↓	1957.4.27《中央关于整风运动的指示》;1957.6.10 毛泽东《中央关于反击右派分子斗争的步骤、策略问题的指示》;1957 年高教部《关于在全国高等学校开设社会主义教育课程的指示》	反官僚主义、反宗派主义、反主观主义、反击大学右派分子斗争、大学开设社会主义教育课程	中央政府集权治理	完全依附	He-Me
市民性社会	1958.4《关于高等学校和中等技术学校下放问题的意见》;1958.7《关于高等学校 1958 年招考新生的规定》;1958.8《关于教育事业管理权力下放问题的规定》;	除少数综合大学、某些专业学院外,大部分高校都下放,归省、市、自治区领导;工厂、企业、人民公社、机关都可以办高等学校中央统一领导下以省级管理为主;大学实行党委领导下的校务委员会负责制;大学可以因地制宜地修改教学计划、教学大纲、编写教材,自行设立新专业实行生产劳动与课堂教学相结合的教学方法;改变全国统一	中央政府和地方共同治理	半依附	His-My

续表

		招生制度，实行学校单独招生或联合招由中央部门直接领导的学校毕业生，由中央统一分配；地方政府领导的学校毕业生，由地方政府分配	中央政府和地方共同治理	半依附	His-My
	1958.9.19《关于教育工作的指示》	党的教育工作方针是教育为无产阶级的政治服务，教育与生产劳动结合，为了实现这个方针，教育工作必须由党来领导	中央政府集权治理	完全依附	He-Me
总体性社会	1960 年高等学校教学改革会议	加强反对修正主义的斗争，实现知识分子劳动化，狠抓尖端科学技术研究	中央政府集权治理	完全依附	He-Me
	1960.2.7《关于 1961 年和今后一个时期文化教育工作安排的报告》	高等教育实行"调整、巩固、充实、提高"加强对全国重点高等学校的集中管理，全国重点高等学校实行定规模、定任务、定方向、定专业合并、裁撤高等学校，尤其是专科学校	中央政府集权治理	完全依附	He-Me
↓	1961.9.15《教育部直属高等学校暂行工作条例》（《大学六十条》）、《关于讨论和试行教育部直属高等学校暂行工作条例（草案）的指示》	高等学校的基本任务是贯彻执行教育为无产阶级的政治服务，教育与生产劳动相结合的方针，培养为社会主义建设所需要的各种专门人才。加强党的领导，高等学校实行党委领导下的以校长为首的校务委员会负责制	中央政府集权治理	完全依附	He-Me
市民性社会	1963.4.8-25 高等学校专业调整会议；1963.6《关于加强高等学校统一领导、分级管理的决定（试行草案）》	以教育部颁发的高等学校专业目录为准，划分专业和设置专业，文、理、工专业由教育部在全国统一安排，农、医和师范专业由省市自治区安排对高等学校实行中央统一领导、中央和省市自治区两级管理的制度	中央政府集权治理	完全依附	He-Me
	1964.12.25 和 1966.1.16 高等教育部召开全国半工（农）半读高等教育会议	业余高等教育，积极试办；半工（农）半读高等教育，提高质量；全日制大学，认真改革和试点	中央政府集权治理	完全依附	He-Me

续表

总体性社会 ↓	1964.9.11《关于组织高等学校文科师生参加社会主义教育运动的通知》;1965.2.2《关于组织高等学校理工科师生参加社会主义教育运动的通知》	加强对文科师生的阶级斗争教育,改造他们的世界观。1965年理工科师生参加社会主义教育运动	中央政府集权治理	完全依附	He-Me
	1966年中共八届十一中全会《关于无产阶级文化大革命的决定》(《十六条》);1967.3.17《关于大专院校当前无产阶级文化大革命的规定(草案)》	高等学校开展"斗、批、改"为主的"文化大革命",对知识分子进行再改造撤、并、迁高等学校	中央政府集权治理	完全依附	He-Me
	1971.4.15-7.31《全国教育工作会议纪要》	毛主席的无产阶级教育路线基本上没有得到贯彻执行,资产阶级专了无产阶级的政,建立教学、生产劳动、科学研究三结合的新体制。大学要培养与工农画等号的普通劳动者	中央政府集权治理	完全依附	He-Me
	1977.10.5《关于1977年高等学校招生工作的意见》、《关于高等学校招收研究生的意见》	符合条件者自愿报名,统一考试;地、市初选,学校录取,省、市、自治区批准;考试分文理两类;有条件的高等学校可以招收研究生。	中央—地方分权治理	半依附	His-My
市民性社会	1978.6.6《关于1978年高等学校和中等专业学校招生工作的意见》	高考实行全国统一命题,由各省、市、自治区组织考试和评卷。考试科目包括文史类和理工农医类允许部分大学招收走读生	中央—地方分权治理	半依附	His-My
	中共十一届三中全会到1984年期间;1980.12—1.13教育工作座谈会;1983.5.7—19高等教育工作会议	高等教育开展"调整、改革、整顿、提高"工作;调整高等教育内外部比例关系;坚持四项基本原则,加强思想政治教育;发展研究生教育,建立学位制度;调整学科之间的比例关系和专业划分;恢复教材编审组织,加强教材建设;调整大学领导班子,加强师资队伍建设。开展对外教育交流与合作;建设有中	中央—大学治理	半依附	His-My

续表

总体性社会 ↓ 市民性社会		国特色的社会主义高等教育体系	中央—大学治理	半依附	His-My
	1985.5.27《中共中央关于教育体制改革的决定》	实施中央、省、中心城市三级办学体制；扩大高等学校办学自主权；积极进行联合办学的探索；拓宽高等教育投资渠道，支持社会力量办学；建立教学、科研、生产三结合联合体；推进高等学校内部管理体制改革，试行校长负责制；实行高等教育自学考试制度，推进高考招生和毕业生分配制度改革；调整和制定本科生培养目标和培养规格，改革教学管理制度；建设重点学科和国家重点实验室，发挥科研优势；实施大学后勤社会化改革	中央集权治理	依附	He-Me
	1988.9.7《国家教育委员会直属高等学校科学技术研究机构管理暂行办法》	高等学校的科学技术研究机构以进行科学研究为主，同时承担教学工作，不断增强承担重大科学研究任务和培养高级专门人才的能力；科学技术研究机构要沿着自主、开放、竞争的方向积极进行改革，实行科研、教学和生产相结合；高等学校建立研究机构的审批权限；科学技术研究机构实行分级、分工管理	中央—大学治理	半依附	My-His
	1990.10.31《普通高等学校教育评估暂行规定》	合格评估（国家教委实施）；办学水平评估（由上级政府和学校主管部门实施）；选优评估（评估分省、部门和国家两级）；高等学校内部评估	中央—地方分权治理	依附	He-Me
	1992年《关于国家教委直属大学内部管理体制改革的若干意见》	调动教师积极性，提高教育质量和办学效益；学校以教学、科研为主，完善事业化的管理体制；校办企业实行企业化管理，后勤管理走向社会化；调整教师队伍，实行人员合理分流；实行多种形式的用人制度，专业技术人员实行岗位聘任制度；改革校内住房、医疗、退休保险制度	中央—大学治理	半依附	My-His

续表

总体性社会 ↓	1993 年《中国教育改革和发展纲要》	建设有中国特色社会主义教育的基本原则：坚持把教育放在优先发展的战略地位；坚持党对教育工作的领导，坚持社会主义方向，培养全面发展的建设者和接班人；坚持教育为社会主义现代化建设服务；改革高等教育体制，解决政府与大学、中央与地方、国家教委与中央各业务部门之间的关系，建立政府宏观管理、学校面向社会自主办学的体制；改革招生、毕业生就业、高等教育收费制度	中央集权治理	依附	He-Me
	1993.7《关于重点建设一批高等学校和重点学科点的若干意见》；1995 年《"211 工程"总体建设规划》；1997 年《"211 工程"建设实施管理暂行办法》和《高等学校重点学科评估工作暂行规定》"211 工程"和创建一流大学政策	成立国家"211 工程"协调小组，负责工程的宏观决策和指导；国家教委成立了"211 工程"领导小组	中央集权治理	依附	He-Me
	1995.11《中国普通高等学校德育大纲（试行）》	德育目标、德育内容、德育原则、德育途径、德育考评、德育实施	中央—大学治理	半依附	His-My
市民性社会	1995 年本科教学工作评价	原则：以评促改、以评促建、评建（改）结合、重在建设。评价形式：合格评价、优秀评价、随机水平评价	中央集权治理	依附	He-Me
	1996.4《高等学校教师培训工作规程》	国务院教育行政部门负责全国高等学校教师培训工作的宏观管理和政策指导；各省、自治区、直辖市教育行政部门和国务院有关部委教育主管部门负责本地区、本部门高等学校教师培训的规划、管理和经费投入等工作	中央—地方—大学治理	半依附	His-My
	1998.7《普通高等学校本科专业目录》	分设 11 个学科门类，下设二级类 71 个，专业种数 249 种	中央集权治理	依附	He-Me

续表

总体性社会→市民性社会	1998.8《中华人民共和国高等教育法》	高等教育任务：培养具有创新精神和实践能力的高级专门人才，发展科学技术文化，促进社会主义现代化建设。高等教育事业发展方针：国家根据经济建设和社会发展的需要，制定高等教育发展规划，举办高等学校并采取多种形式积极发展高等教育事业；逐步建立起中央和省(自治区、直辖市)两级政府办学为主、社会各界广泛参与办学的新体制；规定了高等学校设置标准；国家举办的高等学校实行中国共产党高等学校基层委员会领导下的校长负责制；确立了校长的法人地位；扩大高等学校办学自主权，规定了教师和学生享受的权利和义务；制定了高等教育投入政策	中央集权治理	依附	He-Me
	1999.1《面向21世纪教育振兴行动计划》	提出了高等教育发展目标：到2000年，高等教育入学率达到11%，到2010年高等教育入学率达到15%；实施"高层次创造性人才工程"；加快"211"工程建设，创建若干所具有世界水平的一流大学和学科；实施"高新技术产业化工程"，为培育经济新的增长点作贡献；实施"现代远程教育工程"，推进继续教育；深化办学体制改革，保证教育经费增长，加强党的建设和德育工作	中央集权治理	依附	He-Me
	1999.4《高等学校知识产权保护管理规定》	国务院教育行政部门和各省、自治区、直辖市人民政府教育行政部门，在其职责范围内，负责对全国或本行政区域的高等学校知识产权工作进行领导和宏观管理，全面规划、推动、指导和监督高等学校知识产权保护工作的开展；各高等学校在知识产权保护工作中应当履行相应的领导、法律宣传、监督及奖励职责	中央—大学治理	半依附	My-His

续表

总体性社会 ↓ 市民性社会	1999.6.13《中共中央、国务院关于深化教育改革　全面推进素质教育的决定》	培养适应21世纪现代化建设需要的社会主义新人；按照"共建、调整、合作、合并"的方式，继续完成高等教育管理体制和布局结构的调整。深化高等教育改革，开创素质教育的新局面	中央集权治理	依附	He-Me
	2000.1.31《高等学校接受外国留学生管理规定》	教育部统筹管理全国来华留学工作，负责制定接受外国留学生的方针、政策，归口管理"中国政府奖学金"，协调、指导各地区和学校接受外国留学生工作，并对各地区和学校的外国留学生管理工作和教育质量进行评估。教育部委托国家留学基金管理委员会负责国家计划内外国留学生的招生及具体管理工作。高等学校接受外国留学生，由省、自治区、直辖市教育行政部门会同同级外事和公安部门审批，并报教育部备案。高等学校接受享受中国政府奖学金的外国留学生，由教育部审批。省、自治区、直辖市教育行政部门负责本地区高等学校接受外国留学生工作的协调管理。外事、公安等有关部门协助教育行政部门和高等学校做好外国留学生的管理工作。高等学校具体负责外国留学生的招生、教育教学及日常管理工作	中央—地方—大学治理	半依附	His-My
	2005.3.25《普通高等学校学生管理规定》	学生在校期间依法享有的权利和义务；学校负责学生入学与注册、考核与成绩记载、转专业与转学、休学与复学、退学、毕业、结业与肄业；奖励与处分；省级教育行政部门根据本规定，指导、检查和督促本地区高等学校实施学生管理	大学治理	自主	I-him
	2006.7.23《普通高等学校辅导员队伍建设规定》	大学负责辅导员队伍建设（配备与选聘、培养与发展、管理与考核）	大学治理	自主	I-him

续表

<table>
<tr>
<td rowspan="2">总体性社会
↓
市民性社会</td>
<td>2006.10.27《国家重点学科建设与管理暂行办法》</td>
<td>加强国家重点学科建设的指导思想是："服务国家目标，提高建设效益，完善制度机制，建设一流学科"。构建重点学科国家、地方(部门)和所在单位三级建设与管理体系。制定国家重点学科建设与发展规划。建立国家重点学科建设的多元投入机制。建立国家重点学科建设的检查、监督和激励机制</td>
<td>中央—地方—大学治理</td>
<td>半依附</td>
<td>His-My</td>
</tr>
<tr>
<td>2011.7.1 教育部财政部《关于"十二五"期间实施"高等学校本科教学质量与教学改革工程"的意见》</td>
<td>建设内容：质量标准建设；专业综合改革；国家精品开放课程建设与共享；实践创新能力培养；教师教学能力提升。建设资金与组织管理："本科教学工程"项目建设经费由中央财政、地方财政和大学自筹经费共同支持。中央部门所属院校的"本科教学工程"建设项目和公共系统建设项目的经费由中央财政专项资金支持；地方所属院校的项目列入国家"本科教学工程"的，建设经费原则上主要由地方财政或大学自筹经费支持。教育部成立"本科教学工程"领导小组，决定"本科教学工程"的重大方针政策和总体规划。领导小组下设办公室，具体负责"本科教学工程"的日常工作。各地教育主管部门和项目承担学校应指定相关部门作为专门机构，统筹负责本地、本校"本科教学工程"项目的规划和实施。成立"本科教学工程"专家组，负责项目审核立项、咨询检查、绩效评估。领导小组办公室根据专家组意见，对有关地区或单位的项目、资金数量进行调整</td>
<td>中央—大学治理</td>
<td>半依附</td>
<td>My-His</td>
</tr>
</table>

第二节　政府权力变迁与大学主体性的演进[①]

从高等教育政策时间检索来分析,大学主体性体现为程序性和实质性差异。高等教育政策的演变虽然有不同教育价值取向(国家—政党型高等教育与国家—公民型高等教育)的导向作用,但大学主体性问题的出现和被关注是一个渐进的过程。大学是政府政策的被规定者,同时又是大学教师行为的规定者。大学主体性问题最直接的体验者是大学教师。下面,以高等教育管理中的政策为例来说明政府权力变迁与大学主体性的演变过程。

一、高等教育管理权

政府与大学的权力变化是一种博弈关系。林荣日从分析中央与地方的利益关系和权力关系特征着手,根据某些必要的前提假设,构建了中央与地方的权力博弈模型。通过数学运算,得出的结论是[②]:中央与地方权力博弈的最佳均衡解为$\{p-pt+pt^2L_3, pt-pt^2L_3\}$(p 为收益,t 为折扣率,L 为分成比例)。中央与地方权力博弈的最佳均衡解为:1.对地方分权制国家而言,其最佳权力仰角为 a=36.86 度,此时,双方的权力差和权力损耗值均为 0.2,中央权力为 0.59986,地方权力为 0.8001,而中央与地方的最佳权力结构之比为中央:地方=0.7497:1;2. 对于中央集权制国家而言,其最佳权力仰角为 a=53.14 度,此时,双方的权力差和权力损耗值也均为 0.2,中央权力为 0.8001,地方权力为 0.59986,而中央与地方的最佳权力结构之比为中央:地方=1.3338:1。另外,他研究出了不同类型的权力所具有的中央与地方权力的比值范围和我国高等教育管理体制的性质演变。他的研究成果为本部分的研

① 此节参考了林荣日在《制度变迁中的权力博弈:以转型期中国高等教育制度为研究重点》中的研究成果与研究方法,复旦大学出版社 2007 年版。

② 林荣日:《制度变迁中的权力博弈:以转型期中国高等教育制度为研究重点》,复旦大学出版社 2007 年版。

究奠定了基础。具体的高等教育管理结构权力类型如表 6-2 所示：

表 6-2 高等教育管理权力结构类型的划分表

中央与地方权力比值范围	权力仰角 75°—90°	权力仰角 60°—75°	权力仰角 45°—60°	权力仰角 45°—30°	权力仰角 30°—15°	权力仰角 15°—0°
3. 730:1 与 1:0 之间	极端中央集权制					
1. 732:1 与 3. 730:1 之间		中央高度集权制				
1. 732:1 与 1:1 之间			中央适度集权制			
0. 577:1 与 1:1 之间				地方适度分权制		
0. 268:1 与 0. 577:1 之间					地方高度分权制	
0. 268:1 与 0:1 之间						极端地方分权制

这里所指的“高等教育管理权力”是指中央和地方对大学的领导权、管理权、审批权、决策权、决定权及其他有关权力。它不涉及大学内部的管理权利问题。主要包括以下 10 项权力：1. 大学审批权；2. 大学党委书记、校长任免权；3. 大学财政拨款权；4. 国家重点学科设置权；5. 大学博士、硕士研究生招生权；6. 高等学历教育审批权；7. 学位授予权单位审批权；8. 改革管理体制决策权和决定权；9. 调整合并大学权；10. 确定大学专项管理权。假定这 10 种权力具有同等的地位，中央政府、地方政府、大学是平等的权力主体。这样，权力总值为 10 分，每个权力主体拥有 1/3 的权力，用一个“+”表示。

把 1950 年到 2010 年依照政府与大学的权力关系划分为 4 个时段，从表 6-3 中可以看出，到 2010 年，中央政府总体上把大学的管理权力向地方政府下放了 53. 3%，在 4 个时段中，中央政府拥有权力的比值分别为：100%、93. 3%、66. 7%、46. 7%。地方政府管理高等教育的权力一直处于上升趋势，增加了 53. 3% 的权力。其间地方政府拥有权力的比值为 0%、6. 7%、33. 3%、53. 3%。到目前为止，在管理权的配置方面，中央与地方基本持平，只是地方略大一些。具体变动情况如下：在 1978 年至 1984 年期间，高等教育管理体制中的所有权力都集权于中央，地方的权力为零；在1985 年至 1992 年期间，中央的管理权力值高达 9.33，其权力比重达 93.3%，地方的权力值仅为 0.67，权力比重为 6.7%；在 1993 年至 1997 年阶段，中央的管理权力值已下降为 6.67，权力比重也下降到 66.7%，但中央仍据有大部分权力，地方的管理权力值上升为 3.33，其权力比重为 33.3%；到 1998 年至 2010 年阶段，中央的管理权力值进一步下降到 4.67，其权力比重仅为 46.7%，而地方的管理权力值进一步上升为 5.33，其权力比重已超过半数，达到 53.3%。

表 6-3　高等教育管理 10 种权力分布略表

权力类别	1950—1984			1985—1992			1993—1997			1998—2006		
	中央	地方	高校	中央	地方	高校	中央	地方	高校	中央	地方	高校
1	+++			+++			+++			+++		
2	+++			+++			++	+		+	++	
3	+++			+	++		+	++			+++	
4	+++			+++			+++			+++		
5	+++			+++			++	+		+	++	
6	+++			+++							+++	
7	+++			+++			+++			++	+	
8	+++			+++			+++			++	+	
9	+++			+++			+	++		+	++	
10	+++			+++			++	+		+	++	
权力总值	10	0	0	9.33	0.67	0	6.67	3.33	0	4.67	5.33	0
权力比重(%)	100	0	0	93.3	6.7	0	66.7	33.3	0	46.7	53.3	0
与前一阶段相比权力变动的幅度	0	0	0	-0.67	+0.67	0	-2.66	+2.66	0	-2	+2	0

注：1. 1 到 10 分别代表上述 10 项权力；2. "+++"表示独有权力，其权力值设定为 1，而且若此项权力某一时期不存在，则把它看成是中央独有；3. "++"表示以这一方的权力为主或权力较大，其权力值设定为 2/3；4. "+"表示这一方占据次要权力或权力较弱，其权力值设定为 1/3；5. "空白"表示无权力，其权力值设定为 0；6. 数字前的负号"-"表示权力下放或减弱、正号"+"表示权力增强。

根据表6-3,制作出高等教育管理权力变化图(见图6-1),从图中可以看出:高教管理权力的变动方向,也都是从中央到地方,说明地方的权力来源的确是由中央让予或让渡的。在第一阶段中,中央拥有管理体制方面的所有权力,而地方没有这方面的权力;第二阶段中,中央也占有绝对的权力;第三阶段和第四阶段,中央让予地方的权力逐步加大,权力让渡速度也明显加快。

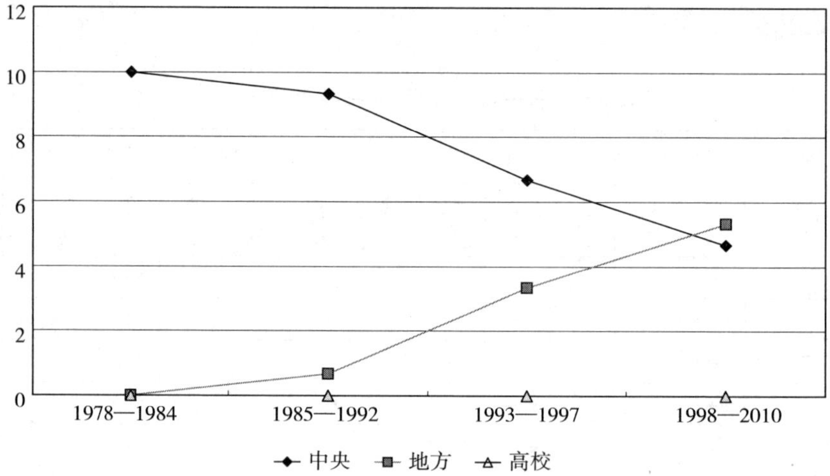

图6-1 高等教育管理权力变化图

根据表6-3,我们选取4个时间节点制作了权力场域图(见图6-2)。从权力场域图中可见,在1950年至1984年这一阶段中,管理体制中的10项权力均归中央。在1985年至1992年这一阶段中,除了第三项权力和第六项权力少部分下放给地方之外,其他八项权力仍然由中央掌控;在1993年至1997年这个阶段中,中央给地方下放管理权力的速度加快,幅度也在加大,但是中央仍掌握着大多数权力,其中第一项权力、第二项权力、第七项权力"学位授予权单位审批权"和第八项权力"改革管理体制决策权和决定权"等四项权力完全掌控在中央手中,而第六项权力"高等学历教育审批权"已完全下放给了地方,第三项权力和第九项权力已大部分下放给了地方。到1998年至2010年这一阶段,完全掌控在中央手中的权力还有两项,即第一项权力和第二项权力。大部分已下放给了地方的管理权力共有 3 项,即第三、五、六项权力,第七、八项权力只少部分下放给了地方。

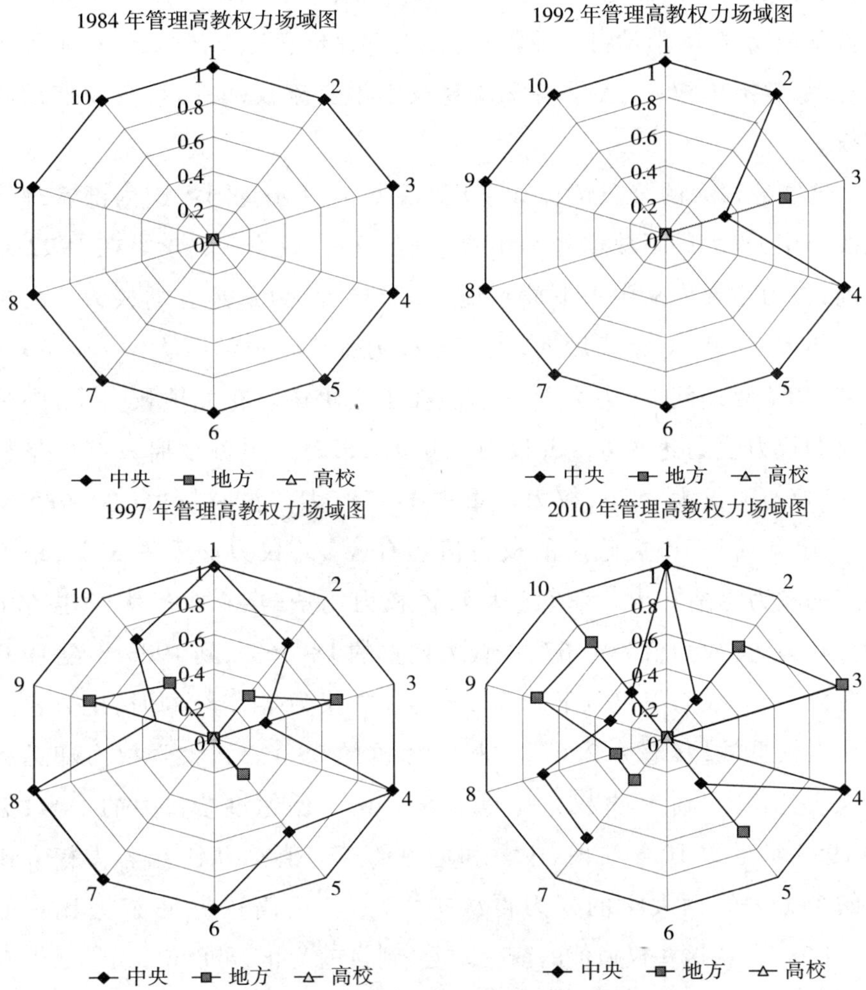

图 6-2　1984、1992、1997 和 2010 年高教管理权力场域图

注:1. 纬线由内到外分别代表中央、地方和大学;2. 粗线代表实际权力线。

二、大学内部管理权

大学内部管理权力是指有关大学内部自我管理教学、科学研究、社会服务的权力。由于中国历史发展的特殊性,我国大学内部存在行政权力、学术权力和学生权力。为了便于研究起见,在此仅抽出其中主要的9种:1. 大学党委书记的任免权;2. 大学校长的任免权;3. 大学内设行政机构与人员管理权;4. 大学学科专业设置;5. 大学评价学生权;6. 大学教师评聘权;7. 大学招生权;8. 大学科学研究及学术交流权;9. 国有资产使用管理权。

这9种权力的分布情况如下(见表6-4):在我国大学内部管理体制改革中,权力的下放途径是中央政府—地方政府—大学。在1992年之前,权力主要先从中央下放到地方,1993年之后,地方的权力又大量下放给大学,到90年代后期,大部分权力都已下放给了大学。在1950年到1984年期间,权力大部分掌控在中央手中。在九项权力中,中央政府的权力值高达7.67,占权力比重的85.2%,地方政府只有少量权力,其权力值仅为1.33,权力比重占14.78,大学没有权力;在1985年至1992年阶段,中央政府的权力值还有3.33,权力比重占37%,地方政府的权力迅速扩大,其值已达4,占权力比重的44.4%,大学也有了部分权力,其权力值为1.67,占权力比重的18.56%;到1993年至1997年阶段,中央权力值仅剩下1.33,权力比重仅为14.78,同时,地方权力也在大幅下放,其值为2.67,占权力比重的29.67%,大学权力却迅速扩大,其值已达到5,占权力比重的55.56%,已超过总权力的一半;再到1998年至2010年阶段,中央和地方的权力值都只剩1,各占权力比重的11.11%,而大学的权力再次扩大,其值已高达7,占权力比重的77.78%。① 从这些权力值的演变来看,到目前为止,可以说,大学已拥有了大量自我管理的权力,但大学校长和党委书记的任命权还完全掌握在中央或地方政府手中,大学还不具有自主选拔校长和书记的权力。这有利于中央或地方政府确保高等教育的社会主义性质和方向,确保高等教育按照党的意志办学。

---

① 林荣日:《制度变迁中的权力博弈——以转型期中国高等教育制度为研究重点》,复旦大学出版社2007年版,第205页。

表 6-4　大学内部管理 9 种权力分布略表

权力类别	1950—1984			1985—1992			1993—1997			1998—2010		
	中央	地方	高校	中央	地方	高校	中央	地方	高校	中央	地方	高校
1	+++			+++			++	+		+	++	
2	+++			++	+		++	+		++	+	
3	++	+			++	+		+	++			+++
4	++	+			++	+		+	++			+++
5	+++			++	+			++				+++
6	+	++			++	+			+++			+++
7	+++				+	++			+++			+++
8	+++			+	++			+	++			+++
9	+++			++	+		++	+	++			+++
权力总值	7. 67	1. 33	0	3. 33	4	1. 67	1. 33	2. 67	5	1	1	7
权力比重(%)	85. 2	14. 78	0	37	44. 4	18. 56	14. 78	19. 67	55. 56	11. 1	11. 1	77. 78
与前一阶段相比权力变动的幅度	0	0	0	-4. 34	+2. 67	+1. 67	-2	-1. 33	+3. 33	-0. 33	-1. 67	+2

注:1. 1 到 9 分别代表上述 9 项权力;2. "+++"表示独有权力,其权力值设定为 1,而且若此项权力在某一时期不存在,则把它看成是中央独有;3. "++"表示以这一方的权力为主或权力较大,其权力值设定为 2/3;4. "+"表示这一方占据次要权力或权力较弱,其权力值设定为 1/3;5. 空白表示无权力,其权力值设定为 0;6. 数字前的负号"-",表示权力下放或减弱、正号"+"表示权力增强。

根据表 6-4,制作出权力变化图(见图 6-3)。从权力变化图中可以发现,在大学内部管理体制改革中,中央方面的权力不断减弱,它先把权力下放给地方,并经由地方再下放给大学,当然也有部分权力是直接从中央下放给大学的,如第九项权力就有一部分权力是在第三阶段直接授予大学的。地方方面的权力变化特征却呈现出先扬后抑,它在第二阶段达到权力的高值 4,之后迅速下降,显然是把权力下放给了大学。大学的权力从无到有,并且在第三阶段后迅速增大。

从 4 个时间节点(1984 年、1992 年、1997 年和 2010 年)的权力场域图中(见图 6-4),可以清楚地看出权力场域的动态变化特征。在 1984

年,除了第三项、第四项和第六项等 3 项权力部分下放给地方外,其余 6 项权力均保留在中央手中,而此时大学没有获得权力;1992 年,9 项权力中,除第一、二项仍掌握在中央手中外,其余 8 项权力均有所下放,其中第三项、第四项、第六项和第七项等 4 项权力的下放幅度较大,已有部分权力下放给了大学,而第二项、第五项、第八项和第九项等 4 项权力只部分下放到了地方;到 1997 年,第 3—9 项权力已全部有所下放,而且下放幅度较大,第三项、第四项、第五项、第八项和第九项权力等已大部分下放给了大学,只有第一项和第二项权力由中央和地方共享并以中央为主。到了 1998 年后,除第一项和第二项权力仍由中央和地方分享之外,其他 7 项权力均已全部下放给了大学,这说明了中国大学目前的确已拥有了较大的内部管理权力。

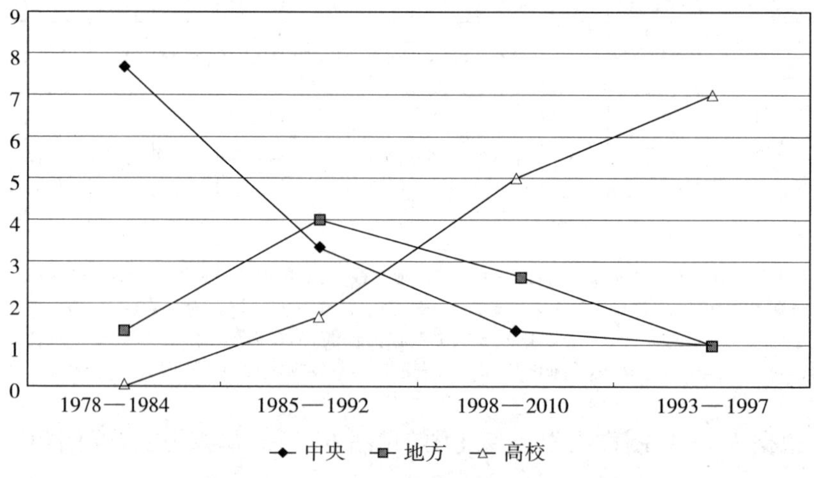

图 6-3 大学内部管理权力变化图

三、大学教学权

教学是大学的中心工作,也是大学改革的敏感地带。它涉及政府制定的教育目的的实现程度、教育方向的正确与否、新生代的思想意识形态是否与执政党的要求一致等问题。世界上许多国家都将大学教学

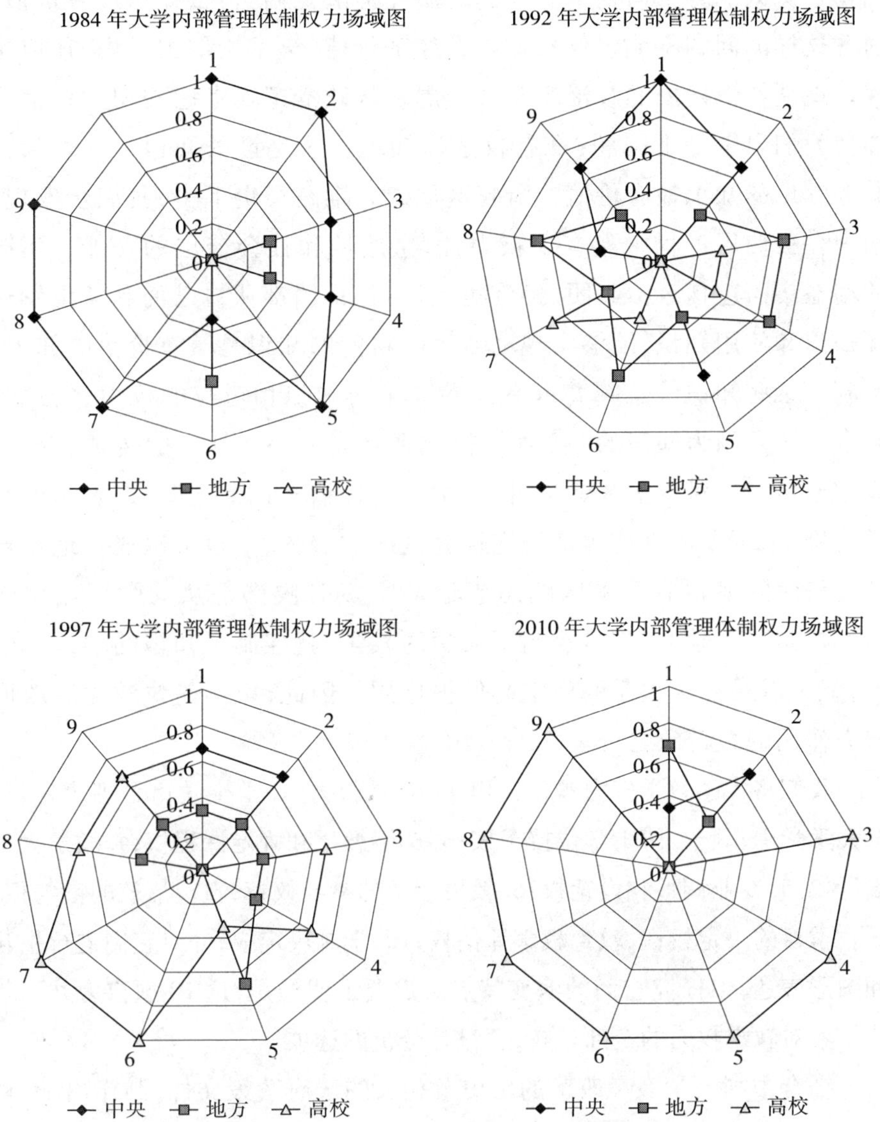

图 6-4　1984、1992、1997 和 2010 年大学内部管理体制权力场域图

注：1. 纬线由内到外分别代表中央、地方和大学；2. 粗线代表实际权力线。

看作是关系到政府统治秩序的大事，从教学知识的选择、教学知识的传播、教学知识的应用等方面都渗透进强烈的权力意识和意识形态的影响、干预、控制。国外学者从教育社会学的角度对教育知识的控制性问题作了深刻的分析与揭示。他们的研究提醒我们：什么知识最有价值？回答这样的问题不能仅仅从知识的经济价值、学术价值去考虑，还应更深入地从知识发展的政治逻辑去考虑。从政治逻辑考虑知识的价值将会使我们思考如下问题：谁有权选择知识？这是谁的知识？知识为谁服务？谁的知识最有价值？沿着这样的思维路径走下去，我们会发现，知识在被使用过程中具有了权力性、生产性和社会分层的功能。不同的利益集团包括政治集团、经济集团、文化集团都从自己的利益出发选择知识和使用知识，能够实现利益集团目的的知识是最有价值的知识。控制了某些知识就意味着占有并垄断了与知识相对应的权力、资源和资本。正是因为知识的“魔力”，执政者会高度关注知识的传播、继承、应用与生产。对于执政者来讲，大学作为传播知识最主要、最发达的社会机构，它可以成批地生产稳定社会秩序的服务者，也可以成批地生产社会秩序的颠覆者。中国的思想运动很多时候都是从大学开始引爆的。控制了大学，尤其是控制了大学的教学，就控制了知识的输入与输出，就可以对社会秩序的稳定起保护作用。因此，教学是执政党和政府权力作用的最精致之处。

我们将大学教学权力概括出以下 10 项权力：1. 学生学籍管理决定权；2. 大学学士、硕士、博士学位授予权；3. 选编教材和确定课程权；4. 教学大纲设计权；5. 专业调整和设置权；6. 教授治学的参与权；7. 教授治校的参与权；8. 教学目的决定权；9. 教育教学评估权；10. 学制决定权，并对它们进行量化和图形表达，以探究它们的演变特点。需要说明的是，这 10 项权力并不代表笔者对教学权力的全部理解，它只是分析的选项。

结合中国大学教学改革的历史及相关的政府政策文件，制作出 10 种教学权力分布略表（见表 6-5）。在分析框架中，中央政府、地方政府、大学都是平等的权力主体，每一主体被赋予相同的权力值，各占有三分之一的权力。社会权力在这里被忽略。10 种教学权力也处于同等的地位，每一种权力被赋予相同的权力值（1 分），所有权力加总后计分 10 分。一个“+”表示权力值是三分之一，“++”表示权力值是三分之二，“+++”表示权力值是 1。

表 6-5　10 种教学权力分布略表

权力类别	1950—1984			1985—1992			1993—1997			1998—2010		
	中央	地方	高校	中央	地方	高校	中央	地方	高校	中央	地方	高校
1	+++			+++			+++			+++		
2	+++			+++			++	+		++	+	
3	++	+				+++			+++			+++
4	++	+			+	++			+++			+++
5	+++			++	+		+	++		+	+	+
6	+++				++	+			+++			+++
7	+++			+++			++	+		++	+	
8	+++			+++			+++			+++		
9	+++			+++			+++			++	+	
10	+++			+++			+++			+++		
权力总值	9. 33	0. 67	0	6. 67	1. 33	2	5. 67	1. 33	3	5. 33	1. 33	3. 34
权力比重(%)	93. 3	6. 7	0	66. 7	13. 3	20	56. 7	13. 3	30	53. 3	13. 3	33. 4
与前一阶段相比权力变动的幅度	0	0	0	-2. 66	+0. 66	+2	-1	0	+1	-0. 34	0	+0. 34

注:1. 1 到 10 分别代表上述 10 项权力;2. "+++"表示独有权力,其权力值设定为 1,而且若此项权力在某一时期不存在,则把它看成是中央独有;3. "++"表示以这一方的权力为主或权力较大,其权力值设定为三分之二;4. "+"表示这一方占据次要权力或权力较弱,其权力值设定为三分之一;5. 空白表示无权力,其权力值设定为 0;6. 数字前的负号"-",表示权力下放或减弱、正号"+"表示权力增强。

根据表 6-5 的权力量化结果,我们可以清楚地看到:中国教学体制改革是相当缓慢的,中央对大学的教学实行着强有力的管理。1950 年到 1984 年,中央掌握着大学的 93. 3%权力,作为具体教学单位的大学却没有权力。地方政府仅拥有 6. 7%的权力,包括"选编教材和确定课程权"和"教学大纲设计权",这实际上是地方政府代表中央政府对大学教学教材和课程的管理。因此,如果从大学与政府角度考虑,大学确实处于教学无权状态。中央政府权力与地方政府权力之比是 13. 92∶1,中央政府权力与大学权力之比是13.92∶1。按照林荣日的研究,中央政府的权力和地方政府的权力比值在3.730∶1与1∶0之间时,国家的权力结构类型属于极端中央集权制。而这一时期的中央政府的权力和地方政府的权力之比值是3.730∶1的3.73倍,国家权力结构属于典型的极端中央集权制。1985年到1992年,中央政府的权力总值是6.67,掌握着大学教学权力的66.7%,与前一阶段相比,权力变动的幅度是-2.66,表明中央政府在这一时期下移了26.6%的权力。其中,地方政府增加了6.6%的权力,大学收回了20%的权力。这些权力包括大学获得的"选编教材和确定课程权",地方政府与大学共同获得的"教学大纲设计权"、"教授治学的参与权"。另外,中央政府将小部分"专业调整和设置权"分权给地方政府。地方政府将"选编教材和确定课程权"归还给大学。这一时期的中央政府的权力和地方政府的权力之比值是5.01∶1,中央政府的权力和大学的权力之比值是3.33∶1,中央政府的权力类型属于极端中央集权制。政府权力与大学的权力之比值是4∶1,政府的权力类型也属于极端中央集权制。不过,与前期相比,中央政府降低了权力极端集中的程度。1993年到1997年,中央政府的权力总值为5.67,掌握着大学56.7%的权力。中央政府在这一时期归还了大学学士硕士学位授予权、专业调整和设置权、教授治校的参与权。与前一阶段相比,中央政府权力变动的幅度为-1,表明中央政府归还了10%的管理教学的权力。地方政府在这一时期将大学的"教学大纲设计权"、"教授治学的参与权"全部归还给大学。在这一时期,大学收回了10%的权力,大学完全收回了"教学大纲设计权"、"教授治学的参与权",共控制着30%的教学权力。这一时期的中央政府的权力和地方政府的权力之比值是4.26∶1,权力类型仍然属于极端中央集权制。中央政府的权力和大学的权力之比值是1.89∶1,权力类型属于中央高度集权制。政府权力与大学的权力之比值是2.33∶1,属于中央高度集权体制。这样,我们可以判断,在这一时期,管理大学教学的权力是一种政府高度集权的方式;在1998年到2010年,中央政府的权力总值是5.33,即中央政府掌握着53.3%的大学教学权力。与前一阶段相比,中央政府的权力变动幅度是-0.34,即中央政府归还了3.4%的权力,主要将小部分"教育教学评估权"分权给地方政府。地方政府在这一时期将小部分"专业调整和设置权”归还给大学。大学在这一时期收回了 3.4%的权力,即“专业调整和设置权”。这样,大学在“选编教材和确定课程权”、“教学大纲设计权”、“教授治学的参与权”、“专业调整和设置权”拥有了一定的权力。到这一阶段,中央政府掌握了 53.3%的大学教学权力,大学掌握了 33.4%的大学教学权力,地方政府掌握了 13.3%的大学教学权力。这一时期的中央政府的权力和地方政府的权力之比值是 4.01∶1,权力类型仍然属于极端中央集权制。中央政府的权力和大学的权力之比值是 1.59∶1。权力类型属于中央适度集权制。

从权力分布表中,我们可以得出如下结论:从 1950 年到 2010 年,在权力运行方面,大学的教学管理经历了极端中央集权制—中央高度集权制—中央适度集权制,大学的教学现处于中央适度集权制阶段。中央政府归还权力的途径是先向地方政府分权,再由地方政府将权力归还给大学。尽管中央政府将部分教学管理的权力进行了归还,但中央政府对大学教学仍然保持着强有力的控制,并没有因教学是大学内部相当具体的、微观的工作,就将绝大部分权力归还给大学。中央政府一直掌握着学生学籍管理决定权、教学目的决定权。

根据表 6-5 各权力主体的教学权力变化图,可以发现权力的内部变化轨迹。从图中可以看出,中央政府在第一阶段和第二阶段之间是向地方和大学还权幅度最大的时期。这段时间中央政府主要将确定课程安排的权力、确定教学运行的程序、教师教学活动的开展权力、教学大纲的设计权力、学位点的授予权力等方面的权力进行了还权。中央政府对教材编写的权力、专业设置调整的权力、教学评估的权力等方面的权力是在第二、三、四阶段逐步进行还权的,且还权的幅度明显减缓。这说明中央政府的还权具有渐进的特点;地方政府对教学的控制能力有限,它的还权速度比较平稳。在大学发展的后 3 个阶段,地方政府基本处于还权与增权的持平状态,在中央集权被分权的环节中,地方政府起一个缓冲的作用,因此,地方政府是大学教学权力归还的缓冲地带;大学在发展过程中一直处于收权阶段,在第一、二阶段收权幅度较大,在第三阶段到第四阶段收权较慢。从合理性角度考虑,教学是大学本身具有的权力,大学的这种权力类似于“天赋人权”,而现在大学被迫从政府手中“申请”权力,有时接近“讨要”,这是相当难以理解的教育现象。因此,在大学教学权力的博弈中,与其说是政府在“放权”,不如说是中央政府在“还权”——政府在向大学退还被它占有的教学权力。“放权”与“还权”,一字之差,意义相当不同。“放权”表明是权力所有者将属于自己的权力让渡给他人。“还权”是权力侵占者将所侵占的他人权力归还给他人。“放权”与“还权”,一字之差,对于大学来说,意义就非同一般了。如此看来,政府的“放权”之说并不科学,也不符合大学的本质和大学发展的实际。在大学教学权力的博弈中,正确的说法是,在大部分的权力活动中,中央政府在还权,地方政府在增权,大学在收权。在今后的长期一段时间内,大学都处于向地方政府、中央政府收权的阶段,这其中也会有增权行为伴随着。

从总体来分析,从 1950 年到 2010 年,中央政府向大学归还了 40%的教学权力,大学收回了 33. 4%的权力,还有 6. 6%的权力掌握在地方政府的手中。我们可乐观地预测,随着改革的深入,大学将从政府手中收回更多的教学权。

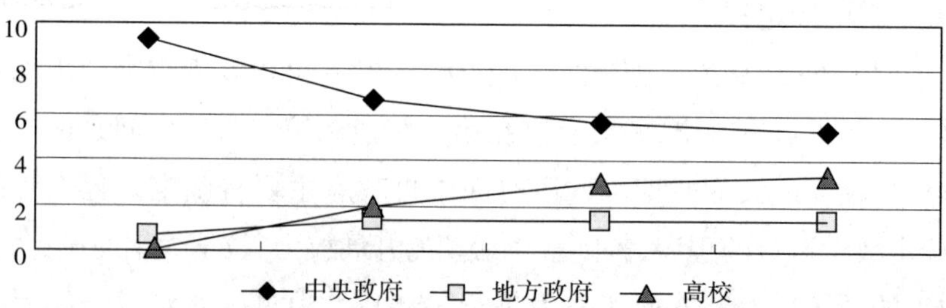

图 6-5 1950—2010 年大学教学权力变化图

根据表 6-5,我们选取 1984 年、1992 年、2010 年制作出各权力主体所在的权力场域图(见图 6-6),它可以生动地反映出权力的演变方向。从 1984 年教学权力场域图中可以看出,10 项权力中仅有第三、四项权力发生稍微变化,向地方政府方向演变。其余权力都没发生方向上变化,都被中央政府控制,中央政府的能力覆盖了场域图面积的 90%以上。大学在 1984 年的权力场域图中处于完全被覆盖的状态;从 1992 年的教学权力场域图中可

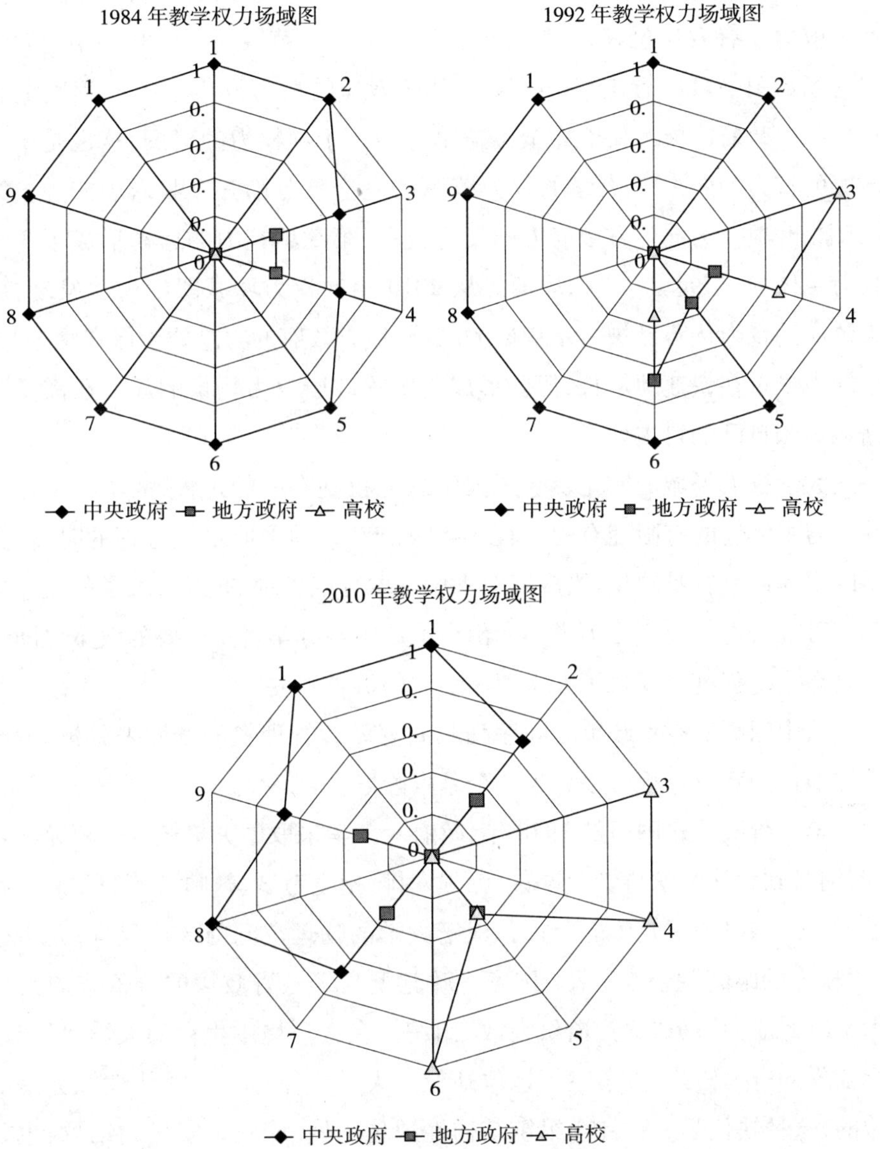

图 6-6　1984 年、1992 年、2010 年教学权力场域图

注:1. 纬线由内到外分别代表中央、地方和大学;2. 粗线代表实际权力线。

以看出,10 项权力中第三、四、五、六项权力发生了位移。第三、四项权力强势地向大学方向移动,大学占有了第三项权力。第五项权力向地方政府方向发生移动,第六项权力向地方政府方向发生移动和大学两个方向发生移动。其余权力没有发生位移,仍然在中央政府的权力范围内;从 2010 年的教学权力场域图中可以看出,10 项权力中有 70%的权力发生了不同程度的移动。中央政府的能力仅能完全覆盖第一、八、十项权力的范围,这也是中央政府的权力“堡垒”。大学的权力范围已完全覆盖第三、四、六项权力。第二、七、九项权力向地方政府方向发生位移,第 5 项权力的运动形成了 3 个权力主体的“三足鼎立”的局面。从 2010 年的权力场域图中可以发现,中央政府的权力优势已被一定程度的减弱,地方政府的力量处于保守状态,大学的力量正在快速地增长,但要形成与中央政府权力均衡的局面还需要不断地扩张自己的自主性。

大学权力场域的变化反映了大学从无权到有权的过程,大学从主体性缺位与主体性的有限拥有的过程。当政府对大学采取集权管理的时候,大学的主体性就容易缺位,当政府对大学采取分权管理的时候,大学的主体性就有可能获得。政府作为举办者出台的政策与办学者所需要的政策之间的差异在一定程度上反映了大学主体地位的诉求强度。

从中国高等教育政策时间序列和高等教育管理权的场域来分析,大学主体地位的建设过程可以分为 3 个基本阶段。

第一阶段是建国后到 1978 年,政府对大学采取中央集权方式领导与管理,细微到大学的学科专业设置、课程安排、招生考试、教师培养等方面。政治意识形态以知识政体的形式扎根于大学的物理空间与政治议程,充当政府“权力的眼睛”控制大学。国家—政党型高等教育政策的价值取向是将大学改造成为服务“无产阶级专政”组织。在大环境中生存的大学,只能选择依附的行为模式,大学主体地位缺位。大学主体地位在总体性社会是缺位的,这种缺位是一种社会组织结构性缺位,是政府政策安排的结果,也是总体性社会政策排他性的结果。政府通过制度安排来建立国家垄断性高等教育(高等教育并不是作为社会公共事业的存在,而是作为阶级统治的工具、作为意识形态的工具的存在。正因为如此,高等学校作为党的教育事业的一部分,为无产阶级政治服务,为专政阶级所垄断和控制)。

第二阶段是大学主体地位意识觉醒阶段,1979 年到 1997 年左右。这种觉醒是从大学内部开始的，然后才影响到中央政府，是一个自下而上的渐进摸索过程。政府通过制度安排来建立国家与地方共同垄断性高等教育（1979年苏步青、李国豪等大学校长呼吁给大学一点自主权、1985年5月27日《中共中央关于教育体制改革的决定》、1993年《中国教育改革和发展纲要》）。1993年的《中国教育改革和发展纲要》提出："在政府与学校的关系上，要按照政事分开的原则，通过立法，明确高等学校的权利和义务，使高等学校真正成为面向社会自主办学的法人实体。"1995年3月审议通过的《教育法》完成了这一立法任务，并将其外延扩大到其他学校和教育机构。《教育法》第三十一条规定："学校及其他教育机构具备法人条件的，自批准设立或者登记注册之日起取得法人资格。"学校"法人"概念的提出，无疑是一个巨大的进步，因为它从法律的角度确立了学校作为权利主体的独立地位。

第三阶段是大学主体地位的法律认可及建设阶段。从1998年《高等教育法》颁布到大学主体性实践；在这一阶段中，大学遭遇到了外部法律地位难以落实（大学自主权问题），内部政党权力、行政权力、学术权力的冲突。政府通过制度安排来建立起以下高等教育格局：国家垄断优势层次的高等教育、地方垄断一般层次的高等教育、大学内部适度自治的高等教育。

《高等教育法》不仅规定了"高等学校自批准设立之日起取得法人资格，高等学校的校长为高等学校的法定代表人"，而且还具体规定了高等学校应当享有的7项自主权。从政府意图上升为国家意志，从无法可依到有法可据，落实高等学校办学自主权不能不说取得了很大的进展。然而，学校法人地位的确立并没有使学校的权利得到切实的保障，其中一个重要的原因是，学校法人的性质不确定。法人在中国的法律中只是民法中的一个民事主体，按照1986年实施的《民法通则》推论，学校当属事业法人之列。不过，大学办学自主权诸项并非都属民事范畴。所以，有的学者认为，"大学不仅是一个具有独立民事主体资格的法人，享有独立的民事权利与义务，而且在民事活动之外的教学、科研、教师及学生管理等领域也具有独立的主体资格，是行政法（公法）上的特别法人"。其主要理由是“大学的法人资格系由《教育法》《高等教育法》所确立，而《教育法》在我国法律体系中被认为是行政法的一部分”，“大学存在的主要目的不是为了人事民事活动或营利，而是为公共利益的目的为公众提供服务”。但是，这只是学者们的法律学推理，并不具有实质性的法律意义，因为行政法人在中国现行法律中并不存在。学校法人主体性质模糊，学校法人的实体化也就难以落实，即使在民事领域，公立学校法人大都没有完全具备《民法通则》的要求。不独学校法人的性质不确定，大学办学自主权的法律属性也没有清楚的界定。许多学者认为，办学自主权主要是民事权利，是大学自然本有之权利。有学者则认为，“从大学自主权产生的过程和性质来看，大学的自主权不是一项民事权利，而是政府下放给学校独立行使的行政权。它是一种必须根据公认的合理性原则行使的公权力”。这种“下放”是政府的权力让渡，很容易被收回。问题还在于，办学自主权在法律上得到了承认，但现行法律没有就这些权利作出清晰的解释，权利的范围、尺度、规则不明，实施、监督、保障缺乏规定性和程序限定，这就使得法律难以成为实践可以参照的准绳，办学自主权的法律承认实际被空置。

制度短缺在中国是一个普遍的社会现象，而在教育领域，由于制度性变革相对滞后，制度短缺尤其突出。从宏观权力结构来说，党政一元的制度性安排，高度集权的权力配置，缺乏民主与监督的运行机制，使得权力运作以领导个人权威的意志为转移。而这种权力运作的主要手段是政策性调控，而非制度化形式；权力运作的方式主要是政治动员式的，而非程序化的。在这样的条件下，高等学校的主体意识的部分丧失是不可避免的，依附与屈从成为其基本的行为特征。

从微观权力结构而言，高等学校的权力系统与外部权力系统存在着相当程度的同构性，大学内部同样存在着“社会性的弊病”。作为学校法人，合理的法人治理结构是行使法人权力的必要前提，严格的章程和规章是权力正确和有效运行的保障。但是，长期高度行政化的权力形式仍然在大学延续，以民主决策、有效监督为特征的法人治理结构并没有建立起来，学术权力得不到应有的尊重。而章程在绝大多数公立高等学校刚开始订立,更不要说得到法律的认可。权力的运行缺乏基本的程序和规则约束,更缺乏制衡和监督。所以,一旦放开,离开学术、教育本来的目的追求现实功利的欲望极易膨胀起来,行为失范在所难免。此所谓“一放就乱”。

权利和责任是矛盾的统一,自主的条件是自律。并不是学校要有意地放纵自身,而是权力结构本身有问题。

审视“落实办学自主权”本身的“合法性”。办学自主权是一个特定的概念,它反映的是改革过程中的发展性诉求。而办学自主权的属性究竟是不是缘于学校产出效益的提高、资源利用率的提高呢?还是缘于外部关系的要求呢?这很值得思考。高等学校作为办学的主体,有其自身的合目的性,自主应当是内在的发展要求。高等学校办学的基本活动是科学研究与人才培养,自主权根基于学术发展的要求才是其本性所在。“大学办学自主权的核心是学术自主权,离开学术谈大学的办学自主权没有任何意义”,“大学完全接受政治或经济的沟通媒介(权力或金钱)则意味着大学自主权的丧失。因此,试图诉诸外部政治、经济因素来实现大学的自主性无异于缘木求鱼”。

无论是政府的权宜、法律的空置,还是制度的短缺,都隐含着权力系统对学术自主权的“疑惧”,它实际上是办学自主权难以落实的深层原因所在。这种“疑惧”以“集体的无意识”表现出来,因而使得办学自主权的核心被从各个方面抽空。如果我们承认办学自主权是高等学校主体的内在诉求,那么“落实”就必须重新确立其价值目标,即促进学术自主的发展。立足于这一目标,才可能建立起合乎逻辑的权力结构体系和主体间的法律关系,建立起满足内外发展要求的规范制度。

学术自主,换个角度说就是学术自由、学术自治,自由才能自主,自治才能自立。事实上,在现实环境中,的确不可能“在封闭系统里搞自我完善的所谓自治权力”。在知识论的高等教育哲学和政治论的高等教育哲学的博弈中,政治论的高等教育哲学总是占绝对上风。因此,学术自主的取得,光靠学校内部学术生态状况的改善是不现实的,“落实”的前提是社会政治文明的发展,中国现代大学制度的建立。

第三节　政府权力规范与大学主体性的困境

从以上文本的分析可以看出，改革开放以来，中国大学的自主性从很大程度上得到了扩张。从政策的层面上来说，无论从法律上的相对独立地位的确立还是具体权利方面的保障都似乎得到了很好的体现。但是，困境在于，这种政策文本方面的规范与具体实践中的大学主体性的落实似乎有不少的差距。许多法律明确规定的高校办学自主权并没有落实到位，许多高校法人实体应该拥有的办学自主权并没有实现，高校对于办学自主权的落实与扩大感知似乎并不真切。高校办学自主权尚未进一步落实与扩大的原因是什么呢？应该说，从不同的层面不同的角度，会有不同的答案。但是，很显然，其中最为重要的原因在于我国特殊的国家政治体制及法治环境。例如，在调研过程中，高校领导普遍认为，政府掌控了大量资源，通过项目、工程、专项等多种方式掌控高校，产生了高校对政府的新的依附与政府对高校的新的掌控，成为影响高校办学自主权落实与扩大的根本原因。对于像中国这样一个强国家—弱社会传统浓厚的国家来说，特殊性在于，高校不仅面对着中央政府权力对高等教育管理的集中管理，同时又面对着地方政府对于中央政府下放到地方的相关权力的新的管制。从地方政府的角度来说，相关的权力下放到地方不等于下放到了高校本身，地方政府可能截留甚至扭曲这种权力，从而为高校的自主权落实带来新的困境。因此，规范政府权力，包括中央政府与地方政府的权力，对于真正落实和扩大高校自主权意义重大。从可解决的、较有针对性的政策因素本身来看，我们认为，主要有以下几个方面的原因使得政府权力规范依然没有到位：

一、政府权力约束的具体机制缺位

正如所有的政策一样，如果缺乏具体的和可操作的机制，最终也只能停留在文本上而成为一句空话。近20多年以来,针对落实与扩大高校办学自主权,国家已经颁布了一系列的法律法规。每次重要法规的出台,都给人们带来鼓励。但是,几年以后,不少法律法规都成为历史文献,没有付诸实践。其中的原因,主要在于没有更为具体与可行的机制和程序来贯彻落实这些法律法规。就具体实践来说,这种具体的机制和程序主要包括以下几个方面:一是政府放权的具体机制与程序。目前不管是中央政府对地方政府还是地方政府对于具体的高校的权力收放都带有浓厚的行政色彩,把权力的收放放在行政管理的视野中来考虑,带有明显的随意性。实际上,不管是中央政府与地方政府之间,还是地方政府与高校之间,二者权力的属性都具有某种内在的规定性,政府的归政府,高校的归高校,应该有明确的边界。但是在实践中,二者由于边界模糊导致了政府更多的时候把本该属于高校的权力视为政府的让渡,并依据实际需要进行随机的收放。由于没有具体的权力收放方面的程序和机制,高校经常需要面对不确定的政府权力,高校的自主性也随之缺乏必要的稳定性;二是缺乏政府高校管理权的约束机制。现有的相关法律法规对政府的权限尽管做了原则性的规定,但是在具体的权力实践中,这种原则性的规定在很大程度上由于缺乏具体的约束机制而往往会落空。例如,《高等教育法》第二十一条已经规定,高等学校应面向社会,依法自主办学,实行民主管理。从现实情况来看,当前高校既没有面向社会,也没有自主办学,而是面向政府,无法实现自主办学。究其原因,主要在于没有建立起具体的政府权力约束机制,到底怎样的民主管理,应该遵循怎样的程序和机制,政府在行使相关权力的时候到底应该怎样更好地与高校进行沟通互动等等,都没有具体的机制,或者说在相关的机制供给方面一直态度消极,一些地方政府反而通过各种政策指令、项目经费、人事任命等牵引高校往既定的方向挤拼,在这样的政策环境下,高校自然无法做到面向社会,自主办学,以及实现民主管理;三是缺乏具体的参与机制。在政府与高校的关系中,更多的是一种政府对高校的单向式的管理,而缺乏有效的政府与高校之间有机的互动,更缺乏必要的高校对于相关事务的参与。政府由于掌握着大量的资源,高校不得不依附并迎合政府的意志,在涉及高校的一些重要事务方面，如经费分配等一些具体而重要的参与机制并没有有效地建立起来，这使得政府可以依照自身的意志对高校进行权力干预。

当然，除此之外，从中央与地方法律关系的角度来看，不同的法规政策之间依然存在着一些不一致的地方，导致在政府管理的具体实践中产生一些混乱。当前，要系统地梳理国家，以及地方政府的各种政策性文件，凡是与上位法律法规不一致的，不吻合这些法律法规精神的，都应该删除或者完善。同时，要积极研究对策，出台政策，鼓励而不是限制高校面向社会，依法自主办学，实现民主管理。

二、政府内部权力分割导致政策难以有效落实

西方传统的官僚制存在着“鸽笼式”专业化部门分割①，与此相类似的是，中国地方政府同样存在着部门分割现象，然而，中国政府部门的这种分割很大程度上不是因为技术、职能和专业的不同而造成的，而是中国特殊的自上而下单向式的权力模式的结果，是唯上不唯下的地方政府行为方式导致的，地方政府往往被分割成相对独立的“条条”，这些“条条”像一张无形的网束缚着地方政府的整合功能和整体效能的有效发挥。各部门有其独立的部门利益，其往往借助中央政府的权威而独立行事，使得部门利益常常凌驾于地方公共利益之上，出现“市长给局长拜年”的现象②。正所谓政府权力部门化，部门权力利益化。这点在高校办学自主权的落实方面也同样如此。具体到高校管理，这种条块关系主要包括自中央到地方的教育主管部门，教育部作为全国高校的规范者和管理者，拥有统一的规范和管理权限。地方教育行政主管部门一方面既是地方高校的管理者，另一方面同样也是教育部相关政策的执行者，教育行政主管部门的权力自成一体，相对独立和封闭，对高校进行着有效的管理和影响。而教育主管部门与地方政府之间

---

① ［美］戴维·奥斯本、特德·盖布勒：《改革政府——企业精神如何改革着公营部门》，上海译文出版社1996年版，序言。

② 朱光磊：《当代中国政府过程》（修订版），天津人民出版社2002年版，第335页。

同样存在着独特的关系,中央教育政策在地方政府的权力运行中往往会发生扭曲,中央相关的教育政策在经历漫长的权力链条最后到达高校的时候可能产生变异。另外,高等教育本身涉及政府不同部门之间的利益和权力关系,如财政部门与教育部门,不同部门出于自身的利益考量,对同一问题往往会产生不同的看法,甚至矛盾。

从 1998 年的《高等教育法》到 2010 年的《国家中长期教育改革和发展规划纲要》,无不体现国家增强高校办学自主权的决心与力度。但是,许多法律法规明确规定了的自主权,由于相应主管部门之间的利益问题,至今很难落实。例如,《高等教育法》第三十四条规定,高等学校根据教学需要,自主制定教学计划、选编教材、组织实施教学活动。应该说,这在该法规定的 7 项自主权中,属于落实得最好的。但是,由于部门利益之争,许多完全可以下放的权力仍然被相应部门牢牢掌控。当前,各部门尚未形成管理要为高校改革发展服务的共识。一些部门,特别是发改、财政、人事、编办等部门,对高校的管理仍停留在把学校相关事务管住管牢的层面,习惯按照行政管理的模式管理高校,满足于管审批、管项目,利用掌握的资源配置和政策制定权力,要求高校贯彻部门意图,把高校当作下级行政部门进行管理。不同的部门往往习惯于从自身的权力来考虑问题,出于具体的政绩或利益来干预高校具体的内部治理,这使得高校疲于应付。例如,教育部及下属的教学指导委员会经常发布文件或者一些规范要求高校必须设置哪些必修课程并规定学分数,如要求大学体育 3 学分以上、军事与理论 2 学分,规定专业的主干课程及学分要求。又如,对于“两课”,不仅有诸如最低实践课时的要求,而且其是唯一没有折扣的教材。这与《高等教育法》的相关规定是不相吻合的,也不是实现相应课程目标的理想选择。事实上,国外不少高校的体育课都采用俱乐部或者选修课的形式了;“两课”的教授,更多的是一种理念与品质的培育,而不是知识的灌输与学习。因此,教育部门应该放宽对高校教学方面的严格限制,发布规范应以指导性意见形式而不是强制性要求,更好地贯彻落实《高等教育法》的文件精神。从更广的范围来说,各部门应该从有利于落实与扩大高校办学自主权出发,从有利于推进中国高等教育事业发展出发,而不是基于狭隘的部门利益,来进一步贯彻实施国家的法律法规与政策文件。

三、救济机制缺位，高校权利缺乏有效保障

有效的救济机制是权利保障的重要条件，但是中国高校依然没有建立起有效的救济机制，当高校权利受到侵害的时候，高校没有相应的救济机制保障。高校尽管在法律上确立了作为法人的地位，也规定了相应的权利，但是，在这一"法人"的权利一旦受到侵害的时候，却没有办法像其他法人一样启动有效的救济机制。当前，学生的消费者意识高涨，经常出现大学生状告高校的案例。政府权力随意干预高校内部事务在我国司空见惯，但是，时至今日，30 多年来，还没有一所高校敢于状告相应的政府管理部门侵犯了自身的权益。这不仅仅是政府垄断了重要的资源，同样重要的是并没有像很多国家一样建立起相应的救济机制。从前面的分析来看，国家已经出台法律法规明确了高校的不少办学自主权，之所以未能较好地落实，其中一部分原因正是由于相应政府部门的职责缺位、越位甚至错位。可见，高校没有状告政府，并不是没有政府侵犯高校权益的现象，而是许多高校听之任之，采取了不作为的姿态。究其原因，一是中国高等教育资源都掌握在政府手上，高校不敢贸然犯上；二是权益保障机制没有建立起来，政府侵犯了高校的自主权之后缺乏相应的权利救济措施。对此，应该从两个方面来解决：一方面，政府部门尤其是教育主管部门，应该将该下放的权力下放给高校。有人提出，教育行政部门不应该掌握大量可调配的资金，不应该拿钱来搞大量专项、课题，如果要发布一些项目，也是基于解决自身问题的委托项目，而不是其他领域的项目。从某个角度来看，政府所要做的事情，除了拨款外，主要做好三件事：预决算权；绩效评价权；发布学校基本状态数据。另一方面，既然学生的权益受到侵犯，学生可以投诉自己的学校，那么，高校的权益受到侵犯后，高校也应该有渠道且有勇气投诉相应的政府部门。实现此目标，目前启动的高校章程建设就是重要的途径之一；同时，在真正贯彻落实与扩大高校办学自主权的基础上，建立权利救济通道，健全权利保障机制，推动高校办学自主权健康、稳步发展。

第七章　比较与借鉴：西方国家大学主体性的实现机制

现代大学的主体性根源于西方大学精神，而西方大学精神的形成是伴随着大学、政府与社会关系的互动而不断变迁的，正因为如此，大学主体性在不同的时期在西方也呈现出不同的特征。目前，总体上来说，西方在大学主体性建设方面形成了一套比较完善的做法和经验，这为中国大学主体性的建设提供了某些有益的借鉴和启示。

第一节　西方大学主体性的历史演变

大学主体性是随着大学合法地位的确立产生的。真正的大学出现于中世纪，史学家一致认为，意大利的萨莱诺大学(Salerno)和博洛尼亚大学(Bologna)、法国的巴黎大学、英国的牛津大学是欧洲最早产生的一批大学。这批大学在各个国家合法地位的确立也就意味着大学主体性的显现。

一、中世纪欧洲大学的主体性显现

大学主体性的显现要从学者行会说起。与现代成立的大学相比，最初的大学是自发形成的，大学的自发形成源于当时欧洲自治城市的兴起与自治行会的出现，“最早的大学自发形成这个偶然的现象，实则是体现出高深知识的学术活动恰好与欧洲自治城市的兴起和自治行会的出现相契合的一种必然的结果。”①欧洲中世纪行会通常是由同一手工业或商业的从业人员组成的，有的是为了促进共同利益，有的是为了福利目的和共同的宗教信仰，还有的完全是为了交际目的，行会是自治的，其领导者来自于内部选拔。在真正的大学出现之前，高深知识的传播与研究活动主要存在于教会机构与世俗牧师私办的城市学校中，到12世纪，这些师生仿照手艺人行会的方式组成教师或学生行会，以保护他们在城市中的利益，并把这种行会称为“Universitas”。这些学者行会为了获得追求学问的尊严、安全和自由，为了获得独立颁发学位和教学资格许可证的权力，与当时的统治阶层教会或者国王展开各种形式的斗争并最终获得了认可，成为合法的大学。

中世纪大学成立的主要标志是获得教皇诏令、皇帝诏令或者王室特许状，教皇诏令、皇帝诏令与王室特许状从法律上赋予了这些大学种种权利，使大学的主体性得以彰显。“教皇诏令、皇帝诏令或者王室特许状是保障大学自身合法地位独立地位的法律依据，它们的获得标志着一所大学获得了国际性或者全国性的地位，同时享有学位授予权。”②例如，1155年，神圣罗马帝国皇帝弗里德里克一世巴巴罗萨（Frederick Ⅰ Barbarossa）在意大利接受加冕时应博洛尼亚师生行会的请求颁发了“居住法”（Authentica Habita），从法律上赋予了博洛尼亚大学的合法地位；巴黎大学是在1208年获得教皇英诺森三世（Innocent Ⅲ）的许可，取得师生行会的合法资格，后来又于1231年获得了教皇格列高利九世（Gregory Ⅸ）的时称中世纪的巴黎“大宪章”。中世纪欧洲大学通过获取教皇诏令、皇帝诏令或王室特许状获得了大学自治权，大学主体性自此凸显。

二、美国大学的主体性发展

（一）大学主体地位的获得：殖民地学院被授予特许状

美国在殖民地时期诞生了9所学院，这9所学院为美国高等教育的繁

① 张斌贤主编、和震著：《美国大学自治制度的形成与发展》，北京师范大学出版社2008年版，第20页。

② 张斌贤主编、和震著：《美国大学自治制度的形成与发展》，北京师范大学出版社2008年版，第21页。

荣兴盛奠定了坚实的基础,它们在诞生之初便具备了主体性。美国在殖民地时期没有出现过自发性的学者行会,但是殖民地时期的美国社会环境和政治结构中呈现出两个明显特征:自治与宗教宽容,这是美国殖民地时期建立的9所学院在诞生之初便能获得主体地位的基本背景与必要条件。此外,美国殖民地时期的9所学院移植了英国大学的模式,“就高等教育而言,牛津和剑桥两校提供了殖民地学院试图模仿的最初的模式。”①这9所学院在创办之初便得到议会或者王室的特许,如,哈佛学院是于1636年8月23日由马萨诸塞海湾公司大议会通过法案批准建立的,并于1650年获得了马萨诸塞大议会颁发的特许状;1693年建于南部弗吉尼亚殖民地的威廉斯堡(Williamsburg)的威廉-玛丽学院是北美殖民地第二所学院,它是殖民地时期9所学院中第一个拥有王室特许状的学院;耶鲁学院于1701年10月由康涅狄格议会颁布的一个法案批准建立,并于1745年获得康涅狄格殖民地政府正式颁布的特许状。特许状的颁发界定了殖民地时期政府或者王室与学院之间的关系、彼此的权利与责任,也奠定了美国大学实行自治的传统与制度基础,“一是教育独立于政府却对它负责的观念,这是最终成为美国高等教育中不断谋求院校机构自治与公众问责(Accountability)之间保持平衡的思想前提;另一个是由外部公民组成最高权力机构——董事会来控制学术机构的模式,并扩展到后来的美国公立学院和大学。”②

(二)政府——大学双元主体模式下大学主体性的彰显:国立大学运动与达特茅斯学院案

公私分立是美国高等教育的特色,而这一特色的形成有赖于美国高等教育史上几次重大事件的出现,这些重大事件对美国高等教育体制的形成具有里程碑式的影响。其中一个重大事件是“国立大学运动”,从18世纪末到20世纪初,美国先后有6位总统提出建立国立大学的计划——即在美国整个教育体系顶端建立一所国立大学,但均遭到国会的否决,最终没有成功;另一重大事件是发生于19世纪初的“达特茅斯学院案”,“达特茅斯学

① 贺国庆:《德国和美国大学发达史》,人民教育出版社1998年版,第81页。

② Edwin D.Duryea, *The Academic Corporation: A History of College and University Governing Boards*, New York: Falmer Press, 2000, p.55.

院案”的一个重大意义在于认定了殖民地时期 9 所学院的私立身份,也促使各州政府下定决心以州立大学的形式创建公立的高等教育机构,最终形成了美国高等教育多样化发展的格局。这两大事件最终以政府的失败告终,“国立大学运动”的失败“与美国高等教育能够排除中央权力的直接约束、引入市场的机制和思维方式的形成是联系在一起的”。[①] 美国的宪法限制了联邦政府对高等教育的过多干预,联邦政府只能寻求更加合适和克制的介入方式:如土地捐赠、教育信息服务等,对高等教育进行资助和干预;“达特茅斯学院案”事件限制了州政府对私立大学的干预权力,同时,在私立大学高度自治的榜样倡导下,“法人—董事会制度结构”向 19 世纪中期形成的以州立大学为主体的公共高等教育体系中扩展,最终也使州立大学获得了相当程度的主体性。

(三)多元主体干预下大学主体性的调适

19 世纪后期,美国社会发生转型,大学也越来越多地参与到社会事务中,社会对大学的关注越来越多并对大学提出了新的要求。除政府之外的外部多元主体(如市场、社会等)越来越多地对大学施加影响,而处于市场机制主导下的美国自由主义经济体制下的美国大学也面对各种挑战,主动进行自身主体性的调整与适应,为市场和社会提供多样的“教育服务”和“知识产品”,并能够吸纳多元化、多渠道的资金来源。20 世纪以后,多元社会参与日益加强的同时伴随社会干预的增强,自治与问责之间的矛盾成为美国大学主体性调适面临的新问题,这也是其他国家的大学所面临的新问题,下面以日本为线索就大学主体性的变革进行阐述。

三、日本大学的主体性变革

20 世纪后半期,世界上许多国家的政府开始变革高等教育,在这场变革中,不管国家的政治形态、经济发展水平,以及高等教育的发展阶段是否

---

① 张斌贤主编、和震著:《美国大学自治制度的形成与发展》,北京师范大学出版社 2008 年版,第 121 页。

相同,变革的模式与主导思想具有很大的相似性:逐渐调整以往由政府主导高等教育管理的方式,解除政府对公、私立大学的管制;下放政府的管理权力,扩大高校的自主权;消除垄断,引入市场机制,让竞争引导高等教育机构积极回应市场需求,以增强弹性,提高效率,重视高等教育对社会的责任;等等。① 其中,日本于 2003 年开始实施的国立大学法人化改革尤其引人注目。

在日本的高等教育历史上,无论是在培养杰出人才,还是在创造高新技术成果方面,国立大学都发挥了不可替代的核心作用。但是,由于其长期的科层制管理体制,导致了国立大学对政府的过度依赖及自身主体性的缺失,这一现象导致日本国立大学在多元主体干预下的力不从心。首先,从政府方面来看,传统上,日本国立大学是作为政府的一个附属机构被设置和管理的,被称作是"被保护的官僚机构"②。但是,随着开始于 1996 年的日本行政体制改革的深入,迫于解决财政危机和消除政府管理体制的弊端的压力,日本政府将其附属机构国立大学纳入改革视野。其次,从社会层面来看,日本在 20 世纪 90 年代出现了经济下滑的局势,其经济被称为是"失去的十年",而经济界和社会也将部分责任归咎于大学的不作为,如有的学者认为,"作为一种后工业经济模式,日本需要具有创造性的软件编程者、科学家、企业家以及其他能够独立思考的人。和美国相比,这方面日本处于劣势地位。我们希望教育体制能够鼓励个性,'教育改革是不可避免的'。"③有的学者认为,"不少大学的教授反对或抵制与企业的联系,这在左翼学术团体中表现尤为强烈。"④这些学者的观点代表了公众和经济界对大学的看法,社会普遍认为日本国立大学的教育模式不能满足企业对人才的需求、原来的管理体制束缚了大学与企业的合作。最后,从国立大学自身来看,原有

---

① 田爱丽:《日本国立大学法人制度研究及启示——大学·政府·社会关系的视角》,博士学位论文,华东师范大学教育经济与管理专业,2006 年。

② Hitoshi Osaki, *The Structure of University Administration in Japan*, Higher Education, 1997(34), pp.151-163.

③ Paul Doyon, *A Review of Higher Education Reform in Japan*, Higher Education, 2001(41), pp.433-470.

④ [日]石弘光:《日本大学的改革及校企联系的变化》,《南开管理评论》1999 年第 6 期。

的大学管理体制存在诸多问题，如，大学校长行政权力被架空，政府对国立大学运营经费的保障导致国立大学缺乏活力及社会责任感，原有的大学人事制度和财务制度也饱受诟病。

基于以上诸多原因，经过30多年的深思熟虑之后，日本政府下定决心对国立大学进行改革，于2003年颁布了《国立大学法人法》，改革的目标是"改变国立大学和政府之间的依附关系，最大程度地减少政府对国立大学的日常干预，赋予国立大学自我管理、自我负责的权力机制"。① 正如日本国立大学协会所言："在国立大学法人法的规定之下，国立大学从迄今为止的国家行政组织的一部分转变为一种具有独立法人资格的机构。"②

第二节 西方大学主体性的有效实现

不同的国家，由于不同经济社会结构和具体的制度体系，在大学主体性的实现方面当然会呈现出具体的差异性，但是，也能够找到一些共同性的特征和做法。

一、使命的确定符合自身的逻辑：目的性有效实现

从哲学角度分析，人"不仅使自然物发生形式变化，同时他还在自然物中实现自己的目的，这个目的是他所知道的"③。人的主体性是主体的内在规定性，以主体的目的和意识为前提，没有目的和意识，就无所谓主体。大学是个体的组合体，大学是科研和教学的主体，大学的主体性首先表现在它的活动的目的性，即在活动过程中，具有根据大学发展的需要进行活动的目

① 田爱丽：《日本国立大学法人制度研究及启示——大学·政府·社会关系的视角》，博士学位论文，华东师范大学教育经济与管理专业，2006年，第50页。

② 国立大学协会：《国立大学协会对国立大学法人化的见解》，见 http://www.kokudaikyo.gr.jp。

③ 《马克思恩格斯全集》第23卷，人民出版社1972年版，第202页。

的性。因此,大学具有内在的需求和使命,大学在目的引导下才能自觉行动。大学目的具有社会目的和大学自己的目的两种形态,其中的社会目的又可分为纯粹的社会目的与政府目的两种,社会目的多变、复杂的性质,使其与大学本质和宗旨难以契合,大学应该以自己的目的为目的,才能实现大学应有的价值和意义①。大学具有自身高等教育本质的属性,具有天然本质的使命。尽管市场经济是以物质利益为动力的,但是大学本身的职能,大学本身的使命,大学本身的精神,并不是自身的物质利益问题,大学以追求真理、追求科学、追求进步、追求光明作为自己的目的。

大学使命具有广义和狭义的两种界定,广义上的大学使命是指普遍意义的大学所应当承担的责任,包括大学的社会责任、大学真理探索和知识追求的责任、大学教育和学术双重使命等几个方面。② 狭义的大学使命主要指各个大学对自身使命的定位,是对广义的大学使命的个体化实践的纲领性表述。但是,无论是广义的大学使命还是狭义的大学使命,都与大学目的性具有密不可分的关系。广义的大学使命是大学目的性的存在依据,狭义的大学使命是大学目的性的具体表述。因此,大学目的性是否得到有效发挥要从其对自身使命的定位来审视。本研究主要将狭义的大学使命,即各个大学对自身使命的定位作为研究的对象。以下是 2011 年英国《泰晤士报高等教育增刊》世界大学排名前 10 位中的 4 所大学的使命陈述:

哈佛大学:哈佛大学致力于发现知识,开启学生的心智,促进学生最好地享受他们的受教育机会。哈佛大学期望她所培养的具有学识和共识的学生能够引领知识、促进理解和服务社会。③

剑桥大学:通过从事国际最高水平的教学和研究对社会作出贡献。④

---

① 王长乐:《大学应该以自己的目的为目的》,《大学教育科学》2008 年第 2 期。

② 眭依凡:《大学使命:大学的定位理念及实践意义》,《教育发展研究》2000 年第 9 期。

③ Harvard University:The Mission of Harvard College,2012-1-5,http://www.harvard.edu..

④ Offices of University of Cambridge:The University's Mission and Core Values,2012-1-5,http://www.admin.cam.ac.uk/univ/mission.html.

耶鲁大学:像所有的知名研究型大学一样,耶鲁大学担负着三重使命:发现、保存和传播知识。①

麻省理工大学:MIT 的使命就是引领知识的发现,从科学、技术和学术的其他领域教育学生使之为 21 世纪的国家与世界进行最好的服务。②

由以上归纳出 4 所大学的使命陈述为(见表 7-1):

表 7-1 四所大学的使命陈述

学校＼使命	教育目的	知识目的	社会目的	市场目的
哈佛大学	是	是	是	否
剑桥大学	是	是	是	否
耶鲁大学	是	是	是	否
麻省理工大学	是	是	是	否

由此可见,西方大学目的性符合自身逻辑,既关注自身的发展目的,同时,作为社会上一个独立的组织也勇于承担社会责任。

二、具有鲜明的独立性:自主性有效发挥

"学术自由、学术自治和学术中立"是西方大学治理的基本原则,被称为"三 A 原则","三 A 原则"成为西方大学自主性有效发挥的坚实基石。不同的国家和地区,其大学的自主性实现的范围有所不同,在德国,大学的所有事务并非均由大学自主处理,诸如经费的提供、招生考试的安排等都属于国家行政事务,而大学自主的范围则主要围绕学术事项展开,主要包括内部机构、学科的设置,教学科研人员的招聘、开除和辞退,学生的录取、管理与毕业,教学科研内容和活动的具体安排等。在日本,按照宪法学家芦部信

① Yale University:University Mission Statement,2012-1-5,http://www.yale.edu/about/mission.html.

② Massachusetts Institute of Technology:Mission,2012-1-10,http://web.mit.edu/facts/mission.html.

喜的见解,大学自主的内容包括三层内涵。校长、教授及其他研究人员之人事自主,学术设施和学生管理方面的自主以及预算管理的自主,即“财政自治权”。在我国台湾地区,从 1995 年开始,经过“司法院大法官会议”释字第 380、382、450、462 及 563 号解释,逐渐拓清了大学自主的范围。主要包括“研究、教学以至于学问探索有关之重要学术活动,其研究动机之形成、计划之提出、研究人员之组成、预算筹措分配、研究成果之发表、社会资源之分享”;“大学内部组织、教师聘任及资格评量”;“研究以外属于教学与学习范畴之事项,如课程设计、科目订定、讲授内容、学力评定、考试规则、学生选择系与课程之自由、学业成绩或品行表现、毕业条件、学生自治”。① 以下主要就西方大学中校长遴选自主、教师招聘自主、招生自主和财政自主方面的现象进行阐述。

校长遴选自主。各个国家高校校长的遴选方式大体可以分为 4 种模式:选举与任命两段制、董事会领导下的学校自主遴选制、学校遴选与行政任命结合制、政府直接行政委任制。1. 选举与任命两段制。校长选拔的最后决定权取决于教职工或教授的选举票数,校长产生后则由政府加以任命。欧洲大陆与日本的高校往往采取这一形式。比如德国、法国,由高校评议会或理事会直接选举产生校长。德国高校评议会以正教授为主体,校长主要从德高望重的正教授中选举产生;法国的校长由理事会选举直接产生,理事会则由教师、学生、行政人员、校外人士组成;校长产生后交给政府任命。校长由政府任命的理由是:高校是由政府举办的,高校校长的任命及权责自然也在政府的管辖范围内。由于欧洲大陆教育部和教授权力较大,其校长权限一般都较小。2. 董事会领导下的学校自主遴选制。遴选大学校长由学校董事会负责并任命,这以美国大学校长选拔为典型。美国法律规定,所有高等学校无论是公立还是私立,都被认为是独立公司,联邦政府与州政府基本不干预大学内部事务。因此,每所大学都有自己的董事会,董事会有权监督学校的运作与管理。董事会通过一定的程序来决定校长人选,校长则直接向董事会负责。美国大学校长遴选的程序较为完整规范,已经发展成为一

① 倪洪涛:《论大学自主与国家监督》,《清华大学教育研究》2010 年第 5 期。

套完备的程序与操作章程。3. 学校遴选与行政任命结合制。由学校成立的遴选委员会自行遴选后，确定一定数量的候选人，报上级主管部门，由上级主管部门从候选人中最后确定校长人选。目前，我国台湾地区即采取这一选拔制度。

教师招聘自主。从国外高校教职员工的招录权来看，有的国家高校可以完全自主招录教职员工，有的国家的高校可以自由进行某个个体教职员工的招录行为，但是他们需要遵守国家相关的资格要求和招录程序的规定。高校具有完全的人事自治权的情况，如英国的大学作为独立的法人机构，在教师聘用事项上，几乎完全由大学自身或者代表本大学的教授协会负责，同时，通过契约的形式明确受聘教师和大学之间的雇佣关系，从而完成教学、科研任务的实施。加拿大高校教师的招聘通常由各用人院系专家、领导及人力资源部门组成的全校性招聘委员会根据各院系提供的教师需求和任职要求向全球实行公开招聘，招聘委员会考察候选人后通常要院系领导同意后才能决定。高校在招录教职员工时要遵守国家相关规定的情况，如法国和德国的高校教师虽然通常由学校自己选出，但是教师要由各级政府机关任命，而且对高校教师实行“终身公务员”制度。

招生自主。在一些西方国家，相关法律赋予高校较大的招生自主权，政府主要核定每所高校总的招生规模，并且通过调节拨款数额来促使学校调整招生规模。譬如，加拿大、美国政府只核定总的招生规模。学校各专业的招生规模，通常由学校确定，政府对公立高校的招生规模从学校教育资源、社会需求、环境承受等方面进行考量，若学校教育资源不足以支撑、社会需求不足、学校周围环境难以承受等，政府则不会拨付相应的经费，或减少拨付的经费，以促使学校调整招生规模。有的国家的高校可以自主负责考试和招生环节；有的国家的高校享有招生自主权，但是考试环节由专门的独立机构负责管理。西班牙的《大学组织法》明确规定，高校自主招生，同时负责管理和考试工作。在美国，招生权力完全在高校，州政府的教育主管部门基本上不干涉，只是进行政策性指导。招生计划和招生标准完全由高校自主决定。每所院校都设有专门的招生办公室、招生政策委员会或选拔新生委员会，分别负责制定招生计划、招生政策、招生数额、录取标准并甄选合格的新生。

财政自主。西方大学经费来源呈多元化状态,主要包括政府拨付、学生学费、研究资助、投资收入、捐赠等经费来源。对于私立大学而言,政府拨付所占份额很小,除了捐赠经费要按照捐赠者的要求使用之外,大学对其他的经费使用具有完全的自主权。国外著名私立大学通常财力雄厚,例如,在2006年,哈佛大学总资产为44342.1亿美元,而净资产就达到了34938.5亿美元。① 为了实现财务管理的科学化,这些私立大学往往有非常专业的财务管理机构,如哈佛管理公司和斯坦福管理公司,它们负责管理基金、养老金、运营资本和资产平衡。基金运作完全独立,在全社会范围内寻找优秀的投资专业人员来担任学校的财务管理人。而对于公立大学来说,其经费有很大一部分来源于政府拨款,这部分政府拨款的经费通常由政府限定其用途,学校自筹经费则由学校自主安排用途。当然,大学尤其是知名大学的财务运营涉及数额往往非常庞大,所以大学财务运营受到联邦和地方法规监管,如在美国相关的法规包括《公认会计准则》、《教育机构支出准则》、《高等教育机构、医院和其他非营利组织资助协议统一管理要求》和《机构基金统一管理法》等。

三、战略规划是理性的选择:自觉性有效发挥

与中国各类大学同质化发展趋势不同,西方大学非常注重自身的个性化发展,大学个性化发展的战略规划是大学的一种理性选择行为,体现了西方大学对自身主体性的认知——自觉性。自觉性是主体有意识、有目的、主动地去做,包括主体对客体规律性的自觉和对自身内在目的性的自觉。大学的自觉性体现在大学对高等教育规律的理性认识和理性实践中。

不同类型不同层次的高等教育机构有其自身的价值与目的,甚至每一所高等教育机构的存在价值与目的都是不尽相同的。因此,大学/学院在制

---

① 王勇:《美国私立大学财务管理指标体系研究——以哈佛、斯坦福和耶鲁大学为例》,《科学学与科学技术管理》2007年第11期。

定自身的发展规划时，应以高等教育规律和自身主体性为本，而不是盲目随波逐流，将其他主体作为自己简单效仿的对象，美国大学在这方面做得非常出色。在美国，有 2600 多所四年制大学与学院，3600 多所两年制社区学院，在市场竞争中，美国大学以多样性、差异性参与竞争，以个性化赢得市场，不仅不同类型的大学各归其位、坚守自我，而且同一类型的大学也有各自的特色与目标。例如，各执美国高等教育牛耳的哈佛大学和耶鲁大学的发展目标各有特色，哈佛大学的目标是致力于追求优质的高标准的学术质量，致力于把学生培养成社会事业的领导者，致力于文学艺术、科学和专业知识的发达和进步。而耶鲁大学的办学宗旨是吸引、教育和激励背景各异的最优异学生，传授知识，发展学术，养成个性，弘扬价值，引领世界潮流，为社会存在与进步服务。大学发展定位上的别具一格孕育了美国大学的个性，这是大学对自身发展的一种理性行为选择，也是大学主体性的体现，正如曾任美国第 28 届总统、时任普林斯顿大学校长的伍德罗·威尔逊(Thomas Woodrow Wilson)1907 年在哈佛的一次讲话中所说的："普林斯顿不像哈佛，也不希望变成哈佛那样；反之，也不希望哈佛变成普林斯顿。我们相信民主的活力在于多样化，在于各种思想的相互补充、相互竞争。"①如今的普林斯顿大学已经发展成为与哈佛大学、耶鲁大学齐名的世界一流大学。值得关注的是，除了这一批举世闻名的世界一流大学之外，美国还有一些规模很小的以培养优秀本科生为宗旨的文理学院，这些文理学院培养的学生丝毫不逊色于那些知名的研究型大学。例如，位于波士顿附近的欧林工程学院(Olin College of Engineering)仅有学生 300 多名，师生比例为 1:9，主要提供本科工程学项目，其课程设置把严谨的科学和工程学基本原理、企业家精神及文科融为一体，被称为"欧林三角"，该学院为社会培养了一批优秀的工程师和企业家。② 麻萨诸塞州的威斯利学院(Wellesley College)，创办于 1870 年，是一所具有一流水平的女子学院，办学成就斐然，赢得了广泛的社会声誉。此类学院还有加州的深蓝学院(Deepspring College)、俄勒

① 肖目、丽日：《普林斯顿大学》，湖南教育出版社 1992 年版，第 125 页。

② Olin College：http://www.olin.edu/.

冈州的里德学院（Reed College）、明尼苏达州德麦克莱斯学院（Macalester College）等。

追求个性化发展是西方大学的主体性认知的体现，也是大学实现卓越的基础，西方各国政府深知这一道理，积极推行能够促进大学特色发展的政策，例如，日本早在20世纪80年代实施的第三次教育改革就要求“此次教育改革最重要的问题就是要打破目前我国教育事业中存在的划一性、僵死性、封闭性和非国际性等弊病，树立尊重个人、尊重个性、自由、自律、自我责任感意识——也就是确立重视个性的原则。”①美国高等教育同样强调，“我们号召建立的美国高等教育的有尊严的多样性——是一个高等学校的全国网络。在这个网络中，每一所学院和大学都为自己的办学特色而自豪，都寻求弥补其他学校的不足而不是一味模仿。”②但是，遵循高等教育发展的基本规律是大学追求个性化发展的基石，为了实现高等教育共性与个性的平衡，西方各国还通过法律、评估等手段确保高等教育人才培养的质量。例如，日本的《大学设置基准》对大学的内部组织、学科结构、课程设置、毕业条件、教学方法、自我评价等作出了详细的规定；俄罗斯于1994年颁布的《高等职业教育国家教育标准》对高等教育的层次、高等学校的方向和专业目录、国家对各方向和专业方向毕业培养内容和水平的最低要求、学历证书等作出了原则性的规定。美国则主要通过高等学校认可组织、专业认可组织制定高等学校的最低办学标准和每个专业必须达到的统一的、最低的专业标准。③

四、创新能力强劲：能动性有效发挥

大学的创造性是大学追求的目标，是大学主体性能力的表现，也是大

① 国家教育发展与政策研究中心：《发达国家教育改革的动向和趋势》第二集，人民教育出版社1987年版，第468页。

② 国家教育发展与政策研究中心：《发达国家教育改革的动向和趋势》第五集，人民教育出版社1994年版，第68页。

③ 刘宝存：《世界高等教育的个性化发展趋势述评》，《清华大学教育研究》2000年第4期。

学主体性的结果。"未来学家断言:社会的基础性权力从古代低质的暴力转换为近代的金钱,又从近代的金钱转换为现当代的知识。"①在这一宏观背景下,大学责无旁贷地成为先进生产力的重要源泉。研究型大学是基础研究的最重要基地,它们处于知识金字塔的顶端,例如,美国80%左右的基础研究是在大学进行的。另据统计,在1946年到1981年年间,70%的诺贝尔科学奖成果来自大学,如英国剑桥大学有62人获奖,美国哈佛大学29人获奖,斯坦福大学有14人获奖,英国牛津大学有10人获奖,日本东京大学有4人获奖。虽然西方国家的大学通常不直接涉及生产和销售,但是非常重视科技成果向市场的转化,例如,美国1986年大学技术转让收入为3000万美元,1991年约2亿美元,1992年达2.5亿美元,仅1997年,大学发明的专利就给美国投资公司带来了300亿美元的销售额。根据美国大学技术管理者协会AUTM(The Association of University Technology Managers)2007年对194家大学和研究机构的调查,被调查者在2007年度有686个新产品进入市场,成立了555家新创公司,有19827项发明被受理,3622项专利发布,有5109项专利许可签订。大学强劲的创新能力为国家与地方经济带来了高额回报,例如1995年,硅谷收入高达850亿美元,其中62%是由那些与斯坦福大学有关的人员创造的;从1996年开始,美国公立大学和赠地学院联合会(NASULGC)先后发表了多份投资效益分析报告,用明确的经济收益来测度过去很难表达的大学对地方经济社会发展的贡献,其2001年的报告表明州政府对大学的投资回报达到500%。

第三节 英国、美国、日本大学的主体性实现机制

从具体的机制建设来看,如何有效地处理好大学与政府、社会,以及有

① 庞青山、蒋建湘、薛天祥:《大学:先进生产力的重要源泉》,《清华大学教育研究》2002年第4期。

效地规范好相关的内部治理机制是大学主体性建设中的关键问题,而美国、英国和日本的做法颇具有代表性。

一、英国大学主体性实现机制

英国高等教育结构比较复杂,根据其大学发展的几个阶段,可以将英国大学大致分为五类:1. 以牛津大学、剑桥大学为代表的中世纪古典大学;2. 19 世纪中叶以来的城市大学;3. 20 世纪以来伦敦大学为代表的联合大学;4. 20 世纪 60 年代以来华威大学为代表的新大学;5. 1992 年以后的大学,即根据 1992 年《继续与高等教育法》升格的大学。由于大学类型复杂多样,加之英国英格兰、苏格兰、威尔士的地区管理体制不尽相同,本研究主要将 1992 年以前的英国古典大学和新大学作为分析对象,通过阐述这两类学校与政府的关系研究其主体性实现机制。

(一) 英国大学主体性实现的法律基础——皇家特许状

在英国所有的大学中,除 1992 年后创办的大学(多为多科技术学院)大多由地方政府创办、未获得皇家特许状外,1992 年以前的各类大学大部分由枢密院(Privy Council,代表英王权的行政机关)授予皇家许可证成立,获得了特许法人的法律地位。皇家特许状相当于是大学与政府之间的契约,规约了双方的责权,大学通过特许状获得独立的法人权利从而实现了主体性,同时,大学也要依照特许状所规定的法人治理结构进行内部制度的安排以便履行其公共责任。

皇家特许状的主要内容有:1. 准予成立,赋予大学特许法人地位。大学的法人资格使大学获得了独立于其成员和设立者的财产权,并有权独立地行使民事权利、承担民事责任。2. 确认质量保证能力,授予高等教育机构大学资格。大学特许状赋予高等教育机构大学资格,一方面是政府参与大学治理的一个机制,即政府通过设置大学资格门槛,促使大学达到一定的学术标准,保证英国高等教育体系的整体质量。另一方面又是大学自治的一个保证,即大学获此资格之后就获得了学术独立地位,在课程设置、文凭授予标准等方面具有极大的独立性。3. 建立大学内部法人治理架构，规范大学法人制度安排。英国大学皇家特许状对大学内部治理架构和法人治理相关制度安排作出了框架性的规定。其中主要包括：(1)巡视员制度，这是英国特许大学所独有的一种安排。特许大学的巡视员一般由皇家任命，如未任命，则由"王在议会"来行使巡视员的职责。理论上所有大学的内部争议都可以提交巡视员仲裁，巡视员具有最终的仲裁权。这使大学获得了一个相对独立的裁审制度，有利于大学自治的保障。(2)对大学治理机关的规定，对大学理事庭(Court)、校务委员会(Council)、学术评议会(Senate)的性质、权力、责任及相互关系做了较为清晰的界定。(3)对大学治理所依循的法律文件和程序加以明确。(4)确定大学主要管理职位，对大学的成员进行了约定。4. 规定大学的目标与公共责任。大学履行公共责任是获得皇家特许的必要条件，是获得特许状所授予的诸多特权的代价。①

（二）英国大学主体性实现的博弈力量——政府

皇家特许状赋予了英国大学的独立法人地位，界定了政府与大学之间的关系为"平行伙伴关系"，但是，随着大学对国家政治、经济、文化等方面的影响越来越强，政府也开始寻求通过财政资助与质量评估等手段对大学进行干预。

1. 通过建立拨款委员会、进行财政资助影响大学

由于英国大学尤其是牛津、剑桥古典大学具有自治传统，在很长一段历史时期内，政府扮演了大学"守夜人"的角色，既对大学没有过多的干预，也没有给予大学过多的支持。但是二战之后，包括牛津、剑桥大学在内的所有大学面临财政困难，大学迫切地需要政府的财政资助，而政府也希望通过加强大学与企业的合作推动英国的经济发展，于是，政府逐渐成为大学的最大资助者。二战前的政府拨款占大学总经费的30%，到1956年这一数字达到50%，1973年继续上升到70%，到1980年，政府资助在大多数大学中的经费达到90%以上。从20世纪初到80

① 蒋晖：《论英国大学与政府关系的演变》，硕士学位论文，湖南师范大学教育经济与管理专业，2007年，第14页。

年代,英国中央政府建立了大学拨款委员会(University Grants Committee,简称UGC),该委员会主要维护政府与大学之间的“伙伴关系”,以保护英国学术自治传统作为根本宗旨,其主要职责是:“就拨款的分配提供咨询以帮助学院达到大学的教育水准。”1988年,UGC被改组为大学基金委员会(Universities Funding Council,简称UFC),该委员会为独立法人机构,成员由大学以外的著名社会各界人士组成,有权要求大学将资助用于或不用于某一目的。中央政府通过UGC加强了对大学宏观控制能力,试图通过新的基金委员会加强对高等教育的干预和控制。到了90年代,政府再次将UFC改组为高等教育基金委员会(Higher Education Funding Councils,简称HEFC)。政府随之采取的改革措施包括:调整HEFC的归属和建制(工商界委员会成员的比例由原来的八分之一提高到二分之一以上);削减政府拨款,引进市场机制,迫使大学面向社会市场;改革拨款方式,取消对大学的一揽子经费包干办法,将研究和教育经费分列,引入竞争机制,经费拨发与大学的招生数、质量、绩效挂钩,收取学费,改助学金为学生贷款制,增强学生与大学双方的自由选择权,等等。

2. 通过质量评估干预大学的人才培养与科研

20世纪70年代以来,随着政府对大学的干预力量增强,政府开始着手建构高等教育外部质量保障机制,1991年5月英国高等教育白皮书《高等教育的框架》发表,该报告建议构建一个新的质量保障机制,它包括两个部分,一是在各个高等教育基金委员会内部建立质量评定单位,由它对大学学科层面的教学质量进行评估,评估结果作为对各个学科评定单位进行教学拨款的一个依据;二是由各大学联合成立高等教育质量委员会,取代学术审核小组,对英国所有大学的质量控制系统进行检查。

3. 英国大学主体性实现的内部治理结构

英国大学治理机构中,校董事会、校务委员会和学术评议会是主要的法定治理机构。

校董事会。其职责主要是评议、通过大学的年度报告和财务报告,并不参与处理大学的日常事务,发挥着大学与社会进行联系的桥梁作用。与美国大学校董事会的规模相比,英国大学校董事会的规模较大,有的学校成员为几十位,有的学校甚至多达400位,平均规模在200位左右。成员包括校外代表和校内代表,校外代表主要为地方政府官员、工商界精英、其他大学的代表及校友等;校内代表主要包括校务委员会、学术委员会提名的委员、教职员代表及学生代表等。总的来讲,英国大学校董事会的作用和职能有限。

校务委员会。校务委员会是英国大学校内事务的最高决策者,它的主要职责:确保校务诚信、透明、开放;商议大学的战略方向、财务规划、招聘政策;监控已制定目标和基准的实现情况;确保资金使用得当、财务控制措施充分到位等。校务委员会的成员通常在30—50人之间,包括学术人员代表、地方当局提名的代表,以及董事会任命的成员,校长、副校长是当然成员。

学术评议会。学术评议会主席由副校长担任,其成员主要是大学内部人员,包括教职员工和学生代表,以大学内教授为主要组成部分。学术评议会的主要职责包括:制定学术战略、促进科研、审核课程内容和新课程、制定学术标准及学位授予程序、任命内外部考试员、制定考试政策和程序、督促学生纪律等。学术评议会向校务委员会报告工作。

校长和副校长。在英国大学中,大学校长(Chancellor)是一个荣誉职务,是学校公共形象的代表,代表学校参加社会性活动,一般由享有较高声誉的人担任,对学校内部的管理没有实质性的权力,大学的行政权力大部分掌握在副校长(Vice-Chancellor)手中,形成了世界上非常独特的“副校长权力现象”。副校长的权力行使主要表现在几个关键的领域:1. 任免权力。一所大学所有学术人员的任命都要由副校长任主席的学术评议会提出,同时副校长也具有任免部分学校官员的权力;2. 学术权力。副校长的学术权力体现在教学管理、科研管理、人事管理和学生管理等方面;3. 财务权力。一是因为副校长是大学与所有其他财政来源,尤其是高等教育基金委员会的主要的、官方的联系源;二是因为副校长负有资金筹措的任务并对筹措资金的使用制度具有很大的影响力;三是副校长作为学术评议会的主席，对所有与之相关的财政预算具有核心决策作用。① 英国的大学治理结构如图 7-1 所示。

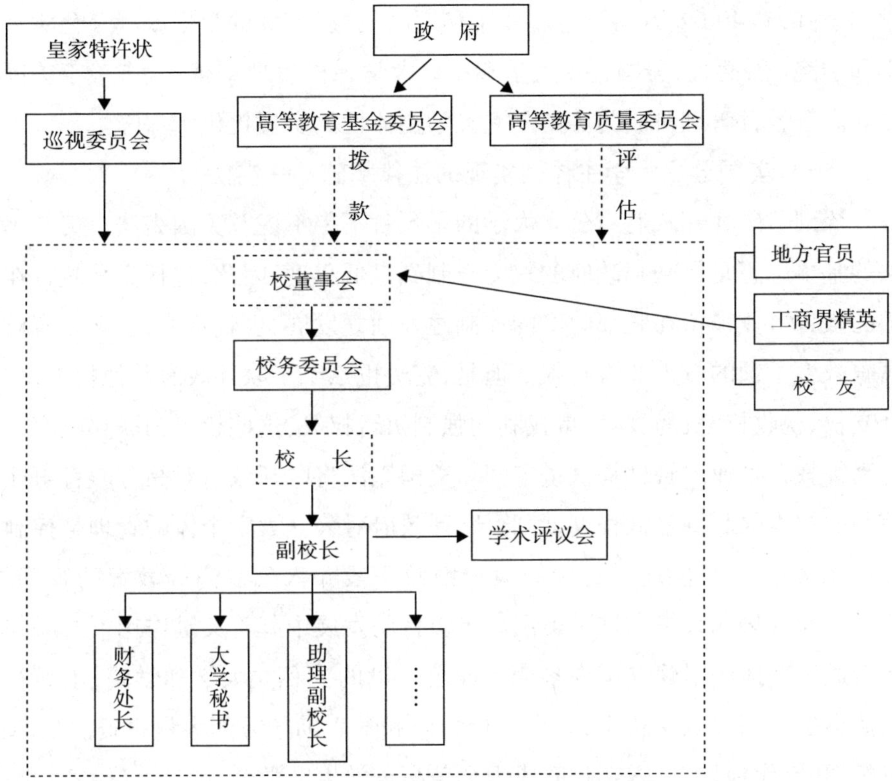

图 7-1　英国大学的治理结构图

二、美国公立大学主体性实现机制

美国公立高等教育体系是世界上最庞大的公立高等教育体系之一，为美国社会的发展和繁荣做出了巨大贡献。据美国教育部国家教育统计中心 2005 年统计，2003—2004 年度，全美有中等以上学校机构 6412 所，其中公立机构 2047 所，私立机构 4365 所。在 2047 所公立学校机构中，有 634 所

① 郑文：《论英国大学副校长的角色、特征及权力》，《比较教育研究》2006 年第 7 期。

四年制学位授予机构。[①] 根据2005年秋季的统计数字，在全美学位授予学校机构中就读的1735万在校大学生中，有1328.3万名学生就读于公立大学和学院，有406.8万名学生就读于私立高校，近77%的学生就读于公立大学和学院。[②] 而且，美国公立大学和私立大学一样表现卓越，这有赖于美国公立高等教育管理机制为美国公立大学主体性的实现提供了保障。

（一）美国公立大学主体性实现的法律基础——宪法

谈到美国联邦政府对公立大学的干预就不得不谈及美国宪法。美国宪法的基本思想是将联邦政府的权力限制到最低程度，因此，包括高等教育在内的教育事业被留在联邦政府的控制之外独立发展，也就是说，联邦政府对高等教育干预的权力非常有限。但是，宪法也赋予了联邦政府其他权力，如开支权、税收权、贸易权、民事权利的强制执行权等，这些权力为联邦政府参与高等教育事业的管理提供了空间。美国宪法将联邦政府对高等教育事业控制的权力限制到最低程度，因此，联邦政府对公立大学个体的管理与控制几乎无法介入，只能通过制定政策与财政手段介入公立高等教育的管理。联邦政府的早期政策在推进美国高等教育的发展中起着关键作用，如，联邦政府通过赠地法案建立了许多今天闻名于世的公私立大学和学院；士兵福利法案扩大高校入学机会，并在高校科研和学生助学方面大量投资。从20世纪70年代到如今，联邦政府成为全美高校学生助学金的最大供给者和高校科研经费的主要供给者。联邦政府通过财政手段参与高等教育事务的方式包括：购买教育服务，支持高校科研发展；填补一些州政府无法触及的空白，如高校图书馆资助、外国语教育及研究、卫生健康等专业的发展，等等；直接进行学生资助。

（二）美国公立大学主体性实现的主要博弈力量——州政府

美国宪法限制了联邦政府对高等教育的控制与管理，却将这一责任更多地赋予了各州政府。州政府主要从两个途径对公立大学进行管理与控制：立法、设立高教管理董事会。

---

① National Center for Education Statistics, *Digest of Education Statistics*, Table 5, 2005.

② National Center for Education Statistics, *Digest of Education Statistics*, Table 2, 2004.

州高等教育政策主要由州政府立法机关、州政府行政机关制定,美国实行的是地方分权政治体制,不同的州的政治权力分配方式是不同的,有的州州长权力极大,有的州立法机关权力极大。例如,在马里兰州,州长在高等教育事业发展过程中扮演着关键的角色,州长拥有的主要正式权力包括:人事任命权、财务预算权、组织权、否决权等。而在南卡罗来纳州,立法机关权力较大,立法机关中的州教育委员会主任通过控制提交讨论的教育议案左右州公立高等教育的发展。此外,各州的高等教育管理董事会和各公立大学董事会的成员事由州长或者州立法机关任命或者指定的,这也是州政府对公立大学进行控制与干预的主要形式之一。

在美国,各州州政府通过设置高等教育协调与管理机构对州公立高等教育机构进行管理或协调。由于各州政治环境与高等教育管理方式的不同,不同的州的高等教育管理机构的职责也不尽相同,大体分为两类:州管理委员会(Statewide Governing Board)和州协调委员会(Statewide Coordinating Board)。州协调委员会又可以细分为管理性协调委员会(Regulatory Coordinating Board)和咨询性协调委员会(Advisory Coordinating Board)。其中,管理委员会对公立大学的管理与控制程度较强,其职责包括:在不同的高等学校之间分配教学与其他项目;控制预算;向议会和州长提出大学的需求;任命、评价大学的领导,决定其薪金;有权分配或重新分配所管理大学的资源等。相对而言,协调委员会的权限就少了许多,职能主要是就大学的发展、规划和其他的问题向州政府和大学提供意见和建议。美国大约有半数的州建立了管理委员会。另外一些州,如密歇根州、加利福尼亚州等建立了咨询性协调委员会。

(三) 美国公立大学主体性实现的内部治理结构

董事会。在美国,所有大学都设有董事会,董事会因其设置方式与职责特点成为大学与社会之间的缓冲器,是协调大学与大学外部其他主体之间相互关系的平衡者(见图7-2)。董事会是大学校内的最高权力机关,是大学法人,正如美国著名历史学家霍夫斯塔特(Richard Hofstadter)所言:"在法律意义上，是董事会，而不是教师代表着学院或大学，他们合法地享有雇佣和解雇教师以及就学校治理作出几乎所有方面决策的权力。"①美国公私立大学的董事会成员的选择方式是不同的，公立大学董事会成员通常由州长任命、立法机关审议产生，成员来自校外，职业身份复杂多样，但以政府官员、企业首脑和社会名流为主，在大多数州立大学，州长是当然的职能董事。

基于任命方式、成员身份与运作特点等原因，大学董事会成为大学与社会之间的桥梁。对社会而言，大学董事会是社会向大学寻求其社会责任的代言人；对大学而言，董事会是其免受外部世界干预、保护其自治与学术自由的一道屏障。具体而言，大学董事会主要履行以下这些职能：1. 遴选、提议、支持和评价校长；2. 制定主要的政策，包括批准预算和新的项目；3. 检查和评估包括学术领域在内的大学各方面工作的效果；4. 对外代表学校，并获取资源；5. 充当校内冲突的最后仲裁者；6. 鼓励学校适应并革新，以避免停滞和倒退；7. 在社会和校园之间扮演"缓冲器"的角色，以抵制外界的干扰，同时又能与变化着的社会保持合理的关系；8. 保持学校独立等。就学术事务而言，董事会的管理权限主要有：1. 根据大学特许状的授权，制定大学与学术有关的各项组织条例和章程；2. 批准教授会制订的学术任命政策、教师行为准则以及其他各项与学术有关的政策；3. 设置或调整学术机构；4. 直接任命和评估学校绝大多数高级学术职位等。②

校长。如果说大学董事会是美国公立大学与社会之间的联系者，那么大学校长就是学校与董事会之间的联系者。校长是大学内部的最高行政长官，管理大学的日常运转，上对董事会负责，保证董事会政策的落实；下为学校内部各个利益群体和个体之间的关系进行协调与沟通。大学校长的职责主要是作为大学的主要执行长官对大学的全部管理与行政事务负责，并监督各个院系的工作。通常情况下，为了提高行政效率，大学校长会任命多个副校长分管学术事务、财政事务、学生工作等。

---

① 谷贤林：《美国研究型大学管理——国家、市场和学术权力的平衡与制约》，教育科学出版社 2008 年版，第 195 页。

② 谷贤林：《美国研究型大学管理——国家、市场和学术权力的平衡与制约》，教育科学出版社 2008 年版，第 196 页。

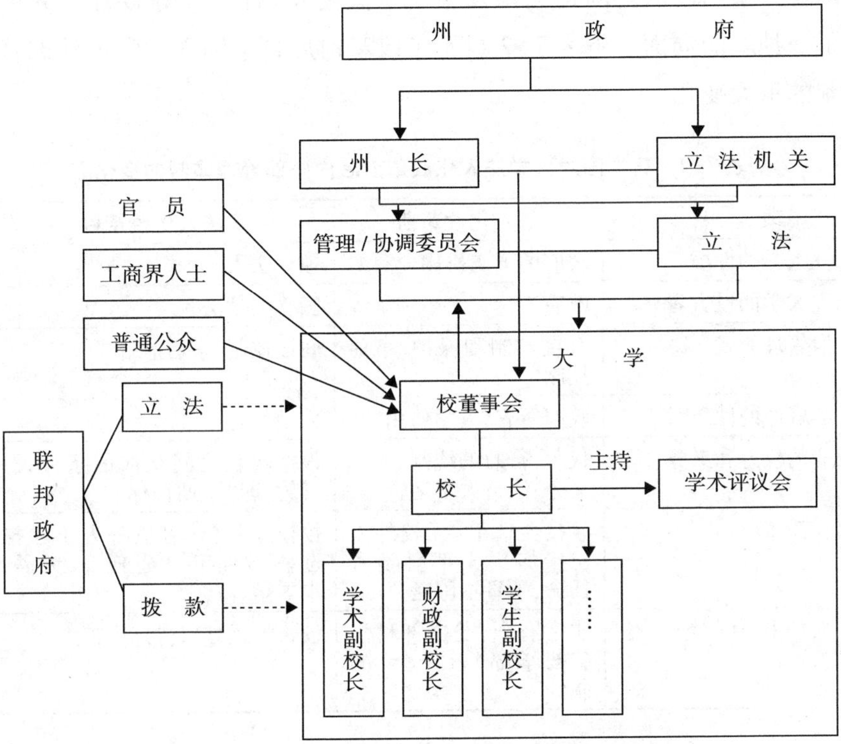

图 7-2　美国公立大学主体性实现的管理机制图

三、日本国立大学主体性实现机制

日本于 2003 年正式开展的国立大学法人化改革影响巨大,尤其受到了一衣带水的中国高等教育学者的关注,从所搜集的相关资料来看,21 世纪以后中国学者对于日本大学的研究大多数与其国立大学法人化改革直接或间接相关。改革之前的日本国立大学与政府之间的关系与中国当前大学与政府的关系相似,国立大学从属于政府,政府对大学日常管理事务的干预是一种常见的现象,从大学机构的设置与废除到教授的授课费都要受到政府的管理与审批,这种现象限制了大学主体性的实现与发展,同时也增加了政府的管理成本与财政负担。在经过了将近 30 年的深思熟虑之后,日本政府终于下定决心对国立大学进行法人化改革,改革之后的国立大学与政府之间的关系发生了巨大变化，日本高等教育学界也呈现了一种新的局面。下表7-2显示了改革前后日本国立大学内外部管理体制的重大变化。

表7-2 日本国立大学法人化改革前后内外部管理体制的变化

项 目	法人化改革前	法人化改革后
国立大学的性质	政府的下属机构	独立法人
国立大学的设置者	政府	国立大学法人
政府管理方式	直接控制和保护，事前控制	间接控制，事后监督
大学资产的性质	政府所有，大学使用	大学所有
政府的权力和义务	权力:行政的统制 义务:维持大学运转	根据两者之间交涉的条件设定契约，即“中期目标”
校长任命	教授会选举(无校外人士参加)，文部科学省任命，须日本国籍	校长选考会(有校外人士参与)选举，文部科学省任命，无需日本国籍
校长的权力(经营、学术等)	非常有限，受文部科学省与学部“教授会”的制约	校长的领导权得到了扩大

（一）日本国立大学主体性实现的契约基础——“合同”

法人化改革之后，以文部科学省为代表的国家政府对国立大学的管理方式从“事前规制”转变为“事后监控”，具体管理方式为：文部科学省与国立大学签订“中期目标”的合同，文部科学省对大学进行最后的质量监控，由国立大学法人评价委员会对各个国立大学进行评估，将评估结果反馈给文部科学省，文部科学省据此确定对大学的拨款额度。所谓“中期目标”，是由文部科学省制定的、大学在六年之内所要达到的教学、科研，以及社会服务等各方面的指标。“合同管理”方式将政府从对国立大学事无巨细的管制中解放出来，政府对国立大学主要进行宏观的控制和指导；同时，也将国立大学从政府的控制中解放出来，国立大学开始有更多的自主权和自治权。

（二）重构后的日本国立大学主体性实现的内部治理机制

国立大学法人化改革的重要特征是引进企业经营方式，改变国立大学现有组织结构，实现权力制衡和多元利益主体良性互动，其主体性实现机制如图 7-3 所示。

董事会。《国立大学法人法》第十条规定：董事会由一名校长、二名监事及数名理事组成；监事由文部科学省大臣任命，任期为两年。理事人数（2—7 名）可根据学校自身情况确定，由校长直接任命，报文部科学省审批，任期与校长任期相同。校长、理事及监事各自的职责：校长在决定以下事项时，必须经过董事会讨论：中期目标、年度计划的意见；必须得到文部科学省大臣认可的事项；预算的编制、执行和决算；该国立大学、学部及学科等重要组织的设置及撤销；董事会所认定的其他重要事项。理事主要分管财务、人事、教学及科研等，校长因故不在或暂缺时理事可行代理校长之责。监事负责检查国立大学法人业务，并根据检查结果向校长或文部科学省大臣提出意见与建议。

经营协议会。《国立大学法人法》第二十条规定：国立大学设立经营协议会，负责大学的经营管理事务。校长担任经营协议会议长，并主持经营协议会。其他成员由校长提名指定，其中必须有二分之一以上人员是校外有识之士。其职责为：负责审议中期目标、中期计划及年度计划中有关经营的事项；学校章程（限于与国立大学法人经营相关的部分）、会计章程、理事报酬基准、职员工资基准及其他与经营有关的重要规则的制定、修改及废止；预算的编制、执行和决算；经营方面的自我评价；国立大学法人有关经营的其他重要事项。

教育研究评议会。《国立大学法人法》第二十一条规定：国立大学设立教育研究评议会，负责审议大学教育研究方面事项。校长担任教育研究评议会议长，并主持教育研究评议会。其他成员由校长提名指定的理事，以及学部长、研究科长、附设研究所长及其他教育研究组织负责人等校内教学人员组成。其职责为：负责审议中期目标、中期计划及年度计划中有关教育研究的事项；学校章程及其他有关教育研究重要规则的制定、修改及废止；有关教员人事方面的事项；教育课程编制的方针；对学生的援助；有关学生入退学和学位授予等方面的方针；教育研究方面的自我评价；国立大学有关教育研究的其他重要事项。

校长遴选考评会议。《国立大学法人法》第十二条规定:国立大学法人(校长为国立大学法人)由"校长遴选考评会议"进行申报。

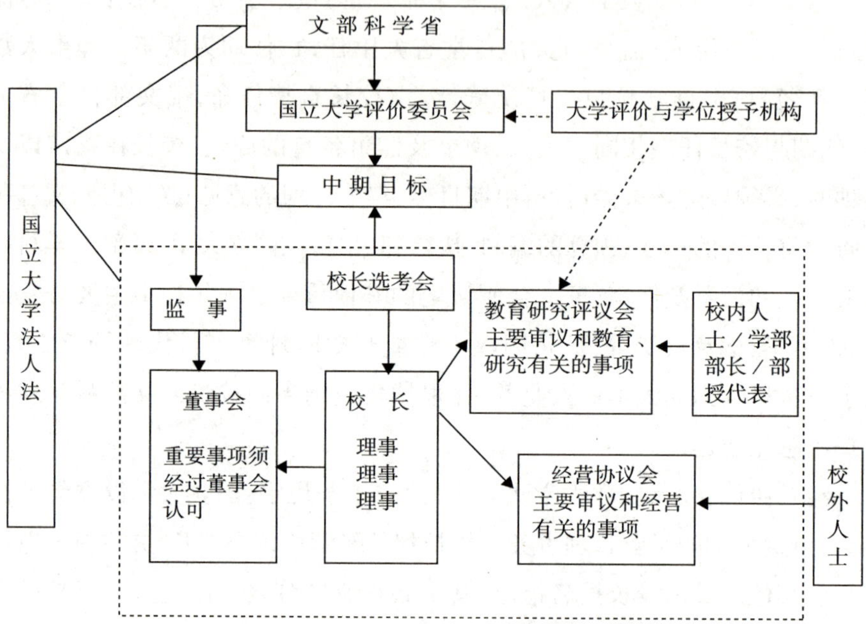

图 7-3 日本国立大学主体性实现机制图

第四节 西方国家大学主体性实现机制经验借鉴

毫无疑问,大学主体性的建设是嵌入具体的经济社会结构和特殊的制度体系中的,从这点上来说,完全移植西方国家在大学主体性建设方面的做法是难以想象的,但是,如何汲取和借鉴其中有益的经验,并结合中国自身的制度和经济社会结构从而形成有中国特色的大学主体性这是一个有益的尝试。

一、政府的视角

(一)政府应从理念上尊重大学的主体地位

当前各国政府对大学进行分权管理模式的发展趋势是一种高等教育管

理的变革,同时也体现了各国政府对大学的认知的一种转变。20 世纪 80 年代以来,各国政府对大学的管制模式逐渐趋同——分权模式,曾经对大学放任自由的国家开始从宏观上干预大学管理,如英国;曾经对大学干预过多的国家开始对大学进行放权,如日本。无论是英国政府的从放任到干预,还是日本政府的从管制到放权,都表明政府与大学之间应当保持一定的距离,这一距离可以视为"主体"与"主体"之间的相互尊重、相互信任与相互依存。根据各国高等教育法律法规来看,许多国家的大学自其诞生之日起便具有了法人地位,无论是"行政法人"性质,还是"独立法人"性质,都意味着大学作为独立法人机构已成为社会上独立的组织,具备了独立的"人格"。从组织属性来看,大学是研究高深学问以获取知识和真理的学术机构,其逻辑起点是知识。但是,当政府成为大学最主要的投资者时,大学的组织属性和主体性便有可能被模糊,其和政府的关系也变得复杂起来。在很多情况下,政府对大学的投资显然不是简单以"知识"作为大学的逻辑起点的,而通常将国家视为大学的逻辑起点,如果这种观点被政府无意识地强化,那么,大学便有可能从一个独立的主体变为政府的附属体,从而丧失其主体性,这对于无论是作为社会组织的大学的社会价值而言,还是作为知识生产组织的大学的自身价值而言,都是具有极大摧毁性的。因此,即使作为最大的投资者,政府依然要恪守一个投资者所应具有的操守,要树立大学与政府同为社会主体的理念,要尊重大学独立的主体地位,这样才能促进大学自觉性和能动性的有效发挥,从而实现大学和政府的双赢。

（二）政府应对大学进行宏观管理,具体手段为拨款与评估

上文提到政府应该恪守作为大学投资者应具有的操守,也就是说,政府作为大学投资者应该有所为有所不为,而非仗着投资者的优越感把自己变成了大学的"家长"。作为投资者,政府应该关心两件事情:怎么对大学进行拨款?大学接受拨款后的运营结果是否达到了政府的要求?也就是说,政府应该对大学进行宏观管理,具体手段为拨款与评估。在这一点上,西方国家政府做得很好,这并不是因为西方国家政府的开明,而是因为特殊的制度安排规约了政府和大学的行为方式。例如,英国建立了大学拨款委员会,相当于在政府和大学之间建立了缓冲器,大学拨款委员会负责把大学的声音提供给政府，把政府拨款分配给大学，却不受政府的左右，可以说是大学接受国家资助与保持主体性之间的一种理想模式；又如美国，美国联邦政府基本无权干预大学的事务，只能从宏观层面通过立法和拨款影响大学的发展，而公立大学与州政府之间建立了高等教育行政管理机构，这一行政管理机构主要发挥公立大学与州政府之间的中介的作用；再如日本，法人化改革之后，以文部科学省为代表的国家政府对国立大学实行"合同管理"，"合同管理"方式改变了之前政府对国立大学事无巨细的管制状况，政府对国立大学主要进行宏观的控制和指导。

西方国家政府采取拨款与评估的手段对大学进行宏观管理的一个有效制度是第三方评价制度。第三方评价也称外部评价，是相对于"管理—被管理"、"服务—被服务"两方而言，由第三方对管理和服务作出的评价，其特点是：相对理性、相对科学、相对客观、相对清晰。日本《国立大学法人法》中规定"在文部科学省内设置专门处理国立大学法人相关事务的'国立大学法人评价委员会'"。该机构的一项主要职能是"对国立大学法人的业绩进行评价"；①美国是由教育界或专门职业界自己组织和承认的几十个评估与认证机构分头进行高等教育评估与认证的；英国则通过"高等教育质量委员会"对大学的运营业绩进行评估，并将评估结果反馈给高等教育基金委员会以确定拨款额度。由非政府组织的第三方评估与认证，保证了政府对大学的宏观管理的可行性与有效性，也保证了大学的办学质量，能够避免我国当前出现的"教育部既作国际足联官员，又作现场裁判员、巡边员的做法"。②

（三）政府应通过契约或者法律认定方式明晰大学独立法人地位——颁布《大学法》

从西方大学主体性发展的历史演变来看，大学主体性的有效发挥与大学的独立法人地位的获得密切相关，世界各国也逐渐意识到给予大学独立

---

① 日本《国立大学法人法》平成十五年法律第百十二号第九条，2003 年 7 月 16 日，见 http://law.e-gov.go.jp/cgi-bin/idxsearch.cgi。

② 尚虎平：《非政府评价的政府管理效果：美国高校基于利益相关主体参与的第三方评价对我国的启示》，《内蒙古社会科学（汉文版）》2007 年第 5 期。

法人地位对于大学主体地位确立的重要性。因此，在20世纪80年代以来，世界各国和地区开始进行大学法人化改革，如法国1984年的《高教法》规定："高等学校享有法人地位和教学、科研、行政、财务的自主权……"。马来西亚在1996年开始了大学法人化的改革，即通过议会修订大学章程，重新界定大学法人地位。我国台湾地区于2003年新修订的《大学法》规定把"国立大学"改制成行政法人。日本则于2003年7月推行《国立大学法人法》，对国立大学进行法人化改革。而我国也紧跟世界高等教育改革发展趋势，于1998年在《高等教育法》中赋予了大学法人地位，实现了教育管理理念的突破，"但是现有的法律规定过于笼统和概括，权利的范围、尺度、规则不明，实施、监督、保障缺乏规定性和程序限定。"这就使得我国大学法人改革实施难以进行，正如一位大学管理者所言："现在，法治在理念上有了，但法律的可操作性不够强。学校的权利和义务与政府部门的权利与义务界定得不够清晰。政府该行使哪些权力，你学校有哪些权力现在还不是很清楚。"①在大学对自身权利和义务、权力和责任都难以界定清晰的时候，大学的主体性发挥又从何而谈。

无论是英国的特许状还是日本的《国立大学法人法》，都对大学法人的权利、大学内部法人治理架构做了非常详尽、清晰的规定，大学和政府都可以依据契约或者法律各行其是、各尽其责，使大学主体性的有效发挥有了法律依据与法律保障。而"与日本《国立大学法人法》相比，我国现行的《教育法》和《高等教育法》以及其他相关的法规法令对高校的办学自主权和学校的管理只是做了纲要性的规定和描述，需要进一步细化和完善，对于高校内部各部门的职责更是需要进行详实的法律界定。"②因此，我国应该出台一部类似的《大学法》，该法可作为《高等教育法》的下行法，对我国大学所应具有的权利与责任、大学的内外部治理架构、大学质量保障体系等进行具体、详细的规定，使大学法人制度不仅仅停留在理念层次，而是真正地具有

① 《政府应创造条件为高校减负》，《新京报》2004年8月16日，见 http://www.china.com.cn/chinese/OP-c/636272.htm。

② 王涛：《二十世纪九十年代后日本大学管理体制改革研究》，硕士学位论文，山东师范大学世界史专业，2007年，第21页。

可执行性，为大学主体性的有效发挥奠定坚实的法律基础。

二、社会的视角

（一）大学作为公共性主体机构应当承担社会责任

当大学被称为是“象牙塔”的时候，大学只是继承、传授知识的私人场所，当大学从“社会的边缘走向社会的中心”的时候，大学从私人场所成为公共场所。如果将社会比作一个场域，那么政府、大学、企业、民间组织等便是这个场域中的各个组织主体，当大学对社会发展的推动作用越来越大时，大学在这个场域中的作用便会越来越重要，而它与政府、企业等其他组织主体之间的联系越来越紧密、相互依存关系越来越明显，大学已经不能再像在“象牙塔”时期一样独善其身，而应在享受学术自由的权利的同时承担相应的学术责任和社会责任，这也是大学主体性的重要体现。大学作为一个生产公共知识、为公共社会培养人才的非营利性机构，其运行经费需要公共财政来承担，公共财政通过政府拨付给大学。目前，世界各国的公立大学的大部分运行经费来源于公共财政，私立大学也有部分经费来源于公共财政。例如，美国加州大学伯克利分校财政收入的三分之一来自州政府拨款，而私立大学如斯坦福大学、麻省理工学院、哈佛大学等则主要通过获得大量政府科研经费获得政府资助；欧洲大部分大学都是国立大学，如英国除白金汉大学之外均为公立大学，法国大部分大学为国立大学，因此，欧洲大学的主要经费来源是政府，如德国政府拨款约占大学经费的 75%；法国中央政府的教育投入占 65%、地方政府占 22%。① 因此，公共财政依赖型的大学应该担当推动公共社会进步的责任，发挥社会场域中一个主体组织所应发挥的作用。

（二）从体制建构上保证大学与社会的联系——外行董事会制度

大学在行使社会责任的时候要与其他主体组织相互作用，同时也要受

① 耿同劲：《欧美日大学经费来源差异及对我国的启示》，《山西财经大学学报（高等教育版）》2007 年第 1 期。

到社会公民的监督,因此,有必要从制度设计和组织建构上确保这一运行局面,欧美国家采取的是大学外行董事会制度。所谓外行董事会,是指大学董事会成员主要是来自社会不同职业和不同阶层的校外人士,而不是以学校教师为主。外行董事会相当于大学与社会其他主体组织之间的缓冲器,既保证大学履行社会责任,又抵御了其他主体组织对大学主体性的破坏,其作用主要表现在以下几个方面:1. 董事会的大学法人身份明确了大学“私有化”,此私有化并非指大学的私立性质,而是与“行政隶属化”相对应的,因此,董事会制度确立了大学的独立法人地位,使大学免受政府的直接干预。2. 大学的发展提供财力支持。大学董事会董事所奉行的基本法则是:GIVE MONEY,GET MONEY OR GET OFF(捐钱,找钱,否则走人)。大学董事会成员校外人士大多由具有较高的社会身份、地位和影响力的社会名流担任,例如,有关资料表明,在全美 3200 多所大学和学院中,共有 48000 多名董事,其中多数为工商企业、金融界、法律界和政府的名流。[①] 3. 监管大学的社会职责履行。董事会成员既要为大学的发展引入社会资源,同时也要向大学反映社会的需求,监管大学在促进社会发展和区域发展中的职责履行情况。在美国一些州立大学董事会中,董事会成员除了由一些社会名流担任之外,还会吸收家庭主妇和其他职业的人士加入董事会,无论是社会名流还是家庭主妇,都可视为是通过社会性活动与大学形成间接关系的利益相关者,作为某一社会利益群体的代言人,他们必定会积极参与对大学的监管工作。

三、大学的视角

(一) 形成共同治理理念,建立法人治理结构

基于利益相关者理论提出的大学共治理念在西方大学的管理中占据主导地位,大学共治理念于 1966 年首次在美国大学治理董事会联盟(AGB)、美国教育理事会(American Councilon Education,简称 ACE),以及美国大学

---

① 舸昕:《从哈佛到斯坦福——美国著名大学今昔纵横谈》,东方出版社 1999 年版。

教授联合会(Americna Association of University Professors,简称 AAUP)联合宣布的《大学治理宣言》中被提出:基于教师和行政部门双方特长的权力和决策的责任分工,它代表教师和行政人员共同工作的承诺。在这一概念中,大学共治被贴上利益相关者的标签,即所有利益相关者都对学校事务有一定的发言权,当考虑所有阶层的人的各种意见与建议之后才能做出最后的决定。① 当今的大学正处于急剧变革的社会当中,其所面临的冲击与挑战也比以往任何时代都更加剧烈:从外部来看,社会其他各种主体力量越来越强烈地意识到大学在社会发展中的重要性,试图渗入大学甚至试图控制大学某方面的发展;从内部来看,大学内部各利益群体矛盾日渐突出,充斥着各种权力之间的斗争。如果不能应对这些冲击和挑战,大学将难以有效实现自身使命、发挥主观能动性和创造性,大学共治理念为这一问题提供了可行的解决方法,"在大学组织结构中,共治理念能够促进建设性合作思想的形成,在保护大学自身不受外界不适当的机构侵犯的同时,能促使大学各方利益相关者采取一致行动,保持大学自身组织机构的完整性。"②

以共治理念为基础,西方各国大学建立了法人治理结构,上文详细阐述的英国、美国和日本的大学内部治理结构便是典型的大学法人治理结构。虽然各个国家的大学法人治理结构不尽相同,并且表现出了不同的权力主导模式,但是,总的来看,基本都是由董事会、校长、教授会等可以代表校内外不同利益群体的权力主体组成的治理架构。这一治理结构的有点在于能够使多元的利益主体之间相互渗透、协调管理、各司其职,如,董事会制度有利于政府、市场与大学之间的协调与沟通,校长负责制与集体决策的会议制度相互补充,教授会制度有利于学术权力与行政权力的分离、保护大学的学术自由。中国《高等教育法》虽然规定了大学的法人地位,但是并没有规定大学内部组织架构的设计及各权力主体的权限的划分,所以目前,我国并没有出现一所具有真正意义上的法人治理结构的大学,这并不符合世界高等教育改革发展的趋势。

---

① *To Share or not to Share*,2011.7.9,http://www.aaup.org/statement/redbook/govern.htm.

② 于杨:《现代美国大学共同治理理念与实践》,中国社会科学出版社 2010 年版,第 71 页。

(二) 完善党委领导下的校长负责制

西方大学实行的是校长负责制,大学校长的职责包括管理大学的日常运转,保证董事会政策的落实,与资助者一道提出大学的学术项目等,其职责是非常明晰的,即校长是一所大学的最高行政长官。尽管西方国家大学法人治理结构有所不同,但是它们都明确规定了校长的最高行政长官地位,因为校长不仅是一所大学的掌舵手,在现代大学这种扁平的、多中心网状治理结构中,他还承担着协调大学与外部各方力量、行政权力与学术权力、教师与学生等诸多利益关系的责任,因此,校长是大学中甚为关键的治理主体,很显然,西方国家深谙其中道理。

中国《高等教育法》明确规定,大学实行党委领导下的校长负责制,这是中国特色现代大学制度的一个重要环节。党委领导下的校长负责制为稳定社会主义办学方向、培养社会主义建设人才做出了贡献,但该制度中存在的双元领导格局也加大了管理的复杂性与难度。党委与校长的职责划分不明晰,使得校长管理专业化难以推进。

根据系统的研究,我们认为大学实行党委领导下的校长负责制这套制度在本质上符合现代治理精神,但由于技术层面的设计不完善,确实存在着效率不高的问题,尚未完全发挥出制度优势。从对 112 所"211"工程大学的调查数据来看,我们发现"党委领导下的校长负责制"未能得到全面贯彻落实,并反映为 3 个主要问题:一是党委构成比较单一,政府和社会的需要不能准确、及时被纳入和吸收进高校的重大决策程序,导致高校利用公共财政的效率不高问题;二是在制度执行设计上未能较好地实现"党委领导、校长负责"分工治理,即决策和执行的分工不明确问题;三是大学党委书记和校长在身份雷同问题,党委书记和校长在任命形式、级别和待遇、风险和责任、考核与任期等"身份"待遇上没有"差异",造成的角色混淆和冲突。如数据表明,认为自己应该是扮演教育家的大学党委书记和校长的比例分别占到 88. 1%和 95. 7%,应该是变革领导者的大学党委书记和校长的比例分别占到 64. 2%和 57. 4%,反映出党委书记和大学校长在治理学校的角色定位上和角色责任认知上非常相似,很容易相互排斥和干扰。我们认为,针对以上问题,应在进一步深化高校领导体制改革过程中全面强化党委领导制度和校长负责制度，逐步有序推进校长的职业化进程，避免因技术问题造成更多的对制度本身的误解。

（三）以教授为主要组成的学术评议会管理学校教育、科研事务

西方国家大学普遍实行的教授会制度体现了教授治校的理念，教授治校是一种学术内行对大学实行民主管理的制度。不同的大学的教授会的成员组成也不尽相同，有的大学教授会成员包括教授、副教授、讲师、专职研究人员、行政人员、学生、校外人员；有的大学教授会成员以学术人员为主，吸收少量的行政人员；有的大学教授会成员全部是学术人员。但是，不论其组成形式如何，各个大学的教授会的基本作用是一样的，“在大学功能日渐多元、大学体系日渐复杂、在大学不断进行市场化改革的今天，教授会不仅没有消亡，反而日益重要的原因不仅仅在于它是大学共治格局中专门负责学术事务的重要组成部分，也不仅仅在于它是一种教师权利组织，而在于教授会对‘学术自由’的始终如一的守护。”①

中国大学中也设有类似西方国家大学教授会的学术委员会之类的组织，但是，“西方各国大学的教授会普遍都有章程，并且具体规定了教授会的人员组成，成员的权利和义务、教授会总体职责、内部组织结构、下属各分支机构的职责/人员/运行方式等等，详细明确的制度为教授会活动的有章可循提供了充分保证。相对而言，我国大学的教授委员会，其宗旨、职能、人员构成、机构权力、义务和运行方式等都没有形成制度化。”②在这种情况下，中国大学内部的教授会组织难以发挥作用，学术权力让位于行政权力，削弱甚至异化了大学的学术功能，动摇了大学之为大学的根基。因此，应当健全我国大学内部教授会制度，切实地将与学术相关的教育、科研等事务交由教授会进行管理。

---

① Jan De Groof, Guy Neave, Jurajévec, *Democracy and Governance in Higher Education*, Hague: Kluwer Law International, 1998, p.85.

② 李海崴：《浅论美国大学的教授会及其启示》，《辽宁教育行政学院学报》2008 年第 11 期。

第八章　善治视野中的中国大学主体性培育

大学主体性的建设涉及大学与政府、社会和市场的关系，但是，在所有的这些关系中，毫无疑问，大学与政府之间的关系是其中最为重要的环节，而要有效地处理好政府与大学之间的关系，很大程度上取决于政府本身的角色与职能转型。党的十八届三中全会指出，需要不断推进治理能力的现代化，切实转变政府职能，深化行政体制改革，创新行政管理方式。具体到政府与大学关系方面，就是要实现政府对大学的善治，政府需要深刻把握现代大学发展的内在规律，积极转变思维，厘清职能边界，转变政府对大学的行为方式，实现“管、办、评”分离。

第一节　政府善治与大学的主体性培育

尽管从理论上来说，很多人包括政府官员本身都非常清楚政府善治对于我国大学主体性实现的意义，但是，在实践中，政府要克服自身对于权力的冲动，有效地消除“行政之恶”却并不是一件容易的事情。所谓的政府善治不仅仅指政府自身的主动性的行为转型，更加重要的是，如何依照我国具体的制度特征，以及经济社会结构有效地规范政府的行为，明确政府的“权力清单”，把政府对大学的善治纳入到法制化的整体框架之中。当前，中国经济社会结构发生了深刻的变化，大学治理面临着与过去完全不同的环境生态，必须从这种新的环境结构中重新反思政府对大学治理的含义，有效地提升政府对大学的治理能力。

一、共主体:政府与大学关系的重建

在计划经济时代,中国是典型的单一中心模式下的单一权威体系,国家基于资源分配的垄断建立了自上而下的支配体系。而随着改革开放以来市场机制的不断发展,经济整合机制逐渐由以国家为核心的再分配向市场转变,市场在资源配置中逐渐发挥着决定性作用。与此相适应,过去那种单一的中心化的权力结构逐渐发生了改变,多中心、多主体性的治理结构正在形成。在向市场转型的过程中,再分配机制的弱化和市场机制的兴起,在很大程度上改变了原有结构化机制,即资源分配机制和地位获得机制。国家直接控制的社会资源的比例在逐渐减少,控制的范围和程度在不断下降,与再分配体制相联系的政治权力因素在结构化过程中的作用弱化。再分配机制的弱化,意味着在大学与政府的关系中那种传统的“依仗命令”所形成的关系和整合机制向“交易性”关系和整合机制转变。这样一种变革将会在很大程度上改变大学与政府之间的相互作用关系的性质,从而影响到高等教育的变革。大学作用的增显也使大学主体性力量得到了政府的重视。“市场化”作为经济体制改革的基本方向,已经深入到经济体制的各个方面,并且影响了高等教育领域。在当下,市场机制是我们构建“共主体”关系的一个有效机制。

市场交易机制使资源分配方式在形式上发生了很大改变。市场提供了在形式上相对“交易性”和“自由”的相互作用方式,尽管交易性的权力常常会过渡到一种权威或命令的权力,二者之间存在着很多中间环节,但是,不同于命令权力的是,交易性权力一般是通过一种“市场化”的方式,通过形式上平等的交换合同或协议,为交易双方在形式上“自愿”地接受。依仗利益的交易性权力意味着交易双方在形式上的平等和某种程度的“协议”。因为在形式上至少存在着一种可能性,即除非交易的一方无法获得替代性资源,否则,参与交易的一方可以并且有权退出交易,从而脱离某种相互关系结构。因此,它在实质上属于一种通过利益妥协调节的市场交换关系,即使这种交换和自愿是以资源,包括财产不平等占有而产生的被迫行为。另外，在转型社会中，由于市场化机制的大量进入，在一定程度上改变了行动者的互动地位。在经济整合机制以再分配为主的社会中，行动者的地位是被中央权力或国家决定的；而在以市场机制为主的社会中，市场关系所具有的交易互动的特点，使得不同阶层行动者处于互动的关系之中，这是建立在相对独立和自主的基础之上。

基于市场建立起政府与大学的交易性关系结构，意味着教育资源不再仅仅是由中央国家机构自上而下分配，而更多的是通过市场或其他机制分配或者获得的，资源占有权利的变革会导致利益的交换或交易在资源分配过程中占有越来越重要的地位。大学的社会地位，乃至不同大学的相对地位，将越来越多的不再是通过一个高度集权的资源再分配中心以行政命令式的手段强制分配的结果，而是越来越多的取决于它们在市场交易性过程中所占有的地位。在一种具有交易性的关系中，大学与政府的相互作用关系将越来越多地通过市场化的方式，例如谈判、妥协、交换、合同等方式确定交易双方彼此之间的地位、所得和相互关系。基于利益交换的交易性权力将逐渐取代以命令为主要机制的再分配权力。在这样的关系结构内，大学和政府在高等教育的地位将越来越多地在形式上通过市场或类市场的机制形成，并且在此基础上整合起来。

在基于市场的交易关系中，大学与政府的关系不再是单向的、以一方的命令和权威为唯一的方式，而是具有协商、交易的性质。虽然隐藏在交易双方背后的结构性差异在很大程度上决定了结果，尽管政府在市场中占有某些领域的垄断地位或优势地位，依仗它们的这种有力地位能够在实际上迫使大学服从它们的意志和权力，但形成机制却已经在越来越大的程度上不同于再分配体制下的命令式权力，这种服从或依赖关系结构是建立在一定的利益表达和社会选择的基础之上。不仅满足大学和政府共同“需要”是其相互关系延续的基础，而且政府和大学都有权利退出这一市场交易结构，因而二者至少在形式上是相对独立的，都具有相对独立的地位。

由于交易性关系存在着竞争性和资源替代的可能性，而相互关系的维持依赖于利益需求的满足，因此，这样的关系结构相对于强制性命令机制来说，应该相对更加具有弹性。一方面，随着竞争状况和资源替代可能性的变化,相互关系的形式随之发生变化;另一方面,核心结构有必要,且必须将可能分化的社会其他利益群体吸纳到核心结构中来。当交易性关系逐渐规定了不同行为主体的关系性质、并逐渐成为社会整合机制的基础时,社会整合的组织化形式被要求做出相应的变革。不同行为者的地位和利益、需求的表达,需要有与交易式关系相应的组织形式。

政府与大学关系是大学主体性建设过程中最为重要的一对关系,实际上,纵观世界各国大学主体性建设的经验,政府与大学之间的"共主体"一个基本的共同特征。所谓"共主体"就是政府与大学之间不存在主体性的相互替代,二者相对独立,但是两个相对的主体之间存在着密切的联系纽带,这种纽带一方面是为了实现二者公共目标的聚合,但更重要的是确保不同目标之间的有机分离。对于中国来说,从政府治理的角度来看,如何有效地实现政府与大学之间的有特色的"共主体"也许是未来大学主体性建设中值得思考的一个重要方向和路径。

理想的大学与政府关系是一种契约平等的关系。在契约理论的框架下,政府需要依据社会发展目标向高校购买教育等学术服务。政府与高校建立契约关系,是实现政府目标、保障学术自治、维护各自职能的一种有效而可行的方式①。大学与政府都是社会组织的主体,在大学发展方面都有共同的利益。政府之所以能存在,是基于社会秩序的维护与社会公共利益的实现。大学之所以能存在,是基于大学能在文化思想、科学技术、人才等方面服务社会公共利益。政府与大学的联姻,既有自我利益的考虑,也有公共利益的考虑。当政府与大学都致力于公共利益实现时,二者的目标就有可能发生聚合。

从政府的角度来看,其公共利益目的从政府产生的那一刻起就不言而喻了,政府既是公共利益的代表,是公共权威的体现,也是服务的提供者。而大学的公共目的性存在于知识自身的公共性。大学是以知识操作为主要任务的实体化的专门组织,其基本任务就是"发现、保存、提炼、传授和应用知识"。依照马克思的看法,知识是人们在改造世界的实践中获得的认识

① 马陆亭:《政府与高校间的契约型管理模式探讨》,《中国高等教育》2008年第21期。

和经验的总和,是在实践的基础上产生又经过实践检验的对客观实际的反映。由于知识赖以形成的人类实践活动是公共的、共同的,即人类有共同的生活实践形式,同时知识具有可积累性与可传达性,又与知识的获得主体间交往为中介密切相关①,所以知识本身具有公共性。知识的公共性至少可以表现在以下 3 个方面:首先是它的社会属性。哲学家维特根斯坦认为,人类共同生活的社会性决定知识的普遍有效性与公共性。知识是客观世界的事物及其关系与人相互作用的产物,是人的思维对所知对象的存在性反映,这奠定了知识社会属性的基础。任何知识都是同社会秩序的需要联系在一起的,由于这种需要才从社会聚合的基本原则中产生出构成集体表征结构的精神范畴。正如曼海姆(Karl Mannheim)所言,各种社会存在的因素对知识的具体内容的影响决非只有边缘性的重要性,它们不仅与观念的创生有关,而且渗透进了观念的形式和内容之中。此外,它们还决定了我们的经验和观察的范围和强度,即我们以前称之为学科"视角"的东西。② 其次,知识的公共性体现在其可传达性。作为群体中生活的人,同质性使个体的发现与发明一旦完成,便通过人际或媒介传播成为群体共享的成果。知识产生于个体而应用于公众,并且在扩大应用范围的同时得以增长,这种非为私人所有,众人使用愈发增值的特性便是知识公共性的表征。"所谓(知识)的公共性就是指一种社会化的可重复性,即某一经验不仅某观察者本人可以重复,而且社会上其他合格的观察者只要实现相同的条件也可以重复,它是相对于只能由某观察者本人所重复的个人经验而言的。公共性作为社会化的可重复性既非绝对的普遍必然性,又非偶然的巧合性,而是一种以某种程度的必然性为前提的有效性、可传达性和可验证性。"最后,知识的公共性体现在其非排他性。即一个人对知识产品的掌握与利用不会损害知识产品本身,不会妨碍其他人的继续掌握与利用,无数人可以共享同一公开的知识。知识产品一旦生产出来,不会因为消费者的增加而引起知识产品生产成本的任何增加,其边际消费成本几乎为零。

① 王维国:《论知识的公共性维度》,中国社会科学出版社 2003 年版,第 191 页。

② [德]卡尔·曼海姆:《意识形态与乌托邦》,华夏出版社 2001 年版,第 266—267 页。

正因为政府和大学都存在着公共利益这一共同的目标,二者在目标聚合方面有必要性和可能性,但是这种聚合性并不意味着政府权力应该随意性地进入大学组织内部,而是应该建立二者之间良性的互动机制和行为程序。

而更为重要的是,二者之间除了存在着公共目的这一目标聚合外,二者存在着更为明显的目标分离。政府是基于公共权力基础上的科层组织系统,这一系统的主要行为逻辑就是有效地汲取资源和对资源进行再分配,以更好地实现社会的公平与公正,维护有效的权威与秩序。而大学是研究高深学问和培养高级人才的场所,大学区别于其他组织最为根本特征就是学术。因此,从系统论的视角来看,大学根本上来说就是学术运行的系统。大学的基本逻辑是知识的逻辑,这种逻辑要求大学必须有足够的自由和自主性的空间,自上而下的权威等级秩序对知识的发现和应用来说,无疑是大为不利的。政府与大学目标的这种分离决定了二者处于异质的系统中,二者目标差异明显,二者在力量与信息等方面交流中处于不对称状态。

从政府与大学二者目标聚合的角度来说,大学不可能完全脱离政府而独立存在,因此,完全独立的大学主体性是不存在的,政府有责任和义务对大学进行有效的治理,大学也有客观的必要获得大学在财政和制度方面的支持。从二者目标分离的角度来说,大学必须与政府保持一定的距离,维护自身相对独立的主体性地位,而政府也应该充分地认识到大学不是行政机构,有自身独特的目标诉求,政府应该有意识自觉地规范好自身的权力,设定权力行为的边界和程序,并积极推动大学主体性的建设,以更好地发挥大学作为学术机构在国民经济与社会发展中应有的作用。

二、大学主体性培育中的政府行为取向

从经济建设的角度来说,在如何更加有效地达成现代化目标这一问题上,人们通常更多的是强调国家自身的主体性能力,也就是:汲取能力(Extractive Capacity),指国家动员社会经济资源的能力;调控能力(Steering Capacity),指国家指导社会经济发展的能力;合法化能力(Legitimation Capacity),指国家运用政治符号在公民中制造共识,进而巩固其统治地位的能力;强制能力(Coercive Capacity),指国家运用暴力或暴力威胁维护其统治地位的能力①。不可否认,国家主体性能力发挥得如何,对现代化目标的实现至关重要。但是,这并不意味着国家是现代化目标的实现过程中唯一的自主性的主体,国家的主体性能力只是解决了现代化目标实现过程中需要采用的途径和手段问题。除了国家的主体性外,现代化目标的实现必须得到有效的智力和知识的支持,这是推动人类发展和社会进步的重要力量。智力和知识能否提供有效的支持,直接关系到国家采用的途径和手段的效果。大学是知识的基地,是智力的圣殿,是人类永恒的精神家园。也就是说,大学能否在现代化过程中扮演自主性的积极角色,同样关系到现代化目标能否最终有效达成。如果说,国家的主体性解决了现代化的手段和途径问题的话,那么大学的主体性就是解决了现代化的源泉问题。

大学主体性的建设是中国政府对大学善治的重要条件和最为重要的内容,就目前的经济社会环境与结构来说,我国政府需要不断地更新理念,及时从过去计划经济时代的管制思维中走出来,转变政府的大学管理模式,从治理的角度,把大学视为相对独立和平等的组织形态和治理主体,更多的从大学内部的规律和学术的内在逻辑出发,重新审视政府与大学之间的关系。具体说来,政府在大学主体性培育中的行为取向主要体现在以下几个方面:

首先,有效保障大学的基本目的的回归。大学的目标首先体现在学术性上。大学从根本上是一个学术组织,大学是研究高深学问和培养高级人才的场所,大学区别于其他组织最为根本特征就是学术。因此,从系统论的视角来看,大学根本上来说就是学术运行的系统。大学首先是一个学术组织,其次才是一个具有行政属性的组织。学术的归学术,政府的归政府,回归大学学术的本来目的,彰显大学的学术属性,淡化大学的行政属性,这是

① 胡鞍钢、王绍光:《中国国家能力报告》,辽宁人民出版社1993年版。

我国大学主体性建设中最为重要也是最难的一环。其次，回归大学的公共性。大学本身具有明显的公共性，这种公共性很大程度上是内生于大学本身的组织特性与功能，是“大学作为一个教育科学机构自身所具有的公共性”①，而公共精神正是这种公共性的重要内容。正因为如此，公共目的的回归是大学主体性彰显的一个重要体现。

目前中国大学存在着较为严重的公共目的偏离倾向，强化大学在公共精神成长中的功能，首先，必须回归其本来的公共目的。大学公共目的的回归必须解决两个基本的问题：一是国家如何把大学应该自身承担的公共价值与使命还给大学。尽管国家是具有最为强烈的公共性的组织，但是，这种公共性更多的应该是体现为对公共资源进行权威性分配，以及保障公平公正和维护公共利益等方面，这是以公共权力为基础的。而大学的则更多体现为公共精神和公共价值的倡导。应该在区分两种不同公共性基础上，回归大学本该拥有的公共目的。二是市场如何在大学的公共价值领域中调适。毫无疑问，大学具有与市场相融的一面，但是更应该看到大学与市场相互排斥的另一面。大学的公共目的不应该为功利主义目的所遮蔽，大学的理念中深埋的价值观是市场并非是一种荣耀②。这需要为大学的公共目的与功利主义之间划出较为明确的界限，为大学公共使命建立必要的防护网。

其次，不断强化大学的学术自觉与公共自觉。强化中国大学的学术自觉必须克服大学的官僚主义取向。正如克拉克所言，每一个系统都是由特定的结构和特殊的信念构成的③。长期以来，受“官本位”传统的影响，以及我国特殊的政府与大学的关系所决定，在大学学术管理系统中，许多行政人员习惯于按照“官”的思维来审视大学学术管理事务，依照“官”的指示办事，以“官”的标准来衡量学术管理系统的效果，呈现出明显的官僚主义行为取向。强化大学的学术自觉同时也必须克服功利主义取向。尽管大学基

① 朱新梅：《政府干预与大学公共性的实现》，教育科学出版社 2007 年版，第 34 页。

② ［美］大卫·科伯：《高等教育市场化的底线》，北京大学出版社 2008 年版，第 8 页。

③ ［美］伯顿·克拉克：《高等教育系统》，王承绪、徐辉等译，杭州大学出版社 1994 年版，第 109 页。

于知识本身的风险性,并不排除功利化的因素,但是,大学的核心价值使得大学更加强调其学术性的导向。正如科伯所言,大学的理念中深埋的价值观是市场并非一种荣耀:相信学者团体而不是相信利己主义者的联盟;相信开放而不是相信所有权;认为教授是寻求真理的人而不是企业家;学生是追随者,而不是来满足他们爱好的消费者,他们的爱好应该是被塑造的①。公共自觉性可以从大学的自身、自尊、自律和自强等方面入手②。大学能够在世俗化的世界中保持自省,提醒自己肩负的公共责任和公共价值,认清自身在公共领域中该有的定位与使命,并且能够时时反思自身行为和角色是否偏离了公众期待;大学还必须保持基本的公共尊严。大学应该忠诚于公共良知,不谄媚于权势,不随波于世俗,不逐流于市场,保持大学应有的公共品格;同时大学还必须保持严格的自律。大学能够以自身的公共责任和公共道德来约束自己,恪守作为一个大学应该拥有的社会良心;最后也是最为重要的是大学应该不断地自强。大学应该通过自身不断地努力提升自己的能力,增强自己在学术研究、人才培养和引领社会等方面的能力,不断扩大自己的社会影响力和树立该有的社会地位,从而赢得社会的尊重,树立较高的社会公信力。

第三,必须保障大学必要的自主性权力。大学在学术和公共精神成长方面的职能必须以相应的自主性权力为前提。这种自主性权力最为重要的就是学术权力,也就是说大学应该拥有基本的学术自由空间。大学能够依照知识的逻辑自主组织科研教学活动,能够依照学术的发展需求自主的安排学术资源的运用,能够自主地对学术活动和成果进行评价。学术自由空间对于大学推动公共精神成长意义重大,这至少表现为两个方面:一是大学可以依据自身的公共使命自主地设立与公共精神培育相关的课程。目前中国大学的公民教育课程明显落后,这与大学学术自由空间不足密切相关;二是大学可以更好地基于公共道德和公共良知对社会不良现象进行批判,从而更好地引领社会,“长期以来,人们都承认学术自由让人在进行社会批判

① [美]大卫·科伯:《高等教育市场化的底线》,晓征译,北京大学出版社 2008 年版,前言第 8 页。

② 宣勇:《论大学的自觉》,《高等教育研究》2009 年第 5 期。

时不用担心失掉工作”①。因此，对于中国来说，如何基于自身特殊的社会主义制度，把更多的学术权利还给大学，并建立起保障这种学术自由的机制是一个重要的问题。

第四，建立起大学—市场—政府—社会四位一体的良好主体间性关系。大学要保存其主体性，但不是说大学要回到初建时封闭的象牙塔模式。随着世界一体化和社会的快速发展，大学在保持其自身独立自治的主体特征基础上，要不断增强大学本身对社会环境的适应和反应能力。以往以规则为导向、权力集中的大学文化已经不适应现代大学发展的需要。现代大学必须在开放的社会环境体系中为社会文明进步和经济发展服务，大学面对社会日新月异的需求，要不断创新，在追求真理的同时传播真理，并把知识和技术应用到社会服务和建设中，以进一步体现大学科学研究和教学的价值。在坚持大学使命和学术自由独立的原则基础上，大学要与政府、市场、企业和社会相关机构建立良好的伙伴关系，政府、市场、企业和社会是大学资源的供给来源，也是大学产出的需求方，大学需要在保持主体性基础上，依据价值规律与他们营造共赢关系。

建立政府与大学之外的专业第三方社会教育评估和监督机构，强化大学的独立性和主体性。为大学健康发展创造良好的制度环境。为了协调政府和大学的关系，为了激励大学更好地实现大学使命，需要成立有中国特色的政府与大学之外的专业第三方教育评估机构。这种第三方教育评估机构主要由教育专家和专业人士组成，他们负责对政府高等教育宏观调控效果、对大学的教学科研业绩进行客观公正地评估和监督，以促进政府和大学各司其职，真正实现高等教育的“管、办、评”分离。

三、基于善治的政府与大学关系建设

所谓善治，就是良好的治理，就是使公共利益最大化的社会管理过程。

---

① ［美］乔治·佛里斯：《大学教授应该成为公共知识分子》，见 http://www.21ccom.net/articles/sxwh/shsc/article_2010113025503.html。

毫无疑问,善治也是我国推进高等教育治理体系与治理能力现代化的理想追求,高等教育公共利益最大化的体现就是大学使命的实现,具体表现为人才培养质量、科学研究水平和社会服务能力的不断提升以满足学术发展、政府期待和社会、市场的需要。治理能力的现代化就体现在让大学的公共利益最大化成为现实。

这就要求政府改变过去一味地强调对大学进行管理,简单地对大学进行单向度的支配的模式,而是主要通过合作、协商、伙伴关系,确立认同和共同的目标等方式实施对公共事务的管理①。与过去政府通过简单的管理和控制、命令与指挥不同,善治强调的是不同组织(包括政府)的内在逻辑出发,追求一种自下而上的共同目标。研究治理理论的知名学者格里·斯托克(Gerry Stoker)总结了关于治理的5个方面的主要内容,基本上能够表达善治的核心理念②:第一,治理是出自政府组织但又不限于政府的一套进入公共政策过程的社会公共机构和行为者;第二,治理意味着在为社会和经济问题寻求解决方案的过程中存在着界限和责任方面的模糊性;第三,治理肯定了在涉及集体行动的各个社会公共结构之间存在着权力依赖;第四,治理指社会中各类行为者网络组织的自主自治管理;第五,治理意味着,办好事情的能力并不只在于政府的单一的权力和力量,也不在于政府是否下命令或运用其权威,而在于政府与公民社会之间广泛的社会联系,在于政府运用新的治理工具和技术来引导其发展。1997年,联合国在其题为《分权的治理:强化以人民为中心的发展能力》的报告中,概括了当代治理运动所追求的善治的核心理念,包括参与、公开、透明、回应、公平、责任、合法性等。以上这些内容总结起来包含着两个核心的内涵,就是合法性和合理性。所谓合法性就是合乎法定、法理,具有正当性和符合必然性的认知;而合理性则是在效率主义的逻辑下更好地发挥权力的效能,依照外在的现实环境和条件,善用各种资源环境以实现效率的最大化。前者强调的是权力的来源,后者强调的是权力的行使。政府对大学的善治是指遵循政府和大学两种不同

① 俞可平主编:《治理与善治》,社会科学文献出版社2000年版,引论。

② 俞可平:《权力政治与公益政治》,社会科学文献出版社2003年版,第130—132页。

逻辑的基础上，依照本国的经济社会环境，共同合作，以最大限度地实现科学知识的提升。也就是说，政府对大学的善治，一方面既要依照本国的经济社会发展状况充分合理地发挥权力的效能，有效地达到大学为社会、为市场经济、为国家服务，同时，又尽可能不要逾越政府和大学的合法性权力空间，尽量少地损害学术视野。政府通过自身的职能转变，基于学术逻辑基础上创造条件充分发挥大学在经济、社会和国家发展中的功能。

从合法性上来说，政府对大学的善治首先也是最为重要的一点是，政府对自身的权力边界有清晰的认识，政府必须摒弃大学是政府和政治领域延伸的这一信念。政府应该承认大学是自身具有特定的和自治传统的高深学问的机构，这是大学合法性的依据和基础，大学履行自身使命的一个前提，是大学内部存在崇尚这种学问活动的内在价值的精神。从根本上说，正是在这样一种环境下，知识的实际应用和新知识的获取所必须具有的学术上的好奇心，才能得以培养和保持。这些是一所大学的根，一个希望可以继续采摘果实的政府，会想方设法不让这个根枯萎。大学与政府之间一种恰当的劳动分工，应该能使大学履行其特殊的使命，而不是仅仅作为完成政府的临时，或者只是长期的要求所规定的任务的工具①。政府对大学的权力必须止于大学外部事务，止于教育自由，止于大学自治，止于学术自由②。越过了这些界限，政府对大学权力的合法性就成为严重的问题，政府对大学善治的基础就不复存在。如果政府把自己手中的权力看成锤子，而把大学看成钉子，那就意味着大学的终结。不管政府权力以何种形式侵入到知识生产的具体过程中，都会使得政府对大学治理的效果大打折扣。同时，非常重要的是，政府应该规范大学在自身合法性的范围内发挥自身的作用，大学同样不能逾越自身合法性的边界，必须接受社会规范和道德法律的约束，确保基本的公平与公正。

从合理性上来说，政府对大学的善治应该要善用社会资源和政府资源，能够为大学的知识生产、高深学问的探索和人才培养、公共价值引领创造最

---

① [美]爱德华·希尔斯：《学术的秩序》，李家永译，商务印书馆 2007 年版，第 230—231 页。

② 朱新梅：《大学的公共性与政府干预》，《复旦教育论坛》2006 年第 1 期。

为有利的条件。其中最为重要的方面是，为大学提供有利的物质支持，这种物质支持既可以是政府直接的财政支持，也可以是来自社会资源的支持，并且能够充分地发挥这些社会和公共资源的最大效率。学术机构中的研究依赖于资源的获得，而这种资源的获得从来就是缺乏的①。作为政府来说，承载着公共目标和公共价值，有责任和义务为高等教育的发展提供有效的和足够的资助。这也是现代大学发展的重要因素。但是，要真正对大学的善治，政府更应该学会如何充分挖掘社会资源对大学的推动功能。政府要善于依照经济社会条件来调整自身的这种职能，当社会资源能够满足大学发展的要求时，政府的职能可以适当地收缩，反之，政府应该发挥更加积极的作用。另外，为大学发展创造有利的条件还包括政府应该积极的进行制度创新，为大学的发展创造最为有利的制度环境。通过制度创新引导社会资源更好地进入大学，但同时又能够为这种进入建立必要的防护网，以防止损害大学的核心价值和精神，通过制度创新形成更好地产、学、研对接机制，通过制度创新推动大学之间的良性竞争，通过制度创新建立良好的政府与大学的合作伙伴关系，等等。

概括起来，这种合作关系的建设主要包含以下几个方面：

（一）从宏观层面上来看，应完善相关制度建设，规范政府与大学的身份与权力边界

清晰的权力边界，也就是明确“权力清单”是权力得到有效约束最为重要的基础，定位双方权力边界的前提是，明确二者在高等教育服务提供中的职能。政府作为大学的举办者和出资人，其在高等教育中的功能集中体现在公共利益的诉求上，是为了保障高等教育的公平性、公正性，实现公共财政的责任，以确保大学更好地为公众服务，更好地契合国民经济和社会发展的总体需求。因此，政府的权力边界应该明确的定位在宏观规划和为大学发展提供公共服务的范畴之中：为了确保高等教育的起点公平、过程公平，适度地做到结果公平，政府应通过政策的调控维护大学的公平；为了提高全

① ［美］罗杰·L.盖格：《增进知识——美国研究性大学的发展（1900—1940）》，河北大学出版社2008年版，前言。

社会公民的整体素质,政府可通过规划和立法来对大学的办学加以干预;为了更好地与国家发展战略相适应,政府对大学的办学方向、规模、结构、类型、层次、质量等方面可进行宏观调控。大学的主要功能是学术研究、人才培养和社会服务,其权力边界应该与此相对应。与学术研究相关的科研教学等方面的具体权力应该还给大学,这意味着大学对自身的学术事务,以及与自身有关的重大事务拥有基本的权威。有关人才培养的课程体系、教材计划、培养方案等事务,有关科学研究方向的凝练,组成研究机构和队伍,建立研究基地,争取各种科研项目进行的知识创新等事务,有关学术性的交流和合作等事务,有关更好地服务社会等事务,在学科组织中依据学者队伍的状况和学科特点来决定服务的形式和组织等事务,大学应该拥有必要的权威,并通过相关的法律法规给予明确。

(二)从中观层面上来说,应建立政府与大学之间的缓冲与链接机构

大学直接裸露在政府权力面前通常是比较危险的,政府权力在没有相关的约束和缓冲的环境中会更加肆无忌惮。共主体建设需要建立隔离政府与大学不同系统之间的缓冲机制与机构,从现代大学建设的经验来看,最为有效和通用的办法就是建立相对独立的相关委员会。如,一些国家设立的大学拨款委员会。大学拨款委员会作为大学与政府之间的中介机构,它的设立,一方面标志政府对大学的责任与支持,成为联系大学与政府之间的桥梁。另一方面,更为重要的是能够有效地维护大学的主体性地位,保障大学自治、学术自由,还成为缓和二者之间矛盾的"润滑剂"。对于我国来说,基于中国特色的体制特征,成立类似的大学中介性组织,无论从社会经济的发展,还是大学的发展考虑,都是有必要的。也许在目前,这是处理大学与政府之间矛盾关系的最好方法,不失为探讨建立有中国特色的政府与大学"共主体"的一种有益尝试。

(三)从微观层面上来说,应积极转变政府对大学的行为方式

在我国,目前政府对大学的治理在很大程度上依然停留在计划经济时代的简单的行政干预与命令手段上。在善治的理念中,政府对于公共目标的实现并不代表其必须直接作为生产者或供给者,政府给予一个组织一定的目标并向其提供相应的资金支持,然后由它独立承担起组织责任,政府进行问责,这往往更加合理和有效。善治模式下的大学,虽然从政府那里获得了一定的资金,但需要接受政府的评估,保证政府目标的实现。政府提供资金、设定目标,并对大学进行评估,而退出具体的大学治理过程,这是现代大学体制中政府典型的行为模式。而在一些涉及大学的重大问题、重大决策方面,政府通常是以通过与大学建立有效的互动机制的方式来实现的,政府直接通过行政的方式来替代大学决策是一件非常忌讳的事情。但是在目前,在大学许多重大的问题,如大学制度的改革、大学机构的调整、大学发展方向的定位等,更多的时候政府采取的往往是简单的拍板和运用行政手段来"解决"各种问题,大学缺乏必要的发言权和决定权。大学的参与性总体上流于形式,大学对学术事务决策的参与和决定权在制度上还没有得到有效的保障。政府与大学不同主体之间的互动更多的是基于共同参与,平等协商基础上的博弈模式,而不是过去的自上而下的管理模式。各个主体在涉及大学治理的时候都被视为利益的相关者而参与到其中来。在哈贝马斯(Jürgen Habermas)看来,多元社会必须有交往活动和交往理性在其中起到基本的维系功能①。各主体之间是相对独立的,但并不意味着主体之间的交互消失,反而更加普遍了。从交往的角度看,人与人之间仍然是一种共同体成员之间的关系,因而作为共同体成员共识的知识必然(先天)是公共的,人与人之间本来就是一种共在的协商关系。当涉及大学的各种权力交织在一起,甚至产生冲突的时候,通过平等基础上的,扁平式的协商网络,而不是自上而下的,压力式的金字塔结构来解决面临的问题,就成为维护政府与大学"共主体"的重要保障。

第二节　大学主体性培育中政府善治的建议和对策

在我国,政府的行为方式和职能特征有着体制内在的规定性,也有着长期以来的权力惯性,而政府与大学关系的转型不仅仅是政府与大学二者的

① [德]哈贝马斯:《交往行动理论》,重庆出版社 1994 年版,第 99 页。

事情,更不是一朝一夕就可以得到有效解决。任何改革都必须在现实的环境约束中找到切实可行的切入点,以规避可能产生的巨大的摩擦成本而导致改革失败的困境。先易后难,由浅入深,最终实现制度的变迁。就我国目前的政府与大学关系来说,从政府善治的角度来看,大学主体性的建设主要包括两个方面的内容:一是积极转变自身职能,有效地规范大学与政府之间的关系,营造良好的外部环境;二是积极推动大学内部治理结构的完善,建设有效的内部机制。在现阶段,政府的善治可以从以下几个大的方面进行思考:

首先,以转变政府职能为重心,积极推动政府办学方式的科学转型。全面贯彻落实《国家中长期教育改革和发展规划纲要(2010—2020)》的要求,依照"转变职能、简政放权、依法治教"的精神,科学理顺政府与高校之间的关系,明确政府管理权限和职责,明确各级各类学校办学权利和责任,实现政校分开、管办分离。应紧紧围绕真正落实高校教学科研权、校长选择权、自主招生权、自主理财权和自主人事权这几个基本权力,狠抓落实。政府及其部门应该有计划,有目的,积极主动地下放这几种基本权力,转变自身职能和管理方式方法,确保高校能够按照国家法律法规和宏观政策,自主开展教学活动、科学研究、技术开发和社会服务,自主设置和调整学科、专业,自主制定学校规划并组织实施,自主设置教学、科研、行政管理机构,自主确定内部收入分配,自主管理和使用人才,自主管理和使用学校财产和经费。推动政府从办教育向管教育转变,从微观管理向宏观管理转变,从直接管理向间接管理转变。政府应该逐步减少和规范对高校的审批事项,把更多的精力放在为高校提供良好的服务上来。

其次,以社会评价为方向,改革政府对高校的资源配置与评价模式。现代大学的经验表明,要有效的确保高校的办学自主权,应建立各种机制使政府与高校之间保持必要的距离。政府逐渐退出高校的学术过程,社会成为高校绩效的评价主体是未来中国高校发展的基本方向。政府在对高校进行资源配置的时候应避免可能对高校内在机体的损伤,政府同样不应成为高校绩效评价的唯一主体,更不应成为高校治理的唯一指挥棒。当前,中国政府对高校的资源配置模式使得政府的权力直接地介入到了高校治理的内部过程。政府应该积极探讨具有中国特色的政府对高校的资源配置模式，在确保高校自主权的前提下，实现资源的有效投入。政府同样应该改变以政府为导向的高校评价模式，逐渐改革政府在高校评价体系中的主导地位，建立起较为完善的社会评价机制，有意识地培养和扶持中介性的专业社会组织，建立起与中国经济社会结构相适应的高校评价体系。

最后，以完善高校内部治理结构为保障，提升高校自主治理的能力。政府在向高校下放相关权力的时候，应该积极引导和推动高校建立健全内部治理结构，让高校权力的行使得到更加科学和有效的约束，这是落实和扩大高校办学自主权的基本保障。应该建立一系列与社会主义现代大学制度相适应的内部治理机制，积极提高高校的自主治理能力和水平，把高校的各项自主权落实好、使用好、维护好。充分发挥社会主义制度的优势，坚持并不断完善党委领导下的校长负责制，积极探索大学校长的选拔和任用方法，积极探讨建立有中国特色的高校理事会制度，建立健全校内民主决策程序与议事规则，完善治理过程中的权力监督机制，建立更加透明、更加民主和更加公正的治理模式。推进大学副校长选拔任用的方式方法，更好地发挥学术委员会在学科建设、学术评价、学术发展中的重要作用。探索教授治学的有效途径，充分发挥教授在教学、学术研究和学校管理中的作用。加强教职工代表大会、学生代表大会建设，发挥群众团体的作用。政府应该在高等教育体制改革的基础上，不断推进政府对大学治理方式的转型，在坚持中国特色的制度框架下，依照现代大学的逻辑，积极探索和完善中国大学主体性的建设。

从现阶段可操作的具体层面上看，可以从以下几个方面入手。

一、明确政府权力清单，进一步下放相关权力

尽管改革开放以来政府在扩大和落实大学自主权方面取得了很大的进展，但从总体上来说，政府与大学之间权限责任不清，政府依然过多地干预大学内部的科研和教学等具体事务，这不利于大学的主体性建设，因此，如何更好地区隔二者的职责权限，把原本属于大学的相关权力更好地回归大

学,依然是一个需要认真对待和处理的问题。就目前来说,政府可以对以下权力进行更好地厘清,针对不同的高校,逐步地,有计划和有区别地进行下放。

(一)赋予高校更加自主的学分设置权

为了更好地体现高校的教学自主权,建议教育主管部门更加彻底地退出高校教学的具体环节。建议高校教学指导委员会放宽或者取消对高校专业课程比例的规定。逐步放开对英语等公共课程的学分硬性规定。进一步扩大高校对于刚性课程的教学组织权,允许高校采取多种形式开设刚性课程,甚至可以将某些刚性课程纳入到四门部办课程的教学中来。除了“两课”教育以外,不再对某些课程(如实践教学等)的学分比例作硬性规定,教育部可以提出相关意见,但不做强制性要求,高校可以结合自身的实际,自主地调整学分比例和采取灵活的教学形式。对英语等公共课程,不再硬性规定采用统一的教材。

(二)赋予高校更多的学位授予自主权

建议对高水平大学尝试逐渐下放学位授予权。教育部和学位办仅仅对学位的授予标准制定最基本的原则、标准和程序,高校可以根据学校自身的情况自行制定学位授予规则,颁发学位。对于双学位的授予,国家应该出台双学位制度的管理办法,规定最低的学分要求与基本的操作程序。在此基础上,建议允许各个高校可以自行授予本科生两个学士学位及毕业文凭,以更好地适应培养双学位、交叉复合型人才的需要。

建议尽快发布已经设置的专业学位类型,实施由各省级学位办和高水平大学研究生院自主审批新增硕士专业学位类型和自主增设原硕士专业学位领域的措施。建议教育部在控制招生总量的基础上,允许高校自行调整专业学位和学术学位比例、硕士生和博士生比例。

(三)逐渐下放高校科研的评价权

建立更加科学合理的科研评价体系,逐渐淡化高校科研活动中的政府指挥棒功能。建议对于高校科研成果的评定不再以政府官员批示和入选“成果要报”为依据。除了出于国家经济社会发展战略需要的科技奖外,应该逐渐减少政府组织的各类、各级别的科研“政府奖”。建议教育部逐渐减少成果奖的数量,并最终不再组织高校科研成果奖的评定。建议逐渐减小高校科研评价体系中政府奖的级别和数量的权重。对于人文社科类的科研项目,应该更加注重同行评价,通过科研成果的影响因子、转载、引用率等综合评价等来衡量科研水平。对于理工类的科研项目除了影响因子外,强调专利特别是经济社会效应等。

建议教育部逐步减少并最终取消各类以政府项目为指标的考核评比,把对重点学科、研究基地、学位点建设、创新团队等的考核、申报与政府的各级项目数量、科研经费等指标脱钩。不再以获得政府资源的多少为重要依据来考核高校的各类科研教学活动。

(四)探索赋予高校在校长公开选拔任用中的初始提名权

建议完善高校校长公开选拔任用机制,逐渐把高校校长的初始提名权交给高校。教育部主要负责制定高校校长选拔的条件、原则、程序,高校依照教育部的这些规定自主地提名校长,而教育部则逐渐退出高校校长提名过程中的具体环节。在高校校长的遴选过程中,高校拥有提名权,教育部行使高校校长的政治资格审查权与任命权。教育部可以对大学选出的校长人选行使否决权,对于被否决的校长人选,高校需要依照法定程序重新产生候选人。

在教育部前期试点的基础上,不断完善相关的机制,逐步淡化高校校长选拔过程中的政府权力主导。进一步完善“校长遴选委员会”的成员结构,增加校内教师和学生的比例,更加充分地体现民意测验和专家委员会的意见。建议在现有两所试点高校的基础上,不断总结经验,逐步扩大教育部直属高校公开选拔校长的试点范围,最终实现所有教育部直属高校校长公开选拔任用。同时积极探讨和推动地方性高校校长的公开选拔机制。

在此基础上,建立健全副校长任用的校内民主机制,改变过去高校副校长由政府部门“空降”的任用方式。可以考虑副校长由公开选拔产生的校长提名,经过高校职工代表大会或理事会同意,由政府部门备案等方式实现副校长科学民主的任用。也可以考虑通过组织人事部门提名、经校内民主程序认可的方式实现副校长的任用。

（五）进一步扩大高校招生自主权

建议进一步扩大本科招生的自主权。建议扩大自主招收本科生的高校试点范围，对于高水平的大学，建议将自主招收本科学生的比例扩大到20%—30%左右，建立更加灵活自主的多元化高校招生体制。推动高校依照高考、中学会考、社会实践活动、特殊兴趣和面试等等综合因素来自主录取学生。高校可以根据社会需求、办学条件和国家核定的办学规模，制定招生方案，自主调节各专业招生比例。在总量控制的前提下，高校可以自主确定招生来源和具体的招生人数；可以根据专业要求和特点自主对所招学生设置特殊规定的条件；在国家规定允许的范围内自主决定学生的收费标准。

进一步扩大高校研究生录取自主权。建议选取部分学科和高校为试点，将原来公共科目必须选用全国统考试卷调整为由招生单位自主命题试卷。逐步取消研究生招生录取中的英语、专业成绩和总分“国家线”的硬性规定。建议对高校研究生招生指标只做总量的规定和原则性的指导意见，高校在总量控制的前提下自主地调整硕士和博士招生比例。建议允许导师在科研项目的基础上，依照科研的需要自主招收研究生，形成科研团队。鼓励高校采取增加面试成绩比例的做法，保证指导老师选择优秀的学子。甚至探讨把研究生的招生权力直接赋予少量教授（如院士和优秀博士论文导师等）。

进一步扩大高校在研究生保送方面的自主权。建议教育部逐步放宽甚至取消本科生保送研究生的条件规定，把保送研究生方面的自主权还给高校。建议除现有学科竞赛本科保送生途径外，积极探讨多元化本科保送模式试点。实施“基础学科拔尖人才培养计划”的高校可先行在数学、物理、化学、生物、计算机等5个专业以新途径新方式招生；建议在制定保送研究生的名额时适当考虑学校的办学层次，高水平高校可享受自主决定保送名额的政策。建议取消对博士生招生中本科直接攻读博士生的比例限制。

（六）扩大高校的人事自主权

逐步扩大高校在人才引进方面的自主权。逐渐减少政府相关部门在高校人才引进过程中的行政干预，简化相关的人事管理程序。政府相关部门在高校人才引进中的角色主要体现在制定高校教师人才规划，并规定人才引进的基本原则、基本条件，高校可以依照自身的需要自主引进相关人才，到政府人事部门报备即可。

重新修订高校编制管理规程。现有的高校编制管理规程已经不太适合现代高校进一步发展的要求，建议依照现代大学发展的内在规律，制定新的高校编制管理规程。目前各高校五级及以下的教育职员职级晋升或过渡已经正常进行，建议教育部尽快下达四级教育职员晋升指标的控制数，具体由高校操作评审。

扩大高校在对外学术交流方面的人事权力。建议教师公派出国留学名额，每年由教育部出国留学基金委下达控制名额，具体评审等事项由各高校实施。建议简化高校国际学术交流方面的人事审批程序，建立更加灵活、简单的审批机制。对于一些临时性、应急性的学术交流，建议相关部门实行简易审批程序。并取消高校科研人员出国出境交流的次数限定。把一般科研人员出国出境学术交流的审批权下放给高校，由高校主管领导审批即可。

（七）进一步扩大高校经费自主权

改革国库集中支付制度。建议改革严格执行事先制订预算的做法，建立更加灵活的经费执行机制。鉴于高校科研活动的特殊性、临时性特征，建议赋予高校根据实际情况，依照规定的程序调整预算的权力。对年终结余资金实行区别对待，对科研经费、重点学科建设经费和人员经费等使用期限具有连续性的经费建议不用收缴归库，全部留给高校统筹，以便高校顺利开展工作。建议适当提高授权比例及高校自主支配资金的比例，保障高校的办学自主权；进一步规范和完善国库单一账户体系，对高校零余额账户与实有存款账户之间划拨资金等具体问题予以合理界定等。

对于预算资金下达滞后的情况，为了不影响高校正常的财务工作，建议允许预先下达部分笼统大项目的常规额度指标，在项目资金未下达但又急需资金以维持项目正常进行时，高校可利用此笼统指标开支项目资金，待正式额度下达后，再弥补其不足。同时，财政部门可以进一步优化预算资金支出管理程序，尽量减少预算资金申请、审批、下达的时间，从而保证高校的预算资金能够及时到位，确保项目支出的顺利拨付，避免高校垫付资金的情况发生。科研经费应该强调结果控制，规定经费使用原则，而具体的细节性的管理由经费单位自己把握。对“985”工程、“211”工程等重大专项经费，允许各高校有权确定使用范围和内容，经教育部核准预算后使用。

建议根据不同地区的发展水平，对高校学生公寓住宿费确定有弹性的指导性标准，将具体收费标准的制定权下放给高校。

积极探讨将集体采购权下放，对于一些需要国外订货，以及特殊科研需要的个性化设备建议赋予高校更大的自主采购空间。

建议扩大高校国有资产使用和处置管理授权审批权限，在财政部规定的限额内，扩大高校对货币资金使用和处置的审批权限；对固定资产和无形资产使用和处置的审批权限放宽。建议将高校资产经营公司下属各级企业的有关资产评估结果备案确认权限和国有股权转让审批权限下放到高校资产经营公司。

（八）扩大高校在独立学院发展方面的自主权

建议完善独立学院的办学条件，对合作办学方的性质和合作办学资金的来源不作统一规定，允许办学资金来源多种途径，支持独立学院办学模式的多样性。建议不限制各级政府对独立学院办学经费的支持。

逐步扩大独立学院根据社会需要自主设置本科专业的权力，取消对独立学院在招生专业目录中附注方向的限制。支持有条件的独立学院在保证人才培养质量基础上，根据自身的特色开展专业学位研究生教育。

建议将独立学院本科（学士学位）层次的国际合作办学项目审批、评估权下放到省级教育行政部门，并按行政事业收费政策规范国际合作办学收益。

建议教育部和各级教育行政部门取消对于高水平大学举办的独立学院申报各类竞争性的学科建设，科研、教研项目，人才队伍建设的体制壁垒，给予独立学院以地方普通高校平等竞争的待遇。

二、规范政府与大学关系，积极推进各项工作落实

在大学治理方面，相关的制度和法律不可谓不多，但问题在于，具体的程序和机制存在着明显的缺位，导致更多的治理只能停留在大而化之的层

面。因此，要实现政府对大学的善治，推进大学主体性的建设，需要在具体的程序和机制方面下大力气。

（一）以大学章程为抓手，规范政府与高校之间的关系

建议在教育部《高等学校章程制定暂行办法》的基础上进一步完善大学章程的制定机制。在制订主体方面更好地体现多方参与，共同制定。为了使大学章程的约束力得到更好地体现，建议章程中明确规定高校和政府的权力范围，尤其是对政府的权力和义务进行明确列举，规定政府不能直接干预的高校内部事务，并规定政府行使相关权力的程序。

为了更好地保障高校办学自主权，建议完善相关立法，积极探讨通过全国或者地方人大常委会制定相应的具体的大学条例，把政府与高校的关系上升到国家或者地方法规的层面，并对可能出现的争议规定救济程序。

（二）建设和完善政府对高校的权力程序和机制，规范政府行政行为

为了更好地规约政府在对高校行为过程中的随意性和短期性，应该建立一整套的政府行为规范程序。从现有的大学治理的经验来说，这种程序至少应该包含以下几个方面：一是政府对大学的拨款程序。建议积极探讨有中国特色的大学拨款委员会，以改变现有的政府拨款模式；二是规范政府对大学的评价和考核程序。改变现有的各部门甚至各官员依照自身的意识进入到大学内部的教学科研，建立大学对政府各种行政随意渗透的缓冲机制和安全阀；三是建立大学对政府行为的申诉机制和救济机制。积极探索有中国特色的大学主体性权利保障机制，对于自身主体性权利受到侵害可以及时作出救济行为。

（三）加强领导与分工，有重点有计划地推进各项自主权的落实

建议教育部各个司局之间就落实和扩大高校办学自主权的问题加强领导和分工，齐抓共管。就目前高校办学自主权落实过程中高校反应比较强烈、问题比较突出的相关事项进行重点突破，落实到具体的司局负责，层层推进。通过调研，目前高校反应比较强烈的问题主要有自主招生问题、经费自主权问题、校长选拔与任用问题、学位授予权问题等，建议教育部就这些问题确立更加清晰的责任机制，明确分工，整合力量，推进相关事项的改革。

（四）协调党政各部门关系，创造良好的政策环境

高校自主权的落实与扩大涉及党政诸多部门方方面面的关系，建议教育部建立更加有效的协调与沟通机制，就高校办学自主权落实与扩大过程中涉及的部门关系进行重新梳理，及时沟通。例如对于高校目前反应激烈的经费自主权问题，教育部需要与财政部门进行有效地沟通，形成共识。对于高校校长的选拔与任用问题，需要与人事组织部门有机地对接，并与高校党委书记的任用机制更好地结合起来。对于高校人才引进、教师队伍建设等，需要与人事、外事等部门就相关事项进行更好地整合。

三、转变政府职能，建立落实大学自主性建设的配套机制

教育部逐渐从高校科研、教学等具体事务中抽离出来，而把主要精力放在做好宏观规划、制度规范、信息公开、维护公平公正、监督监管和提供服务等方面。

（一）进一步完善高校各类标准，健全监督监测

建议结合实际，积极深入研究和制订各类高校标准，包括基本办学标准，完善高职高专院校设置标准，研制部分主干学科专业的建设标准和质量标准，研究制定高校教学质量和科研评价标准等。同时，完善基于各类办学标准和高校内部质量保障的教育督导机制，规范和加强高等教育督导。借鉴国际高等教育评鉴经验，综合使用评估、认证、审核等方式保障高校办学质量。建立健全高等教育质量监测、评估机制，定期发布评估监测报告。此外，加强对教育标准执行情况的监督检查，完善教育问责机制。

（二）减少和整合专项资金，建立新的拨款机制

不断减少并整合专项资金，集中投向需要国家重点支持的重点领域和项目。建立保障性的基础拨款和奖励性的绩效拨款相结合的制度，既体现公平又提高效率。根据高校办学层次、类型、专业设置特点及所在地区的差异，测算不同类型高校和专业的学生培养成本，据此形成生均拨款定额标

准,并作为基础拨款的重要依据。同时,建立健全高校绩效评价体系,以高校科研、教学和人才培养的绩效评价结果作为奖励性拨款的重要依据,奖励性拨款直接拨入高校,由高校统筹支配。

(三)减少检查评比,建立科学民主的高校评估体系

大力减少甚至取消政府主导的名目繁多的检查和评比,加快实现由一元评价向多元评价转变,逐步构建政府、高校、社会乃至家长、学生共同参与的多元评价体系。选取某些高校为试点,积极探讨引入专业的评估公司对高校专业、课程、学科的水平和质量进行评估的可行性。积极推动和扶持大学相关协会(如中国高教协会)等中介性组织发展成为评估和认证的专业性组织。或者推动成立新的独立性的高校评估组织协会,负责认证、协调和组织高校具体的评估。高校评估坚持因地制宜、因校而异研制评价指标体系。按照高校类型和层次,选择相应的评价体系和办法进行评估,力求做到一类学校一套指标体系。

(四)不断增强透明度,积极推进高校各类数据库的建设

教育部应该更好地发挥高校信息公开方面的功能,及时定期地发布高校的各类信息,以增强市场选择的透明度和强化对高校的信息监测。为此,教育部应该大力推进高校各类数据库的建设和完善,包括高校专业设置、科研水平、学位点建设、教学质量等方面的数据库。建议教育部设立专项资金委托不同的专业性的组织和协会负责建设各类数据库,并以教育部为平台实现全部信息库的完全公开透明。并定期发布全国高校的各类评估报告。

第三节　大学主体性培育中的自我约束机制建设

大学自主权的实现必须有强有力的约束机制,这种约束机制既包括对政府权力的约束,也包括对大学自身权力的约束。政府作为一种"必不可少的恶",本身有着滥用权力的趋势。而"大学作为一个非营利组织,没有股东承担责任,也没有破产的威胁,究竟应该有什么样的外部控制,保证它不偏离社会赋予它的目标”①同样也是一个问题。缺乏有效的约束机制，大学同样可能沦为自私自利、为所欲为的场所。所以大学自主性的约束机制必须使得政府和大学在各自的权力范围内“各行其是”。

一、政府和大学权力边界的契约化

“有权力的人们使用权力一直到遇到有边线的地方才休止”②。政府的权力大并不可怕，可怕的是这种权力没有边界。现在中国大学自主性的缺失不仅仅是政府权力过大的问题，而是政府权力和大学学术权力缠绕在一起，难以分开的；不仅仅是大学权力过小的问题，而是大学权力被政府权力熔化，已经难以从中提炼出来的问题。所以重建大学的自主性必须为两种权力设定刚性的边界，这种边界对双方来说既是一种约束，也是一种监督，更是一种规范。

定位双方权力边界的前提是明确二者在高等教育服务提供中的职能。政府作为大学的举办者和出资人，其在高等教育中的功能集中体现在公共利益的诉求上，是为了保障高等教育的公平性、公正性，实现公共财政的责任，以确保大学更好地为公众服务③，更好地契合国民经济和社会发展的总体需求。因此，政府的权力边界应该明确的定位在宏观规划的范畴之中：为了确保高等教育的起点公平、过程公平，适度地做到结果公平，政府通过政策的调控维护大学的公平；为了提高全社会公民的整体素质，政府通过规划和立法来加以干预；为了更好地与国家发展战略向适应，政府对办学方向、规模、结构、类型、层次、质量等方面进行宏观调控。大学的主要功能是学术研究、人才培养和社会服务，其权力边界应该与此相对应。大学自主，不等于大学的权力可以背离其基本的核心价值和功能，“就像战争意义太

---

① [美]布鲁贝克：《高等教育哲学》，郑继伟等译，浙江教育出版社 1987 年版，第 32—33 页。

② [法]孟德斯鸠：《论法的精神》（上册），张雁深译，商务印书馆 1961 年版，第 156 页。

③ [美]德里克·博克：《走出象牙塔——现代大学的社会责任》，徐小洲、陈军译，浙江教育出版社 2001 年版，第 10 页。

重大，不能完全交由将军们决定一样，高等教育也相当重要，不能完全由教授们决定"①。

政府的归政府，大学的归大学，这是大学自主性的约束机制建立的前提。现在的问题是，如何把二者的权力边界刚性化。大学章程就是一个非常好的切入口。章程就是一种契约，是双方权力合法性的来源，把二者的权力边界通过大学章程的方式固定、明确和刚性化，并以此作为双方权力运行的依据，任何违背这一契约的行为将会受到约束体系的反应，从而使其回归本位。要做到这一点，大学章程必须具备两个基本的条件：一是大学章程必须基于政府和大学及相关利益者多方平等参与的前提下来确定的。契约要有权威必须得到订立契约各方的认可，必须保障参与各方平等的发言权，契约的内容必须体现各方的诉求并得到认可。契约一旦得到认可，就产生了权威。目前我国大部分大学没有章程，即使有些大学制定了章程，也充其量是大学自娱自乐的一种产物。这种章程由于没有政府参与，也没有规范的程序，因此在内容上不涉及政府，与政府权力不沾边，也就不具有规范大学与政府关系的功能。这不能不说是一大缺憾。因而，纲要征求意见稿中关于章程的提法不准确，是需要修改的。二是大学章程必须具有健全的保障体系。"没有刀剑，契约将是一纸空文。"违背契约必须承担相应的成本，大学章程作为一种政府与大学之间的契约，对于任何一方来说都具有约束力，而这种约束力来自于健全的保障体系。目前政府权力的越位不承担任何责任，或者说成本非常小，大学面对这种越位缺乏有效的救济手段，也难以进入司法程序，即使进入司法程序也缺乏相关的依据，没有任何问责机制，这是一个非常致命的问题。当然，对于大学来说，同样如此，大学功能的异化、学术的腐败、学术权力的滥用，政府同样难以找到有效的应对措施。

二、政府对大学校长资格的终审权

毫无疑问，大学校长的民主遴选是大学自主性的核心标志。但是，民主

① ［美］布鲁贝克：《高等教育哲学》，郑继伟等译，浙江教育出版社 1987 年版，第 32—33 页。

本身并不仅仅意味着选举，良性的选举离不开有效的监督，否则民主就一定会被异化，选举可能导致专制、腐败、暴力和社会动荡。同样，大学校长的遴选的过程必须接受政府的监督。这里有一个比较棘手的问题是，如何确保政府的监督，一方面既不会损害民主的基本价值，使得校长的遴选能够充分的体现大学教职员工的意志；另一方面又能避免可能的民主乱象，使得大学校长的遴选能够符合社会的期待。依照民主的基本经验，政府不能干预大学校长遴选的具体运行组织过程，而应该更多地把注意力集中在遴选的终审上。对大学校长遴选的终审应该主要体现在两个方面：一是大学遴选过程是否符合现有的规范。也就是说，在大学遴选过程中是否存在着不正当行为，如贿选、打击竞争对手，等等。二是遴选的结果，也就是选举产生的校长是否具备基本的条件，如政治面貌、职称、社会资历、社会声望，等等。为了使得这种终审权具有较高的权威且不会损害大学遴选的民主价值，政府应该做两个方面的基本工作：首先是明确大学校长的基本任职条件，大学校长应该是教育精英，具有独立的人格，拥有较大的社会影响力，具有较先进的教育理念，特别是在政治方面能够符合党和国家的期待。其次是充分发挥大学党委的作用，在党委的领导下，设立相对独立和超然的监督机构。这种监督机构必须保证选举基本的公平与公正，并具有足够的权威。为了保障公平公正，可以由有比较高社会地位和名望的学者或社会人士来组成类似于“大学校长遴选委员会”的组织，并授予其必要的权力。一旦发现选举中的不正当竞争行为将可以做出终极裁决。

为了保障政府终审本身的公平公正，这种终审过程也必须体现必要的公开和参与。普通教职员工或社会大众可以有效地参与到这种监督过程，终审的结果及时向社会公布。

三、健全大学自主招生中的权力约束体系

大学招生自主权对于大学自主性的重要性毋庸置疑，但是，如果缺乏行之有效的约束体系，同样可能会导致相反的后果，“一收就紧，一放就乱”同样可能在大学招生自主权的改革方面得到体现。这种可能的负面结果是：

大学成为中学报送权力寻租的新场所；大学、中学和小学形成一种自上而下的利益链条；大学自主招生重新回归到分数决定一切的老路上去。大学自主招生既要确保能够招收到中学生的精英分子，更要保障这种精英选择的过程经得起公平公正尺度的衡量，树立良好的公信力。

要做到这点必须至少从两个方面来建设有效的约束机制：一是大学自主招生的内部约束机制建设。在大学招生过程中基本标准是什么，谁说了算，具体过程如何必须更能够体现公平公正。标准必须明确并统一，掌握学术权威并在科研教学一线的教师应该在录取过程中更具有发言权，招生的过程透明化，切断存在权力寻租的任何可能的空间。建立更为有效的问责机制，合理化招生过程中的组织结构和权力网络。二是大学自主招生的外部约束机制。这种外部约束机制既可以是公众，也可以是政府。公众的监督是“为使那些处于负责任岗位上的人受到制约创造最低限度的必要条件”①。必须建立畅通的沟通体系和参与机制，向学生家长和相关人员公开招收的基本标准和过程。政府相关部门加强监督，对于招收过程中发生的可能发生的违背基本公正公平的行为进行有效的监督。

四、健全大学自主理财中的权力约束体系

“完全的自治必然要求完全的经费独立。这种程度的独立是根本不可能的”②。因此，大学的理财自主权是一种有限的自主权，而不是绝对的、完全的自主权，更不是经费的随意、胡乱地使用。正如《高等教育法》第三十八条所规定的那样，“高校不得将用于教学和科学研究活动的财产挪作他用”。哪怕是享有高度自主权的美国大学，在公立院校中实行集中型财务管理体制，学校的预算管理、经费来源和支出控制的权限集中在校级，院（系）向学校申请经费，纳入学校经费预算，校级向州政府申请预算拨款，学

① ［美］熊彼特著：《资本主义、社会主义和民主主义》，绛枫译，商务印书馆 2004 年版，第 355—356 页。

② ［美］约翰·布鲁贝克：《高等教育哲学》，王承绪等译，浙江教育出版社 2001 年版，第 33 页。

校的预算须经州政府审批后才能执行，而且凡“当来自政府的维持学校教学活动的经常教学性经费到位后，学校一般需按所申请的项目开支”①。私立大学的科研经费和捐赠收入都需要按照合同规定进行支出。如哈佛大学副校长伊丽莎白·C.哈尔得科彼尔指出，哈佛经费使用的制约性较强，85%经费的用途由捐助人做出限定，要专款专用②。也就是说，既然高校的收入是来自于政府（公众）、学生、社会团体和个人，那么理应对所有相关主体负责。因此，大学在拥有理财的自主权后，应成立预算委员会，经教职工代表大会通过预、决算，让钱为学所花，建立财务公开制度，让财务使用更加透明，自觉接受政府、纳税人和相关主体的监督与审计，规范地实现大学的理财自主。

五、完善大学内部治理的民主参与机制

大学的健康发展，远不是仅仅落实与拥有自主权的问题，更重要的是培育大学“主体性”的问题，一所真正成熟的大学是有内在信念与使命感的，是引领社会的灯塔，不随波逐流并能动地推动历史的进步；大学的健康发展，也远不是仅仅通过教育自身的努力可以实现的，有赖于整个社会政治、经济、法律、文化等的良好互动，大学主体性建设是一个复杂的系统工程，政府转变管理职能可以认为是大学主体性建设的前提。但是，大学主体性的建设非有了外部环境即可实现，内部环境同样重要。两者是相互依存、相互保障的关系。要有效地实现大学主体性建设就必须具有良好的内部治理结构和机制。建设中国特色现代大学制度和大学自律机制的氛围基本形成。目前，建议各个高校可在以下几方面作进一步的改进：

（一）推进决策科学化、民主化，推动议行相对分离、决策重心下移，避免权力过度集中，形成分工明确、责任清晰、衔接有序、运转协调的权力结构

一是制订《实行党委领导下的校长负责制实施细则》。细化党委（常

① 马陆亭：《高等学校的分层与管理》，广东教育出版社2004年版，第211—215页。

② 张振助：《高等教育财政改革综述——来自高等教育改革国际论坛的观点》，《吉林教育科学（高教研究）》2001年第3期。

委）会议事规则与决策制度，重大决策议题一般要提出两个以上比较方案，议题必须征求下级党组织及行政部门等意见，必须听取工会、教职工代表大会、学术委员会等意见。二是决策权力和利益支配权下移。将影响学校发展全局的权力集中在学校，将专项教育管理权力明确给职能部门行使，确保学院享有不低于全校50%资源和经费支配权。三是控制学术委员会和教授委员会中党政领导数额比例不超过25%，或党政领导只任委员会召集人，不具有投票权。明确具体职责及冲突解决规则。

（二）推行民主管理，加强民主监督，促进信息公开，形成内部权力监督机制，防止权力滥用或不作为，保障师生对学校事业发展的知情权、参与权、表达权和监督权

一是细化落实《学校教职工代表大会规定》，涉及教职工薪酬分配、福利待遇等直接利益的事项，由校院两级教代会通过决议，由校党委（常委）会、校长办公会和院党政联席会确认并执行。二是将校务公开作为对学校考评和巡视的重要依据。学校要通过公示栏、网站等形式长期全面公开学校党政办事制度、程序和结果，特别是要公开财务预决算和收支情况。三是建立健全校内师生申诉制度，申诉机构由利益不相关的各方代表组成，行政代表比例不超过30%，申诉决定在校内具有终局性；在受教育权、学位授予、职称评定等重点领域，启动行政复议和行政诉讼制度。

（三）加强社会参与和制约机制，破解权力封闭问题，实现开放办学，引入竞争机制，建立起适应经济社会发展且符合教育规律的自律机制

一是建立健全高校董（理）事会，由出资人、主管部门、校方、社会人士、校友、企业等各方代表组成，对学校的工作进行监督、考察，作出评价，并提出意见和建议，密切学校与政府、社会的联系。二是对于敏感部门，比如人事、财务、基建、后勤等部门和学院正副级领导岗位，向校内外公开招聘岗位比例不低于30%。三是坚持开放办学，引进国外优质教育资源和管理经验，探索建立中外高水平大学共建共管模式，互派师生开展合作交流。

（四）引进社会中介评估监督，以“他律促自律”，提升高校自律机制建设动力

一是推进社会组织、行业协会监督评估，重视培育一批高质量的社会评价机构,完善教育中介组织的准入、资助、监管和行业自律制度,建立较为完善的社会评价机制。二是开展专业认证及评估,在工程、医学等领域积极探索与国际实质等效的专业认证,鼓励有条件的高校探索与国际高水平教育评估机构合作,聘请国际高水平专家学者开展本校学科专业的国际评估。三是推动建立本科教学质量年度报告发布制度,完善本科教学基本状态数据库,在“985”、“211”学校发布本科教学质量年度报告的基础上,逐步推动所有高校发布教学质量年度报告,接受全社会和新闻媒体监督。

参 考 文 献

英文著作部分：

Abraham Flemner, *Universities: American, English, German*, New York: Oxford University Press, 1968.

Alan B. Cobban, *The Medieval Universities: Their Development and Organization*, Loudres, Methuen; New York, Barnes & Noble, 1975.

Andrew.H.Wedeman, *From Mao to Market: Rent Seeking, Local Protectionism, and Marketization in China*, Cambridge: Cambridge University Press, 2003.

Burton R. Clark, *The Higher Education System*, University of California Press, 1983.

Edwin D.Duryea, *The Academic Corporation: A History of College and University Governing Boards*, New York: Falmer Press, 2000.

James Johnson Duderstadt, *A University for the 21 Century*, The University of Michigan Press, 2000.

Jan De Groof, Guy Neave, Juraj évec, *Democracy and Governance in Higher, Education*, Hague: Kluwer Law International, 1998.

Laurence R. Veysey, *The Emergence of the American University*, The University of Chicago Press, Chicago and London, 1965.

Philip G. Altbach, *Higher Education in American Society*, University of Illinois Press on behalf of the Council for Research in Music Education, 1994.

Robert Maynard Hutchins, *The University of Utopia. Chicago*, The University of Chicago Press, 1936.

Sidney Hook, *Academic Freedom and Academic Anarchy*, New York: Cowles Book Co, 1970.

Zhou N.,"Strengthening the Connection between Education and Economic Development:Major Issues in China's Educational Reform and Suggested Solutions", in *Social Change and Educational Development, Mainland China, Taiwan, and Hong Kong*, Postilglione G., Lee WO (eds), Centre of Asian Studies,the University of Hong Kong:Hong Kong,1995.

英文期刊部分:

Gerard Postilione,"Higher Education in China:Perils and Promises for a New Century",*Harvard China Review*,Spring,2005 Vol.5 Issue 2.

Hitoshi Osaki, "The Structure of University Administration in Japan", *Higher Education*,1997(34).

J.Kwong,"The new educational mandate in China:running school,running business",*International Journal of Educational Development*,16(2):1996.

National Center for Education Statistics,*Digest of Education Statistics*,Table 2,2004.

National Center for Education Statistics, *Digest of Education Statistics*, Table 5,2005.

Paul Doyon A., "Review of Higher Education Reform in Japan", *Higher Education*,2001(41).

Xueguang Zhou,"Economic Transformation and Income Inequality in Urban China:Evidence from Panel Data",*America Journal of Sociology*, Volume 105 Number 4,January,2000.

中文著作部分:

[英]阿什比:《科技发达时代的大学教育》,滕大春等译,北京人民教育出版社 1998 年版。

[美]爱德华·希尔斯:《学术的秩序》,李家永译,商务印书馆 2007 年版。

[美]安东尼·史密斯、弗兰克·韦伯斯特:《后现代大学的来临?》,北

京大学出版社 2010 年版。

［美］奥尔特加·加赛特:《大学的使命》,浙江教育出版社 2001 年版。

［意］彼德罗·彭梵得:《罗马法教科书》,黄风译,中国政法大学出版社 1992 年版。

［美］伯顿·克拉克:《高等教育新论——多学科的研究》,王承绪等译,浙江教育出版社 2001 年版。

［美］伯顿·克拉克:《高等教育系统——学术组织的跨国研究》,王承绪等译,杭州大学出版社 1994 年版。

陈平原:《大学何为》,北京大学出版社 2006 年版。

［日］池田大作、［英］汤因比:《展望二十一世纪》,国际文化出版公司 1985 年版。

陈学飞:《美国、德国、法国、日本当代高等教育思想研究》,上海教育出版社 1998 年版。

［美］大卫·科伯:《高等教育市场化的底线》,晓征译,北京大学出版社 2008 年版。

［美］戴维·奥斯本、特德·盖布勒:《改革政府——企业精神如何改革着公营部门》,上海译文出版社 1996 年版。

［美］戴维·查普曼、安·奥斯汀编:《发展中国家的高等教育:环境变迁与大学的回应》,范怡红译,北京大学出版社 2009 年版。

［美］道格拉斯·C.诺斯:《经济史中的结构与变迁》,上海三联书店 1994 年版。

［美］德里克·博克:《走出象牙塔——现代大学的社会责任》,徐小洲、陈军译,浙江教育出版社 2002 年版。

［法］费尔南·布罗代尔:《15 至 18 世纪的物质文明、经济和资本主义》,生活·读书·新知三联书店 1992 年版。

［美］菲利普·库姆斯:《世界教育危机》,李环译,人民出版社 2001 年版。

［德］弗·鲍尔生著:《德国教育史》,滕大春,滕大生译,人民教育出版社 1986 年版。

[荷兰]弗兰斯·F.范富格特:《国际高等教育政策比较研究》,王承绪等译,浙江教育出版社2001年版。

舸昕:《从哈佛到斯坦福——美国著名大学今昔纵横谈》,东方出版社1999年版。

[美]古德诺:《政治与行政》,华夏出版社1987年版。

谷贤林:《美国研究型大学管理——国家、市场和学术权力的平衡与制约》,教育科学出版社2008年版。

国家教育发展与政策研究中心:《发达国家教育改革的动向和趋势(第二集)》,人民教育出版社1987年版。

国家教育发展与政策研究中心:《发达国家教育改革的动向和趋势(第五集)》,人民教育出版社1994年版。

郭为潘:《转变中的大学:传统、议题与前景》,北京大学出版社2006年版。

郭湛:《主体性哲学——人的存在及其意义》,云南人民出版社2002年版。

[德]哈贝马斯:《交往行动理论》,重庆出版社1994年版。

贺国庆:《德国和美国大学发达史》,人民教育出版社1998年版。

[德]黑格尔:《精神现象学》,商务印书馆1962年版。

胡鞍钢、王绍光:《中国国家能力报告》,辽宁人民出版社1993年版。

胡建华:《现代中国大学制度的原点:50年代初期的大学改革》,南京师范大学出版社2001年版。

[英]吉登斯:《民族国家与暴力》,生活·读书·新知三联书店1998年版。

教育部中外大学校长论坛领导小组:《中外大学校长论坛论文集》,高等教育出版社2002年版。

[英]杰勒德·德兰迪:《知识社会中的大学》,黄建如译,北京大学出版社2010年版。

金耀基:《大学之理念》,生活·读书·新知三联书店2001年版。

[德]卡尔·曼海姆:《意识形态与乌托邦》,华夏出版社2001年版。

[德]卡尔·雅斯贝尔斯:《大学之理念》,邱立波译,上海人民出版社2007年版。

[德]康德:《纯粹理性批判》,蓝公武译,商务印书馆1957年版。

李路路、李汉林:《中国的单位组织——资源、权力与交换》,浙江人民出版社2000年版。

李为善、刘奔主编:《主体性和哲学基本问题》,中央文献出版社2002年版。

《列宁全集》第38卷,人民出版社1963年版。

[苏]列宁:《哲学笔记》,人民出版社1998年版。

林荣日:《制度变迁中的权力博弈——以转型期中国高等教育制度为研究重点》,复旦大学出版社2007年版。

刘海峰:《高考改革的理论思考》,华中师范大学出版社2007年版。

刘建军:《单位中国:社会调控体系重构中的个人、组织和国家》,天津人民出版社2000年版。

刘以恒等:《世纪之交的教育选择》,湖北教育出版社1994年版。

[美]罗伯特·M.罗森兹威格:《大学与政治》,王晨译,河北大学出版社2008年版。

[美]罗杰·盖勒:《增进知识——美国研究性大学的发展》,河北大学出版社2008年版。

[德]马克思:《资本论》第1卷,郭大力、王亚南译,人民出版社1963年版。

[德]马克思:《1844年经济学哲学手稿》,人民出版社2000年版。

《马克思恩格斯全集》第1卷,人民出版社1979年版。

《马克思恩格斯全集》第2卷,人民出版社1957年版。

《马克思恩格斯选集》第3卷,人民出版社1995年版。

《马克思恩格斯全集》第23卷,人民出版社1972年版。

《马克思恩格斯全集》第46卷(上),人民出版社1980年版。

《毛泽东选集》第2卷,人民出版社1991年版。

马陆亭:《高等学校的分层与管理》,广东教育出版社2004年版。

[英]梅森:《自然科学史》,上海外国自然科学哲学著作编译组译,上海人民出版社 1977 年版。

[法]孟德斯鸠:《论法的精神(上册)》,张雁深译,商务印书馆 1961 年版。

[苏]尼·瓦·贡恰连科:《精神文化——进步的源泉和动力》,求实出版社 1967 年版。

齐振海、袁贵仁主编:《哲学中的主体和客体问题》,中国人民大学出版社 1992 年版。

钱理群:《中国大学的问题与改革》,天津人民出版社 2003 年版。

日本世界教育史研究会编著:《六国技术教育史》,教育科学出版社 1984 年版。

[美]斯蒂芬·J.鲍尔:《教育改革——批判和后结构主义的视角》,华东师范大学出版社 2002 年版。

眭依凡:《学的使命与责任》,教育科学出版社 2007 年版。

孙立平著:《转型与断裂——改革以来中国社会结构的变迁》,清华大学出版社 2004 年版。

孙隆基:《中国文化的深层次结构》,广西师范大学出版社 2004 年版。

宋锦添:《自觉能动性研究》,中国人民大学出版社 1986 年版。

世界银行:《中国高等教育改革》,中国财政经济出版社 1998 年版。

王维国:《论知识的公共性维度》,中国社会科学出版社 2003 年版。

[德]韦伯:《经济、诸社会领域及权力》,生活·读书·新知三联书店 1998 年版。

维纳·洛赫:《德国史》,生活·读书·新知三联书店 1959 年版。

吴畏主编:《民办教育的发展与改革》,教育科学出版社 2002 年版。

[比]希尔德·德·里德·西蒙斯主编:《欧洲大学史(第二卷:近代早期的欧洲大学:1500—1800)》,贺国庆等译,河北大学出版社 2008 年版。

《现代汉语词典》,商务印书馆 1983 年版。

邢克超、李兴业:《世界教育大系之法国教育》,吉林教育出版社 2000 年版。

[美]熊彼特著:《资本主义、社会主义和民主主义》,绛枫译,商务印书馆 2004 年版。

许纪霖:《共和、社群与公民》,江苏人民出版社 2004 年版。

宣勇:《大学组织结构研究》,高等教育出版社 2005 年版。

宣勇:《大学变革的逻辑》(上)、(下),人民出版社 2009 年版。

[古希腊]亚里士多德:《政治学》,商务印书馆 2009 年版。

俞可平主编:《治理与善治》,社会科学文献出版社 2000 年版。

俞可平:《权力政治与公益政治》,社会科学文献出版社 2003 年版。

于杨:《现代美国大学共同治理理念与实践》,中国社会科学出版社 2010 年版。

[美]约翰·S.布鲁贝克著:《高等教育哲学》,王承绪等译,浙江教育出版社 2001 年版。

[美]詹姆斯·杜德斯达:《21 世纪的大学》,北京大学出版社 2008 年版。

张斌贤主编,和震著:《美国大学自治制度的形成与发展》,北京师范大学出版社 2008 年版。

张学文:《大学理性研究》,北京师范大学出版社 2013 年版。

张志伟:《西方哲学十五讲》,北京大学出版社 2004 年版。

周志宏:《学术自由和大学法》,蔚理法律出版社 1989 年版。

朱光磊:《当代中国政府过程》(修订版),天津人民出版社 2002 年版。

朱新梅:《政府干预与大学公共性的实现》,教育科学出版社 2007 年版。

朱新梅:《知识与权力:高等教育政治学辨析》,教育科学出版社 2007 年版。

中文期刊部分:

鲍威:《法人化改革后日本国立大学财政管理体系的重构——从"行政隶属型"向"契约型"的转化》,《比较教育研究》2007 年第 9 期。

贝克、邓正来、沈国麟:《风险社会与中国》,《社会学研究》2010 年第

5 期。

蔡海龙:《论我国高等教育体制的公共性转换》,《教育发展研究》2008 年第 1 期。

曹淑江:《高等学校的软预算约束与财务自主权》,《高等教育研究》2005 年第 10 期。

岑建君:《美国大学生出国留学人数与日俱增》,《世界教育信息》1999 年第 4 期。

陈国良:《我国高等教育布局结构面临的挑战及对策建议》,《复旦教育论坛》2011 年第 3 期。

陈坤华:《关于知识经济时代大学批判精神的思考》,《煤炭高等教育》2001 年第 3 期。

陈连新:《正确认识社会发展中的自觉性和自发性》,《唯实》1988 年第 5 期。

丁学良:《我们的大学最需要什么》,《中国改革》2001 年第 11 期。

丁月牙:《会参与大学治理》,《国家教育行政学院学报》2014 年第 8 期。

耿同劲:《欧美日大学经费来源差异及对我国的启示》,《山西财经大学学报(高等教育版)》2007 年第 10 期。

郭必裕:《大学使命的选择与践行》,《现代教育科学》2007 年第 11 期。

郭树勇:《国际关系研究中的批判理论:渊源、理念及影响》,《世界经济与政治》2005 年第 7 期。

滑云龙:《康德主体能动性探源》,《山西大学学报(哲学社会科学版)》1992 年第 2 期。

黄俊杰:《从台湾经验论大学校长遴选的几个关键问题》,《清华大学教育研究》2002 年第 3 期。

贺来:《“主体性”批判的意义及其限度》,《江海学刊》2011 年第 3 期。

贺来:《主体性观念的价值内涵与社会发展的价值排序》,《吉林大学社会科学学报》2011 年第 3 期。

胡炳仙:《权力集中与知识控制》,《清华大学教育研究》2008 年第

8期。

胡瑞文、陈国良:《中国高教筹资多元化:成就、挑战、展望》,《教育发展研究》2001年第7期。

孔垂谦、文辅相:《西方现代大学学术自治的制度环境基础:一种政治社会学分析》,《北京大学教育评论》2004年第4期。

李斌:《温家宝看望季羡林和钱学森》,《人民日报(海外版)》2005年第8期。

李步楼:《理性主义与非理性主义》,《江汉论坛》1995年第6期。

李海崴:《浅论美国大学的教授会及其启示》,《教育行政学院学报》2008年第5期。

李立国:《迈向高等教育强国之路——我国距离世界高等教育强国还有多远》,《清华大学教育研究》2010年第2期。

刘宝存:《世界高等教育的个性化发展趋势述评》,《清华大学教育研究》2000年第4期。

刘宝存:《科尔大学理念述评》,《比较教育研究》2002年第10期。

刘成:《大学的理想与现实》,《江苏高教》2010年第3期。

刘道玉:《中国怎样建成世界一流水平的大学》,《高等教育研究》2003年第2期。

刘海峰:《高考改革的思路、原则与政策建议》,《教育研究》2009年第7期。

刘鸿:《大学文化精神及其涵蕴》,《湘潭工学院学报(社会科学版)》2001年第4期。

刘吉发:《从价值主体性维度看"普世价值"何以不能》,《政治学研究》2009年第5期。

刘一凡:《论主体的自觉——走出形而上学的困境》,《商丘师范学院学报》2004年第12期。

卢乃桂、操太圣:《中国改革情境中的全球化:中国高等教育市场化现象透析》,《北京大学教育评论》2003年第1期。

罗宁生:《论主体能动性的构成和层次》,《求索》1991年第6期。

吕继臣:《大学的本质与我国大学的功利化倾向》,《辽宁教育研究》2006 年第 7 期。

马陆亭:《政府与高校间的契约型管理模式探讨》,《中国高等教育》2008 年第 21 期。

米俊奎:《大学章程法律性质探析》,《现代大学教育》2006 年第 1 期。

木易:《中国大学何时走出“集体浮躁”的病区》,《陕西教育》2007 年第 5 期。

潘庆玉:《想象力的教育危机与哲学思考》,《当代教育科学》2010 年第 15 期。

庞青山、蒋建湘、薛天祥:《大学:先进生产力的重要源泉》,《清华大学教育研究》2002 年第 4 期。

邱均平:《竞争与卓越——2009 年世界一流大学与科研机构学科排行榜出炉》,《高教发展与评估》2009 年第 9 期。

眭依凡:《大学使命:大学的定位理念及实践意义》,《教育发展研究》2000 年第 9 期。

眭依凡:《组织缺陷对大学发展的制约》,《教育发展研究》2010 年第 10 期。

孙华:《西方大学理念的合法化过程》,《现代大学教育》2009 年第 3 期。

孙华:《特许状:大学学术自由的张力和社会控制的平衡》,《教育学术月刊》2010 年第 3 期。

尚虎平:《非政府评价的政府管理效果:美国高校基于利益相关主体参与的第三方评价对我国的启示》,《内蒙古社会科学(汉文版)》2007 年第 9 期。

[日]石弘光:《日本大学的改革及校企联系的变化》,《南开管理评论》1999 年第 6 期。

[日]汤浅光朝:《德国科学三百年》,《科学史知识》1985 年第 4 期。

田德明:《主体活动与历史规律》,《浙江大学学报》1991 年第 3 期。

王德耀、薛天祥:《略论大学自治》,《上海高教研究》1994 年第 4 期。

王长乐:《关于选拔大学校长的思索》,《科技导报》2002 年第 6 期。

王长乐:《大学应该以自己的目的为目的》,《大学教育科学》2008 年第 2 期。

王名、佟磊:《清华 NGO 研究的观点和展望》,《中国行政管理》2003 年第 3 期。

王英杰:《改革大学校长的遴选制度:一流大学建设的必要条件》,《科学中国人》2005 年第 5 期。

王英杰:《学基础组织结构的建构:传统与创新》,《探索与争鸣》2013 年第 6 期。

王勇:《美国私立大学财务管理指标体系研究——以哈佛、斯坦福和耶鲁大学为例》,《科学学与科学技术管理》2007 年第 11 期。

魏小萍:《"主体性"含义辨析》,《哲学研究》1998 年第 2 期。

宣勇:《论大学的自觉》,《高等教育研究》2009 年第 5 期。

宣勇:《国家战略与中国大学的主体性重建》,《理论前沿》2009 年第 5 期。

宣勇:《大学必须有怎样的办学自主权》,《教育发展研究》2010 年第 7 期。

宣勇等:《大学校长管理专业化研究的价值与基本问题》,《复旦教育论坛》2013 年第 5 期。

宣勇:《我国大学的主体性重建》,《国家教育行政学院学报》2014 年第 8 期。

宣勇等:《论我国现代大学制度建设中的"中国特色"》,《阅江学刊》2015 年第 2 期。

夏民、杨倩:《中世纪欧洲城市与大学自治传统》,《人民论坛》2011 年第 23 期。

谢岳:《市场转型、精英政治化与地方政治秩序》,《当代中国研究》2004 年第 2 期。

熊晓亮:《新世纪美国 SAT 改革对我国高考改革的启示》,《教育探索》2009 年第 2 期。

许杰:《创新型国家体系中的中国大学学术自主问题》,《当代教育论坛》2006 年第 8 期。

徐娟:《19 世纪末 20 世纪初美国高水平研究型大学群体性崛起的机制分析》,《高等教育研究》2012 年第 5 期。

徐敏:《民国时期现代大学制度的形成与启示》,《当代教育论坛》2008 年第 10 期。

徐小洲:《中国大学创新力建设的问题与对策》,《中国高教研究》2006 年第 11 期。

杨光钦:《大学的功利与功利的大学》,《辽宁教育研究》2004 年第 1 期。

杨旭东:《沉重的大学之思——大学现象学导论》,《大学教育科学》2010 年第 4 期。

杨屹:《目的性与目的行为》,《学术交流》1987 年第 10 期。

杨移贻:《大学"官本位"及其消解》,《学园》2009 年第 1 期。

于文秀:《人文精神与公共关怀:现代大学的灵魂》,《中国高等教育》2009 年第 19 期。

俞吾金:《马克思主体性概念的两个维度》,《复旦学报(社会科学版)》2007 年第 2 期。

展涛:《我国研究型大学创新型人才培养的思考》,《高等教育研究》2011 年第 1 期。

湛中乐、徐婧:《通过章程的现代大学治理》,《法制与社会发展》2010 年第 5 期。

赵炬明:《精英主义与单位制度——对中国大学组织与管理的案例研究》,《北京大学教育评论》2006 年第 1 期。

赵正国等:《美国高校招生政策对我国高考制度改革的启示》,《辽宁师范大学学报(社会科学版)》2008 年第 7 期。

赵雄辉:《论大学生的选择权》,《辽宁教育研究》2007 年第 1 期。

赵中建:《21 世纪世界高等教育的展望及其行动框架》,《上海高教研究》1998 年第 12 期。

张金福:《中国大学自主性:概念与制度环境》,《华东师范大学学报(教育科学版)》2007年第9期。

张学文:《大学理性:历史传统与现实追求》,《教育研究》2008年第1期。

张应强:《现代大学精神的批判与重建》,《高等教育研究》2006年第7期。

张振助:《高等教育财政改革综述——来自高等教育改革国际论坛的观点》,《吉林教育科学(高教研究)》2001年第3期。

郑文:《论英国大学副校长的角色、特征及权力》,《比较教育研究》2006年第7期。

周巧玲:《大学战略规划在英国高等教育管理中的作用》,《高等教育研究》2006年第6期。

朱新梅:《大学的公共性与政府干预》,《复旦教育论坛》2006年第1期。

硕博论文部分:

甘慧琳:《法律关系视角下的大学章程制定研究》,硕士学位论文,安徽大学高等教育学专业,2012年。

蒋晖:《论英国大学与政府关系的演变》,硕士学位论文,湖南师范大学教育经济与管理专业,2007年。

檀慧玲:《欧洲中世纪大学向现代大学的变迁——人文主义视域的考察》,博士学位论文,河北大学教育史专业,2009年。

田爱丽:《日本国立大学法人制度研究及启示——大学·政府·社会关系的视角》,博士学位论文,华东师范大学教育经济与管理专业,2006年。

王涛:《二十世纪九十年代后日本大学管理体制改革研究》,硕士学位论文,山东师范大学世界史专业,2007年。

王彦斌:《权力的逻辑——大学组织运行的社会学管窥》,博士学位论文,华中师范大学教育学原理专业,2008年。

后　　记

2010年,“政府善治与大学的主体性培育”获得了浙江省自然科学基金的重点资助,现在看来,资助这样一个课题,浙江省自然科学基金委无疑是有学术远见的,特别是党的十八大以后,在推进国家治理体系和治理能力现代化的进程中,越来越显示出这个课题的前瞻性和现实意义。

实际上,本书是在十年前研究计划中的第三部分。2005年,浙江工业大学成立国内首个现代大学制度研究中心,聚焦“中国特色现代大学制度”开展研究,一开始就对研究的路径和内容进行了系统的顶层设计,因循从微观、中观到宏观的制度安排,自下而上的研究路径,围绕着大学的内外部治理开展了一系列的研究,“基于学科,重构大学”既是我们的学术理想,也是我们的学术理路与研究逻辑,力求体现出独创性、持续性、系统性和现实性4个特点,试图为中国特色现代大学制度研究提供一种独特的范式。我们将中国特色现代大学制度分为3个层面的研究,从微观上揭示大学学科组织化规律,将学科组织作为大学的基层学术组织;从中观上建构了基于学科组织发展的现代大学治理模式:学科制;从宏观上以政府善治与大学主体性培育的相互关系来探讨大学与政府的关系,提出落实大学自主权、制定章程、推进大学校长管理专业化等一系列政策建议。

2005年,成功申报国家自然科学基金项目“大学学科组织的成长机理研究”(70473081),从微观上揭示大学学科组织成长机理。通过对国家重点学科等的实证考察,结合组织生命周期理论和生态学研究,探讨了大学学科组织成长的内在规律和成长模式。该项研究为国内首次大规模对国家重点学科所进行的实证研究,为我国大学学科建设的规范化研究提供了鲜活的素材和方法路径。研究中,首次提出学科组织化的概念,指出学科组织化是大学学科建设的核心,其目的是提高学科的学术产出能力。

2007 年,又成功申报国家自然科学基金项目"基于学科发展的现代大学治理研究"(70673092),从中观层面建构基于学科发展的现代大学治理体系。以大学的基层组织创新为研究原点,探究学科组织化在现代大学制度构建中内在逻辑,从寻求大学学科组织的成长机理到大学内部治理结构的研究探讨,诠释学者、学科、大学、政府以及社会之间的和谐关系。创造性地提出"学科制"这一理论构设,认为学科制作为一种基于学科组织而建构起来的有关大学的学术组织结构、学术运行机制,是大学最基本的学术组织制度。并具体设计如何实现以学科为核心的大学治理变革,即"学科制"构建的现实路径。

2010 年,我们获得了浙江省自然科学基金会的重点资助,开展"政府善治与大学的主体性培育"的研究,试图从宏观上解决政府与大学的关系问题,从高等教育哲学的视角提出了大学主体性主要体现为大学的目的性、自主性、自觉性和能动性 4 个维度,并以大学的主体性重建为起点,提出了从落实大学自主权、提升大学治理能力、章程建设等方面来实现政府善治的若干政策建议。

在前两项国家自然科学基金研究的基础上,于 2009 年由人民出版社出版了《大学变革的逻辑(上)——学科组织化及其成长》、《大学变革的逻辑(下)——学科制建构:公共治理的视角》一书,在学界引起反响和好评,2011 年获浙江省第十六届哲学社会科学优秀成果奖一等奖,2012 年获教育部第六届哲学社会科学优秀成果奖三等奖。

因此,本书可以作为我们对中国特色现代大学制度研究三部曲的最后一部来读,书名也可为《大学变革的逻辑——政府善治与大学的主体性重建》。

在近 5 年的研究过程中,此课题的研究价值被实践证明是越来越重要了,自党的十八届三中全会之后,在国家推进治理体系与治理能力现代化的进程中,新一届政府把转变职能作为开门办的第一件大事,以壮士断腕的决心推进行政审批制度改革。中央坚持改作风、转职能,实质上都是在完善治理体系,提高治理能力。"有权不能任性"已成为政府行政的基本"戒律"。

2012 年,受教育部政策法规司委托,研究中心承担了"高校自主权调研”的课题，结合本课题的研究，调研报告得到了教育部部长的高度评价：“此报告写得很全面、很深入，对加强和改善高校的管理有重要意义。”（2013年2月20日）报告的主要观点和内容被教育部采纳并已充分体现在本书中了。时至本书出版之日，若干对策建议已转化为一系列政策措施，正在积极地推动落实之中。

与此同时，我们研究中心于2011年承担了教育部哲学社会科学研究重大课题攻关项目“完善中国特色现代大学制度进程中的大学校长管理专业化研究”，目前已经形成初步的研究报告，阶段性的成果已散见于国内的报刊、杂志。如果说“政府善治与大学的主体性培育”课题的研究主要涉及高等教育治理体系的现代化，那么“完善中国特色现代大学制度进程中的大学校长管理专业化研究”是从高等教育治理能力现代化为研究视角的，具有内在的逻辑联系，是在前一个课题研究基础上的深化，可谓相得益彰。这也是我们研究中心对于我国高等教育治理体系和治理能力现代化进程的系统探索。

感谢浙江省自然科学基金会的重点资助，感谢浙江工业大学现代大学制度研究中心的老师们，他们参与了课题的调研与书稿的执笔：钟伟军教授（第一章、第五章、第八章的第二、三节）；周守军教授（第六章、第八章的第一节）；方阳春博士（第二章）；张凤娟博士（第七章）；毛建青博士（第三章的第四节）；张金福教授（第三章的第二节）；钱佩忠副教授（第四章的第二节）；张鹏副教授（第三章的第一节）；钟伟军教授协助了全书的统稿。付八军教授、凌健副教授参与课题部分的调研与研讨。博士生翁默斯、硕士生刘洁协助了书稿的整理。

宣　勇

2015.8.3 于三香居

责任编辑:于宏雷
封面设计:肖　辉

图书在版编目(CIP)数据

政府善治与中国大学的主体性重建/宣勇 著. -北京:人民出版社,2016.6
ISBN 978-7-01-015527-2

Ⅰ.①政…　Ⅱ.①宣…　Ⅲ.①高等教育-教育制度-研究-中国
Ⅳ.①G649.22

中国版本图书馆 CIP 数据核字(2015)第 277363 号

政府善治与中国大学的主体性重建
ZHENGFU SHANZHI YU ZHONGGUO DAXUE DE ZHUTIXING CHONGJIAN

宣　勇著

人民出版社 出版发行
(100706　北京市东城区隆福寺街 99 号)

北京明恒达印务有限公司印刷　新华书店经销

2016 年 6 月第 1 版　2016 年 6 月北京第 1 次印刷
开本:710 毫米×1000 毫米 1/16
印张:19.5　字数:290 千字

ISBN 978-7-01-015527-2　定价:49.00 元

邮购地址 100706　北京市东城区隆福寺街 99 号
人民东方图书销售中心　电话 (010)65250042　65289539